dtv

Das Bild der Frau in der jüdischen Kultur ist nach wie vor von Klischees wie der jiddischen Mamme geprägt, die bestenfalls auf einen ganz engen Ausschnitt der jüdischen Geschichte zutreffen. Man muß jedoch nicht die großen Frauengestalten der Bibel oder Hannah Arendt und Anna Freud bemühen, um zu belegen, daß es gerade jüdischen Frauen immer wieder gelungen ist, die Fesseln der Konvention zu sprengen und sich in Männerdomänen zu behaupten. Gerda Hoffer hat eine Reihe bemerkenswerter Lebensbilder zusammengestellt: Sie erzählt von der Berberkönigin aus dem siebten Jahrhundert, von der 1510 in Lissabon geborenen Finanzberaterin des Sultans Suliman des Großen, von der Ulanin im preußischen Heer zur Zeit der Napoleonischen Kriege, dem weiblichen Wunderrabbi, der Physiologin, die als erste Frau Mitglied der russischen Akademie der Wissenschaften war – sie alle leisteten Außergewöhnliches, für die damalige Zeit wie für heute.

Gerda Hoffer, geboren 1921 in Wien, Tochter des Dichters Stefan Pollatschek und seiner Frau Ilka Lion, emigrierte 1938 mit ihren Eltern nach England und lebt seit 1978 in Jerusalem. Sie studierte vergleichende Religionswissenschaften, unterrichtete in der Erwachsenenbildung und ist heute als freie Autorin tätig. Von Gerda Hoffer ist u. a. erschienen ›I did not survive. Letters from the Kielce Ghetto‹ und ›Nathan Ben Simon und seine Kinder. Eine europäisch-jüdische Familiengeschichte‹ (dtv 30568).

GERDA HOFFER

Zeit der Heldinnen

Lebensbilder außergewöhnlicher jüdischer Frauen

Deutscher Taschenbuch Verlag

Von Gerda Hoffer ist im
Deutschen Taschenbuch Verlag erschienen:

Nathan Ben Simon und seine Kinder.
Eine europäisch-jüdische Familiengeschichte
(dtv 30568)

Originalausgabe
Januar 1999

Umschlagkonzept: Balk & Brumshagen
Umschlagbild: Roman Vistiniac (© Farrar, Straus & Giroux Inc., N. Y.)
Satz: Offizin Wissenbach, Höchberg bei Würzburg
Druck und Bindung: C. H. Beck'sche Buchdruckerei, Nördlingen
Gedruckt auf säurefreiem, chlorfrei gebleichtem Papier
Printed in Germany · ISBN 3-423-30701-3

Inhalt

Vorwort

Als ich vor einigen Jahren bei meinen Freunden in Aachen zu Besuch war, kam das Gespräch auf die Position der Frau im heutigen Europa. Einige der anwesenden Damen behaupteten, daß die Unterdrückung des weiblichen Geschlechts im Abendland auf die Bibel zurückzuführen sei, und um die völlige Rechtlosigkeit der jüdischen Frau zu beweisen, führten sie an, daß diese während des Gottesdienstes nicht mit ihren männlichen Angehörigen zusammensitzen dürfe.

Ich wußte, daß das zutraf. Da ich selbst aber aus einer aufgeklärten, also »weltlichen«, jüdischen Familie stamme, wußte ich darüber hinaus wenig. Ich konnte mich nicht an der Debatte beteiligen und schämte mich meiner mangelhaften Bildung. Bei nächster Gelegenheit nahm ich mir die Encyclopaedica Judaica vor und las nach, was sie zu dem Thema Frau zu sagen habe. Ich stellte fest, daß diese gelehrte Abhandlung in keiner Weise die Meinung meiner Aachener Gesprächspartnerinnen unterstützte. Etwas skeptisch, begann ich andere, nichtreligiöse Werke zu konsultieren. Je mehr ich mich mit dem Thema beschäftigte, um so mehr jüdische Frauen fand ich, die irgendwann irgendwo irgend etwas ganz Unglaubliches geleistet hatten – und bald war es ganz *mein* Thema geworden.

Als meine Freunde mir schließlich verboten, in ihrer Gegenwart noch jemals die Worte »jüdische Frauen« zu benutzen, griff ich zum Stift, nach dem Motto: »Wer nicht hören will, muß lesen.« Mein Plan stand fest, über jüdische Frauen zu berichten, die in unterschiedlichsten Zeiten und Ländern gelebt hatten und aus allen gesellschaftlichen Schichten kamen und denen gemeinsam war, daß sie alle werktätig gewesen waren: notleidende Ghettomädchen, wohlhabende städtische Händlerinnen, tiefreligiöse Rabbinertöchter, aufgeklärte moderne Wissenschaftlerinnen. Sie alle hatten auf ihrem Gebiet außergewöhnliche Dinge geleistet – für die damalige Zeit wie für heute.

Bald tauchte die Frage auf, was denn diese Frauen eigentlich miteinander verbindet: Was hat die im siebten Jahrhundert unserer Zeitrechnung im Maghreb geborene Berberkönigin Dahyia mit der Sowjetphysiologin Lina Stern aus Moskau gemeinsam?

Ich dachte zuerst an ökonomische Bedingungen. Zu allen Zeiten konnten Juden meist nicht über mehrere Generationen hinweg an einem Ort bleiben. Sie mußten immer wieder neu beginnen, und viele von ihnen litten Not. Oft waren die Frauen gezwungen, zum Lebensunterhalt der Familie beizutragen. Und wo immer die Arbeitskraft der Frauen gebraucht wurde, lockerten sich ihre Ketten, und sie konnten sich viel freier bewegen als ihre wohlhabenden Schwestern. Im 19. Jahrhundert war es zum Beispiel Sitte, daß sich züchtige Bürgermädchen nur in Begleitung auf der Straße zeigten. Proletarierinnen hingegen eilten früh morgens allein zu ihren Arbeitsstätten und spät abends, auch in der Dunkelheit, ebenso allein wieder zurück. Hat diese Art von Freiheit Jüdinnen geholfen, in die männliche Berufswelt einzudringen? Zweifellos hat die finanzielle Situation der Juden viel dazu beigetragen, daß die Frauen ihr eigenes Brot verdienen mußten und dies oft auf unorthodoxe Weise. Aber war das die ganze Erklärung?

Gracia Nasi war Zeit ihres Lebens steinreich gewesen, Asnat Barazani aber bettelarm – und beide haben beruflich Außergewöhnliches geleistet. Spielte nicht auch die Erziehung oder die Umgebung, in der sie aufwuchsen, eine gewisse Rolle? Die meisten Frauen, denen es gelungen war, die Fesseln der Konvention zu sprengen, stammten zwar nicht aus streng religiösen Familien, aber doch aus einem traditionellen jüdischen Milieu. War dies wirklich ein Hemmschuh, wie die Damen in Aachen es behauptet hatten? Waren die Gesetze anderer Völker und Religionen in bezug auf das weibliche Geschlecht weniger restriktiv?

Ich nahm mir erst den Schulchan Aruch vor, dessen englische Übersetzung 1987 in New York erschienen ist. Es ist eine aus dem Jahre 1565 stammende Kodifizierung jüdischer Gesetze, die in der Mehrzahl schon vor der römischen Belagerung Jerusalems in Kraft waren, und ich mußte feststellen, daß Frauen dort wirklich eine dem Mann untergeordnete Stellung zugewiesen worden war. Zu keiner Zeit jedoch ist jemals von ihnen verlangt worden, Vater oder Ehemann als Herrn und Gebieter anzusehen.

Im europäischen Christentum hingegen bestimmte bis ins späte Mittelalter das männliche Familienoberhaupt buchstäblich über Tod und Leben seiner Frau sowie seiner Töchter. Er konnte sie halb zu Tode prügeln, sie zwingen, ins Kloster zu gehen, oder sie mit Schimpf und Schande ohne einen Groschen aus dem Haus jagen. Im fortschrittlichen England wurde den Männern 1632 endlich verboten, ihre Frauen und weiblichen Angehörigen zu züchtigen. Es war aber auch in England, im Jahr 1899, daß ein Gerichtsbeschluß erging, der einem an Syphilis erkrankten Ehemann das Recht zusprach, selbst in diesem Zustand seine Frau zum Beischlaf zu zwingen.

Juden war es bereits im ersten Jahrhundert unserer Zeit verboten, ihre Frauen zu schlagen oder gar zu vergewaltigen. Und wollte ein Gatte zum Beispiel auf längere Zeit verreisen, so brauchte er die schriftliche Einwilligung seiner Frau; bei einer Abwesenheit von mehr als drei Monaten konnte das Rabbinat Zugriff auf sein Vermögen erwirken, damit sie ihren Lebensunterhalt bestreiten konnte.

In Deutschland war bis 1865 das Mundium, das Vormundschaftsprinzip, Grundlage des Eherechts: Die Ehefrau war keine eigene juristische Person. Im Israel Museum in Jerusalem hingegen ist eine Eigentumsurkunde aus dem 1. Jahrhundert aufbewahrt, die bezeugt, daß Land im Namen der Saphira, der Ehegattin des Amius, registriert war. Nach uralter jüdischer Gesetzgebung nämlich bleibt die Mitgift einer Frau, ebenso wie ihr sonstiger Besitz – sei er geschenkt oder selbst erworben –, ihr Eigentum und muß ihr laut Ehevertrag im Falle einer Scheidung oder im Todesfall des Mannes bis zum letzten Kreuzer ausgehändigt werden. Während es im christlichen Europa bis zum 18. Jahrhundert unmöglich war, sich scheiden zu lassen, konnten Jüdinnen von jeher von ihrem Mann den Scheidebrief verlangen: wenn er auf Dauer impotent war, sie betrog oder nicht bereit war, für ihren Lebensunterhalt aufzukommen. Weigerte er sich in solchen Fällen, den Scheidebrief auszustellen, und das kam oft vor, so verhängten die Rabbiner früher den großen Bann über den Sünder, bis er in die Scheidung einwilligte und das ihr gehörige Geld zurückerstattete. In späteren Zeiten wurde er ins Gefängnis gesperrt, und auch heute sitzen in Israel einige Herren dieser Art hinter Schloß und Riegel.

Die unterschiedlichen Gesetzgebungen bei Schwangerschaftsverhütung, Abtreibung und ähnlichen Belangen würden Seiten füllen, aber die angeführten Beispiele sollen hier genügen – als Hinweis, warum es in der Mehrzahl Jüdinnen waren, die zu den ersten Frauen zählten, die sogenannte maskuline Berufe ergriffen haben. Es steht außer Zweifel, daß heutige, streng orthodoxe Jüdinnen viel weniger Rechte haben als ihre weltlichen Schwestern, und unter großen Ungerechtigkeiten zu leiden haben. Dennoch – bis zum Beginn des 20. Jahrhunderts waren sie es, die weit emanzipierter leben konnten. Hitler erklärte die Frauenbewegung zu einer jüdischen Erfindung, und in gewissem Sinn scheint dies zu stimmen.

Erklären möchte ich noch, warum ich gerade die Geschichte der hier versammelten elf Frauen zu Papier gebracht habe. Die Antwort ist einfach: Aus verschiedenen Gründen hatte ich zu Dokumenten und Quellen, die mir ihr Schicksal erschlossen, leichter Zugang als zu denjenigen vieler anderer Frauen, die ebenso mutig, klug, frech und ausdauernd waren. Zum Beispiel stellte sich heraus, daß der Besitzer eines kleinen Jerusalemer Ladens, in dem ich Schreibwaren kaufe, ein Nachkomme der Rabbinerin Asnat Barasani aus dem 16. Jahrhundert ist. Er half mir, nicht veröffentlichte Dokumente über ihr Leben zu finden.

Mein Buch ist allen Frauen gewidmet, die wie ihre jüdischen Schwestern gegen die bestehende Ordnung ankämpften und dazu beitrugen, das Los der Frauen zu erleichtern.

Mein persönlicher Dank gilt Patrizia Berlyn, Sichron Jaakov, Helene Glaser und Elisabeth Teply, Wien, und Rifka und Igor Sussmann, Jerusalem, für ihre Hilfe bei den geschichtlichen Nachforschungen sowie Martina Georg, München, für ihre Hilfe bei der Herausgabe dieses Buches.

Gerda Hoffer, Jerusalem, im August 1998

DAHYIA CAHENA
Königin der jüdischen Berber
(ca. 635–700)

Es war einmal, vor etwa 1300 Jahren, eine Königin, die hieß Dahyia. Sie war jung und schön und klüger als alle Männer in ihrem großen Reich…

Die spärlichen Berichte, die wir über ihr Leben und Wirken haben, stammen hauptsächlich aus der poetischen Feder arabischer Chronisten. Die Frau, der es gelungen war, der siegreichen islamischen Armee die erste beschämende Niederlage überhaupt zu bereiten, ließ die Phantasie der Bewohner des Maghreb nicht ruhen, und es entstand ein Reigen von Legenden, die von Generationen von Großmüttern immer wieder erzählt wurden. Diese mündlichen Überlieferungen gingen dreihundert Jahre später in die ersten schriftlichen Aufzeichnungen über die islamische Invasion Nordafrikas ein, und die verlorene Schlacht wurde übernatürlichen Kräften der Heeresführerin zugeschrieben. Dies macht es schwer, Wahrheit von Dichtung zu unterscheiden und zu rekonstruieren, was sich in Wirklichkeit abgespielt hat.

Unbestritten ist, daß Dahyia in der ersten Hälfte des 7. Jahrhunderts im Bergland des heutigen Algerien zur Welt kam. Der arabische Historiker Ibn Kaldun schreibt in seinem Buch über die Geschichte der Berber, daß Dahyia die Tochter Tabettas war, des achten Herrschers der Jeruarer, des größten und wichtigsten der jüdischen Berberstämme. Die bloße Idee, daß es »jüdische Berber« gebe, scheint befremdlich. Die junge Dahyia allerdings kümmerte sich vermutlich nicht darum, ob sie nun eigentlich Jüdin oder Berberin sei.

Die Religion ihres Stammes war ein verwässertes Judentum, in das sich alle möglichen Berbersitten eingeschlichen hatten. Einer der wichtigsten Feiertage war und blieb aber das Pessachfest, das den Auszug der Juden aus Ägypten in Erinnerung brachte. Vielleicht hörte das Kind bei diesen Gelegenheiten auch davon, daß ihre Vorfahren das Gelobte Land wieder verlassen hatten, um Alexander dem Großen auf seinen abenteuerlichen Kriegszügen zu folgen. Sie hatten sich schließlich an der Küste Nordafrikas niedergelassen, wo sie während einiger Jahrhunderte ein recht angenehmes Leben führten. Ihre Situation verschlechterte sich jedoch, als die Herrscher von Byzanz zum Christentum überwechselten. Um ständigen Bekehrungsversuchen und Verfolgungen zu entgehen, zogen sich viele Juden in das hohe Bergland zurück und kamen dort mit den Berbern, freiheitsliebenden, europäischstämmigen Nomaden, in Berührung. Die enge Nachbarschaft, in der die Juden und die Berber lebten, führte zu Mischehen, und einige Berberstämme nahmen die jüdische Religion an, während einige Juden den ursprünglichen Lebensstil der Berber vorzogen. Das Leben des Stammes der Jeruarer zeigte eine gewisse Übereinstimmung mit dem der Kinder Israels in der Wüste Sinai.

Dahyia konnte ungehindert von jedem Zwang ihre Kindheit genießen. Das braungebrannte abgehärtete kleine Prinzeßchen verbrachte täglich viele Stunden auf Kamel- oder Pferderücken, besuchte die entferntesten Täler des Reiches ihres Vaters und freute sich ihres Lebens. Abends, wenn alle um die Lagerfeuer saßen, erhielt die zukünftige Berberkönigin ihren ersten Geschichtsunterricht. Da hörte sie die Erwachsenen mit gedämpfter Stimme von dem Schicksal jüdischer Stämme in Arabien sprechen. Kurz vor ihrer Geburt hatte Mohammed, erzürnt darüber, daß die halsstarrigen Juden nicht dazu zu bewegen waren, seine neue Religion anzunehmen, Tausende von Männern hinrichten lassen, Frauen versklavt und jüdisches Land in Besitz genommen. Spätere Ereignisse zeigen, daß diese Erzählungen einen tiefen Eindruck auf die Kleine machten und sich ihr unvergeßlich einprägten.

Was über das Leben der jungen Dahyia berichtet wird, klingt wie ein Märchen aus Tausendundeiner Nacht. Sie soll von außergewöhnlicher Schönheit gewesen sein, und Bewunderer kamen von nah und fern und hielten um ihre Hand an. Unter ihnen befand sich ein junger Prinz, der im ganzen Land für seine Grausamkeit bekannt war und gar manche Jungfrau ins Verderben gelockt hatte. Um diesem Tun ein Ende zu bereiten, beschloß Dahyia, seinen Antrag anzunehmen, und erstach ihn in der Hochzeitsnacht mit seinem eigenen, kostbaren Dolch. – Wie sich hier doch arabische Märchen mit der apokryphen Geschichte von Judith und Holofernes verflechten... Die Wahrheit hingegen dürfte weit weniger romantisch gewesen sein. Es ist bekannt, daß Dahyia zwei Söhne hatte und daß der Vater des einen ein Berber und der des anderen ein Byzantiner war. Wir wissen nicht, ob einer, beide oder keiner dieser Herren ihr angetrauter Gatte war. In Berichten wird sie nur als »Al-Kahina«, die Prophetin, bezeichnet, oder auch als »Dahyia Cahena« (»Cahena« dürfte eine Ableitung vom hebräischen »Cohen«, Priester, sein).

Im Gegensatz zu den damaligen Sitten lebte sie nicht mit der Familie des Kindesvaters, sondern wohnte mit ihren beiden Söhne im Hause, oder besser gesagt Zelt, ihres Vaters. Wir wissen weder, wie alt Dahyia, noch wie alt ihre Söhne waren, als sie die Führung ihres Stammes übernahm, die sie nie wieder aus der Hand geben sollte – selbst dann nicht, als ihre Söhne das Mannesalter erreicht hatten und sich als tapfere Krieger bewährten.

In diesem Teil der Welt waren regierende Herrscherinnen jedoch keine Seltenheit. Hatshepsut und Kleopatra von Ägypten, die Königin von Sheba, Prinzessin Dido von Karthago, Athalia und Königin Salome zählen zu Dahyias wohlbekannten Vorgängerinnen. Ibn Kaldun berichtet, daß sie ihren Stamm klug und weise leitete und bald eine führende Stellung unter den Stammesfürsten einnahm. Die ersten Jahre ihres Regiments dürfte Dahyia damit verbracht haben, die ökonomische Lage der Jeruarer zu verbessern, neue Märkte für die Ziegen und die Schafswolle zu erschließen, Streitereien zu schlichten, Vergehen zu bestrafen, und vor allem, gute Beziehungen zu den anderen Berberfürsten anzubahnen. Dahyia hatte bei all dem Erfolg, weil sie ein Heer gutbezahlter Spione beschäftigte, die sie über bevorstehende ökonomische und politische Veränderungen auf dem laufenden hielten, und sie erkannte bald, daß die Freiheit der Berber ernstlich bedroht war.

Nicht himmlische Stimmen, sondern ihre Kundschafter ließen sie wissen, daß die islamische Armee Syrien und Ägypten eingenommen hatte und nun gegen Jerusalem zog, während der Kalif in Damaskus plante, die Byzantiner aus Nordafrika zu vertreiben. Ihr war klar: Sollte dies gelingen, bedeutete es das Ende der Selbständigkeit aller Berberstämme. Gegenwärtig hinderte der Berber Qusila die angreifende Armee daran, auf nordafrikanischem Boden Fuß zu fassen. Arabische Chronisten erwähnen, daß Dahyia in enger Beziehung zu diesem Mann stand und er ihr Denken stark beeinflußte. Es scheint, daß sie Qusilas Ansicht teilte, daß eine islamische Eroberung des Küstenstreifens auch dem freien Leben in den Bergen ein Ende bereiten würde. Qusilas Befürchtungen brachten ihr vermutlich die Greuelgeschichten wieder in den Sinn, die sie in ihrer Kindheit über das Schicksal der Juden in Arabien gehört hatte, und sie begann systematisch, eine Widerstandsbewegung ins Leben zu rufen, wobei sie um die Unterstützung aller Berberstämme warb.

Qusilas Tod in einem Scharmützel mit der eindringenden islamischen Armee brachte die Stammesfürsten endgültig an ihre Seite. »Afrika stand in Flammen. Die Berber waren zersplittert, und es gab keine einigende Führung. Unter den Mächtigsten der Stammesfürsten befand sich die Cahena aus den Aures-Bergen, deren Name Dahyia war. Zahlreiche Männer folgten dieser Frau«, schrieb Ibn Kaldun, überzeugt davon, daß es hier nicht mit rechten Dingen zuging und die Berberfürstin magische Kräfte anwandte. Zählt man ausgeprägtes diplomatisches Talent, Überredungskunst und Charme zur Magie, so muß man ihm wohl zustimmen.

Die gesamte Bevölkerung Nordafrikas, Juden, Christen, Heiden, Berber, Byzantiner, Griechen und wer sonst noch dort sein Wesen trieb, folgte jetzt den Befehlen einer Frau, die bald das Kommando über die Armee persönlich übernahm und selber mit ins Feld zog. Zum ersten Mal in der

Geschichte Afrikas zogen Horden von Nomaden unter der Führung einer Frau in die Schlacht, um gegen eine disziplinierte, gut bewaffnete und trainierte Armee zu kämpfen. Dem Kalifen war die Invasion Nordafrikas wichtig genug, um seinen erfolgreichsten General, Hassan Ibn Numab Al-Gassali, mit einer Armee von vierzigtausend Kriegern auszusenden. Die arabischen Chronisten behaupten, daß Hassan sich zuerst einmal erkundigte, wer der mächtigste Prinz in »Ifrikya« sei, und zu hören bekam, daß eine Frau, Dahyia Al-Kahina aus den Auresbergen, alle Berber um sich geschart habe, die ihr ausnahmslos gehorchten. Sie sei gefürchtet, weil sie die Zukunft voraussagen könne, und übe eine enorme Macht aus. Nur ihr Tod könne dem Berberaufstand ein Ende bereiten.

Hassan wußte, daß er nicht sofort mit einem kleinen Haufen Krieger losschlagen konnte. Es würde viele Wochen dauern, um die mehrere tausend Mann starke Armee nach Afrika zu verlegen, und er zweifelte nicht mehr, daß er jeden einzelnen Soldaten brauchen würde. Dank dieser verdammten Frau, so Hassan, bestünde keine Aussicht mehr, daß die Region sich widerstandslos ergeben würde. Er beschloß den Aufschub der Schlacht, was auch Dahyia erlaubte, sorgfältige Vorbereitungen zu treffen.

Es ist nicht unwahrscheinlich, daß sie sich psychologischer Kampfmittel bediente und ihr Möglichstes tat, um immer phantastisch klingendere Gerüchte über ihre magischen Kräfte in Umlauf zu bringen, die den arabischen Kriegern Angst einflößen würden. Sie verbrachte ihre Tage im Sattel, suchte ihre verschiedenen Verbündeten auf, um immer aufs neue zu erklären, daß der bevorstehende Krieg nicht ein Gefecht um Land oder Macht war, sondern daß fremde, fanatische Anhänger einer neuen Religion versuchten, den Rest der Welt zu zwingen, den Geboten ihres Propheten Mohammed zu gehorchen. Mit ihren rhetorischen Künsten machte sie Berbern, Juden und Christen gleichermaßen klar, was eine verlorene Schlacht für sie alle bedeuten würde – daß dann keiner mehr Herr seines Schicksals wäre, sondern Untertan des Kalifen, der ihr Land nie betreten würde, aber auch nicht das geringste Interesse daran hätte, sie ihr autonomes Leben weiterführen zu lassen.

Als erstes ließ Dahyia die uralte Festung Bagai zerstören, um Hassan die Möglichkeit zu nehmen, dort sein Hauptquartier aufzuschlagen. Dann ließ sie die Ernte auf den Feldern abbrennen, so daß Hassan keine Nahrung für seine Krieger finden konnte, ließ Brunnenwasser vergiften und alle Wege blockieren, die von der Küste ins Binnenland führten. Hatte das Mädchen aus den Bergen irgendwo die Grundregeln von Strategie erlernt, oder war es natürliche Intelligenz, daß sie die Zeit zwischen der ersten Landung der feindlichen Armee und dem Kampfbeginn besser zu nutzen wußte als alle Heerführer, die der islamischen Armee je gegenübergestanden hatten?

Als der Tag der Schlacht nahte, ritt Dahyia, gefolgt von ihren erwachsenen Söhnen, an der Spitze der Armee der vereinten Völker Nordafrikas. Nie hatten die tapferen arabischen Krieger in einer Schlacht einer Frau gegenübergestanden, deren schwarze Gewänder im Wind flatterten, deren Pferd sich wild aufbäumte, deren Schwert in der Sonne wie pures Gold glitzerte und deren Kampfgeschrei heller als das bisher gehörte in ihren Ohren klang. Der Anblick der gefürchteten Prophetin, der bösen Zauberin, der Dienerin des Bösen, jagte Schrecken in die Seele ihrer

Feinde, und viele flohen, ohne das Schwert überhaupt erhoben zu haben. Tausende verwirrte Araber fielen den Waffen der Nordafrikaner zum Opfer, denen es gelang, achtzig der vornehmsten Kriegsherren gefangenzunehmen. Hassan selber ergriff die Flucht, verfolgt von Dahyia, die nicht ruhte, bis er jenseits der Grenzen der Region war.

Der Sage nach verwandelte sich die Amazone am Ende der Schlacht in das Idealbild einer Frau: sanft, liebevoll und fürsorglich schenkte sie neunundsiebzig der Gefangenen die Freiheit, ohne auch nur das Wort »Lösegeld« zu erwähnen. Nur den letzten, den jüngsten unter ihnen, den wunderschönen Knaben Khale Ibn Jezzed Ha-Kaisi behielt sie an ihrem Hof. Sie liebte und bewunderte den Jüngling so, daß sie ihn adoptierte und zum Bruder ihrer eigenen Söhne machte. Niemand kam auf die Idee, daß die alternde Königin auf die Schmeicheleien eines jugendlichen Liebhabers hereingefallen sein könnte, oder auch, daß sie den Jungen doch als Geisel festhielte. In starkem Kontrast zu diesem romantischen Bild steht ein Bericht von Ibn Kaldun, in dem er schreibt, sie behandele »sowohl ihre Söhne wie auch ihre Untertanen despotisch«.

Hier hören wir zum ersten Mal das Wort »Despotismus« im Zusammenhang mit Dahyia, die nun den ganzen Maghreb als ihr Reich betrachtete. Überall wurde sie als Siegerin gefeiert. Wenn sie durch die Lande ritt, regnete es Blumen auf ihrem Weg. Bischöfe in ihren purpurnen Mänteln verbeugten sich vor der jüdischen Berberfürstin. Alle jubelten der Frau zu, die den Feind vertrieben hatte und dank deren kluger Kriegsführung nun Frieden im Land herrschte. Sie selbst aber traute diesem Frieden nicht und plante bereits eine neue Strategie, um den gefürchteten nächsten Angriff abzuwehren. Sie war sich sicher, daß eine verlorene Schlacht den Kalifen nicht vom Traum eines islamischen Weltreiches abbringen könnte und daß er früher oder später wieder angreifen würde.

Alle liebten Dahyia, die Siegerin, aber keiner Dahyia, die Seherin. Ironischerweise waren es die jüdischen Gemeinden, die ihr den ersten ernstlichen Widerstand boten. Seit Jahren hatten diese die jüdischen Berber mit Mißtrauen betrachtet und ihr freies, von rabbinischen Gesetzesauslegungen unbehindertes Leben kritisiert. Nun kamen wohl nicht unberechtigte Bedenken auf, daß sich die jüdische Jugend in den Städten ihren romantischen, freizügigen Brüdern in den Bergen anschließen könnte. »Sie gab unsere Töchter den Kriegern und badet im Blut unserer Söhne / Ich ließ meine Kinder in den Händen der Dahyia«, lautet der Refrain eines uralten jüdischen Volksliedes in Nordafrika.

Dann begannen auch Bauern und Kaufleute, sich von der Berberkönigin abzuwenden, nicht aus religiösen, sondern aus finanziellen Gründen. Sie meuterten, weil die Herrscherin trotz des glorreichen Sieges weiterhin darauf bestand, die Felder brachliegen zu lassen. Niemand wollte hören, daß große Gefahr bestünde, daß die Araber wiederkommen würden, um die Städte zu plündern und die Ernte für die Armee in Beschlag zu nehmen. Dahyia bestand nicht nur darauf, die einst blühenden Äcker in Brachland zu verwandeln, sondern auch darauf, alle Gebäude, die dem Feind Schutz gewähren könnten, dem Erdboden gleichzumachen. In diesen Tagen streute ihr niemand Blumen auf den Weg.

Dies blieb auch Hassan nicht verborgen. Ihm kam fast täglich Neues vom Aufbegehren gegen Dahyias strenges

Regime zu Ohren, von ihrem Despotismus und von der grausamen Art, in der sie sich ihrer Gegner entledigte. Der kluge Feldherr nutzte nun jede Gelegenheit, den Haß gegen seine Feindin zu schüren. Er ließ einige Jahre verstreichen, bevor er zum neuerlichen Angriff rüstete, und säte auf diese Weise Zweifel an ihren Prophezeiungen. Überdies taten seine Leute ihr Möglichstes, um die Nordafrikaner davon zu überzeugen, daß eine islamische Herrschaft ihre Situation nur verbessern könnte. Viele Christen und auch Berber flohen nach Spanien und auf die Mittelmeerinseln. Die Cahena konnte sich nicht länger auf ihre Untertanen verlassen, worüber Hassan genauestens informiert war, da sein allerbester Spion der von ihr so geliebte Adoptivsohn Khale war.

Einer Legende nach schmuggelte dieser junge Mann in einem ausgehöhlten Laib Brot einen Brief an den Kommandanten der islamischen Armee und riet ihm zum sofortigen Angriff. Wenige Augenblicke, nachdem Khale mit dem Brot von dannen ritt, erschien Dahyia mit aufgelöstem Haar, schlug sich wie wild auf die Brust und rief mit laut erhobener Stimme: »Berber, eure Macht entflieht in dem Brot!« Man erzählte sich verschiedene Versionen dieser Geschichte, nicht eine tadelt den Verrat des jungen Khale an seiner Ziehmutter – und was die Umstände mit dem Brotlaib betrifft, ob wahr oder nicht wahr: Der Verrat ist unbestritten.

Es bedurfte keines prophetischen Talents, um zu sehen, daß Dahyias Situation recht schwierig war. Sie wußte, daß Hassan mit seiner hochgerüsteten Armee nun auf dem Weg nach Afrika war, während sie selbst sich nicht mehr auf ihre Streitkräfte verlassen konnte. Arabische Chronisten berichten, daß Dahyia, als die Stunde der Schlacht gekommen war, ihre Söhne und Khale zu sich rief, ihnen befahl, ins Feindeslager zu reiten und sich Hassan zu ergeben, um auf diese Weise das Fortleben ihrer Dynastie zu sichern. Die strenge Despotin vergab dem geliebten Adoptivsohn seinen Verrat und sandte ihn voraus, damit er den beiden anderen Söhnen den Weg bahnte. Ihnen allen sagte sie eine glänzende Zukunft voraus; sie selbst werde in der bevorstehenden Schlacht fallen und ihr Kopf als Siegestrophäe dem Kalifen überreicht werden. Khale flehte sie an, sich in Sicherheit zu bringen und zu fliehen, worauf sie der Sage nach – und vielleicht auch in Wirklichkeit – antwortete: »Könige fliehen nicht.«

Es klingt recht unwahrscheinlich, daß Dahyia ihren Söhnen empfohlen haben soll, sich schon zu diesem Zeitpunkt zu ergeben. Da übereinstimmend berichtet wird, daß sich alle drei noch vor Kampfbeginn im Feindeslager befanden, wäre es auch möglich, daß es Khale war, der die Prinzen dazu überredet hat, sich ins gegnerische Lager zu begeben – ihre Mutter, ihren Stamm, ihre Religion zu verraten und zum Islam überzutreten –, um als islamische Offiziere der Gefangenschaft oder gar dem Tod zu entgehen und womöglich obendrein zu hohen Ehren zu gelangen.

So wie in der ersten Schlacht führte auch diesmal Hassan persönlich seine Truppen gegen die der Berberkönigin. Und ebenso ritt Dahyia wiederum an der Spitze ihrer Armee, nicht mehr jedoch in Begleitung ihrer Söhne; zwei von ihnen hielten sich in Hassans Lager auf, während Khale als Kommandant auf Feindesseite mitkämpfte. In arabischen Quellen heißt es, daß der blutige Kampf viele Stunden tobte, bis die Berber zum Rückzug gezwungen waren und

Hassan persönlich nun Dahyia verfolgte, die vergeblich versuchte, ihre Festung zu erreichen. Der Platz, an dem die Berberkönigin seinem Schwert zum Opfer fiel und damit, durch ihren Tod im Jahre 700, der islamischen Armee den Weg nach Afrika freigab, heißt bis heute »Quelle der Cahena«.

Die Geschichte Dahyias begann wie ein romantisches Märchen und endete wie eine griechische Tragödie. Aber wahre Geschichten haben kein Ende. Die Ironie des Schicksals wollte, daß Dahyias Söhne zu den Generälen zählten, die neunzehn Jahre später in Spanien einfielen und die Iberische Halbinsel unter islamische Herrschaft brachten. Sie waren fromme Muselmänner geworden und überredeten viele ihrer Stammesbrüder, es ihnen gleichzutun und die neue Religion anzunehmen. Nicht alle folgten ihrem Beispiel, sondern hielten an ihrem Glauben fest und zogen sich in das nordafrikanische Hochland zurück. Noch im 17. Jahrhundert berichteten Reisende, im Atlasgebirge jüdischen Berbern begegnet zu sein. Diese aber sollten im Lauf der Zeit ihre Isolation aufgeben und Mitglieder traditioneller jüdischer Gemeinden werden.

Vielleicht ist doch ein Körnchen Wahrheit in den alten Legenden, und alles spielte sich so ab, wie die Chronisten berichteten – daß Dahyia wirklich in die Zukunft sehen konnte und an das Fortleben ihres Stammes glaubte. Vielleicht fand sie in ihrer letzten Stunde im Jahr 700 Trost in dem Wissen, daß unter den marokkanischen Juden, die 1948 nach Israel einwandern sollten, sich auch Nachkommen der Jeruarer befinden würden. Vielleicht wußte sie gar, daß in den Adern des einen oder anderen heutigen israelischen Regierungsmitgliedes das Blut ihrer Väter fließt.

Literatur:

André Chouraqui: *Between East and West. The Jews of North Africa.* Jewish Publication Society 1960.

Joachim Hirschberg: *A History of the Jews in North Africa.* Leiden 1974.

Ibn Idhaari, Al Bayan an Mugrib: *Histoire de l'Afrique.* Algier 1901.

Ibn Kaldun, Abd ar Rahman: *History of the Berbers.* Paris 1925.

Nahum Slouschz: *Travels in North Africa.* Jewish Publication Society 1927, und: *Histoire des Juifs de Marocs.* Paris 1908.

SARA
Judenärztin von Würzburg
(ca. 1385–1445)

Nie hatte sie einen herrlicheren Frühling erlebt! Am 2. Mai 1419, nach endlosem Überreichen von Bittschriften und nervenzermürbendem Manövrieren und Taktieren mit Bestechungsgeldern, hatte sie nun endlich ihr Ziel erreicht. Sie hielt ein schweres Pergament mit kunstvoll verschnörkelten Buchstaben in den Händen, auf dem offiziell bekanntgemacht wurde, was längst alle Spatzen von den Dächern pfiffen: Sara, die Judenärztin, war es und nicht mehr der altersschwache Doktor Salkmann, die den Kranken der Stadt Heilung und Linderung bringen sollte – was sie seit Jahr und Tag bereits tat. An diesem 2. Mai wurde sie zur ersten offiziell anerkannten Ärztin in deutschen Landen erklärt und von Hochwürden Johannes II., dem Bischof von Würzburg, bestätigt. Das lang ersehnte Dokument sagte es klar und deutlich, es enthielt aber auch einen Passus über Steuern, die sie jährlich an den Bischof abführen mußte: zwölf Gulden! Dieser Preis, den sie zu zahlen hatte, um den von ihr gewählten Beruf auszuüben, war zweifellos enorm. Der Vertrag Doktor Salkmanns, des bisherigen Leibarztes des Bischofs, erwähnte das Wort Steuern überhaupt nicht. Aber der Bischof wußte wohl, daß es für eine Frau eigentlich unmöglich war, eine offizielle Position zu erhalten, und daß Sara, wollte sie Ärztin sein, also gezwungen war zu zahlen, was immer er von ihr verlangte.

Zwei Gulden betrug damals die Steuer der reichsten Kaufleute Würzburgs, und die gesamte jüdische Gemeinde hatte fünf Gulden aufzubringen, um die Kosten der Stadtwache zu decken. Sara mit zwölf Gulden zu besteuern war die reine Willkür, und doch beeinträchtigte es nicht ihr Triumphgefühl an diesem Tag. Johannes II. würde im eigenen Interesse dafür sorgen, daß seine Ärztin genug verdiente, um ihren Verpflichtungen nachkommen zu können.

Nie im Leben hatte Sara Zeit gefunden, sich in philosophischen Betrachtungen zu verlieren. Doch wer konnte ihr verübeln, wenn sie sich an diesem Tag die Zeit nahm, der Kette der Ereignisse zu gedenken, die zu diesem unfaßbaren Wunder geführt hatte? Die Worte: »Ja, vor der Pest war alles ganz anders« hatten sich wie ein stets wiederkehrender Refrain durch ihre ganze Kindheit gezogen. Erst als Erwachsene hatte sie begriffen, wie richtig dieser so oft vernommene Ausspruch war und wie sehr die Pest ihr Leben beeinflußt hatte. Der Ausbruch der gefürchteten Seuche 1347, lange vor Saras Geburt 1385, hatte die Welt aus den Angeln gehoben. In den ersten drei Jahren waren fünfundzwanzig Prozent von Europas Bevölkerung der schrecklichen Krankheit zum Opfer gefallen. Felder lagen brach, die Glutöfen so vieler Schmieden waren erloschen, der Handel schien lahmgelegt.

Zur allgemeinen Überraschung hatte sich das schwache Geschlecht als widerstandsfähig erwiesen. Wo man hinsah, gab es mehr Frauen als Männer. Auf hundert Bürger kamen hundertzehn Bürgerinnen, wie eine Zählung ergeben hatte. Die miserable wirtschaftliche Lage erlaubte es nicht länger, Frauen von den meisten Gewerben auszuschließen. Plötzlich war es ihnen nun erlaubt, jegliche Arbeit zu verrichten. Sie bekamen Zutritt zu Gilden und Innungen, ja, es stand ihnen sogar offen, ihre eigenen Zünfte zu gründen. Weberinnen, Textilarbeiterinnen und auch Prostituierte zählten zu denen, die die Gelegenheit nutzten, sich in Frauengilden zusammenzuschließen.

Alte Leute erzählten, wie sich damals die Frauen ihrer schönsten Haarpracht entledigten, weil sie nicht mehr die Zeit fanden, sich die langen Haare zu kämmen und sie in Zöpfe zu flechten. Viele von ihnen opferten ihre Locken, und bald war es schwer, ehrbare Bürgerfrauen von jungen Pagen zu unterscheiden. Mehr noch, die Damen wanderten fortan in formlosen Mänteln einher, gleich denen, die die Männer bevorzugten, und auf der Straße war es oft nicht möglich, auf den ersten Blick zu sagen, ob einem ein Mann oder eine Frau begegnete. Kein Wunder, daß konservative Geister dachten, das Ende der Welt stünde bevor.

Den Stürmen dieser neuen Zeit konnten nicht einmal die dicken Wände der Klöster Einhalt gebieten. Nonnen verließen die religiösen Stätten, um neue Institutionen zu gründen, die sogenannten »Binnenhäuser«. Dort, ohne jegliche Überwachung von Priestern oder Äbten, verrichteten die Frauen nicht nur ihre rituellen Pflichten, sondern verfaßten auch erstaunliche literarische, sozialkundliche und medizinische Werke. Auch Sara war von Wißbegier ergriffen und zeigte schon als Kind eine unstillbare Neugier. An langen Winterabenden hatte sie oft vorgegeben, sich vor der Dunkelheit zu fürchten, um nah bei den alten Frauen hocken zu dürfen und nicht eines der interessanten Gespräche zu verpassen, die allerdings nicht für ihre Ohren bestimmt waren. Während die Spinnräder leise surrten, erzählten sich die ältesten unter ihnen mit verhaltenen

Stimmen Geschichten, die schon deren Mütter schockiert hatten.

Die Pest kam und ging in dieser zweiten Hälfte des 14. Jahrhunderts, und Angst und Ungewißheit führten zu einem völligen Zusammenbruch des sozialen Lebens. Viele Menschen bereiteten sich durch fanatische Religiosität auf das vermutete Ende der Welt vor, andere wiederum wollten jedes letzte bißchen auskosten, solange es noch möglich war. Es kam zu allen möglichen Exzessen. Ehrwürdige Bürger verbrachten ihre Tage und Nächte splitternackt in sogenannten Badehäusern, »Probe«-Hochzeitsnächte wurden veranstaltet, man wechselte munter die Liebhaber, schwangere Nonnen waren an der Tagesordnung – und im Gefolge die bizarrsten Haut- und Geschlechtskrankheiten. Während Frauen ihrer Lockenpracht mit der Schere ein Ende machten, hielten viele Männer es für dienlich, ihrerseits mit allerlei komplizierten Frisuren um das weibliche Geschlecht zu buhlen. Die Locken oder die Zöpfe, die nun den Herren der Schöpfung über die Schultern fielen, waren zudem mit Pomade aus Eiweiß frisiert – ein wahres Volksfest für Läuse und anderes Ungeziefer.

Andere wiederum, von religiöser Extase erfaßt, zogen ziellos durchs Land. Überall konnte man Fastende sehen, die sich selbst mit der Knute peitschten, bis sie, aus dem Mund schäumend, ohnmächtig zu Boden sanken. Heftiger Schluckauf, Veitstänze und andere hysterische Krankheitserscheinungen bestimmten das Straßenbild.

Für Sara stand es außer Frage, daß sie es nur diesen gänzlich abnormalen Umständen, die einen Mangel an medizinischen Hilfskräften mit sich brachten, verdankte, daß der Bischof sich veranlaßt sah, ihr die ersehnte Lizenz zu erteilen. Die Kirche, stets bemüht, Kranken Linderung zu verschaffen, versucht diese mit eiskaltem Wasser zu heilen – eine Methode, die sicher nicht geeignet war, Geschlechtskrankheiten oder der Pest beizukommen. In den wenigen neu gegründeten Universitäten verbrachten Gelehrte ihre Zeit damit, alte griechische Texte mit modernen arabischen Lehrbüchern zu vergleichen. Der Mangel an geschulten praktischen Ärzten wuchs ins Unendliche. Schwindler und Quacksalber machten beste Geschäfte mit dem Verkauf von allerhand Elixieren, Schlangenöl und anderen Wundermitteln. Immer mehr Menschen, die weder bei den Kurpfuschern noch an den Universitäten Hilfe fanden, wandten sich an die von der Geistlichkeit so verhaßten »weisen Frauen«, an Hebammen, die sich sowohl mit Geburtshilfe als auch mit Geburtsabhilfe beschäftigten. Viele von ihnen waren mit schmerzstillenden Kräutern vertraut und auch mit solchen, die die Sexualität steigerten.

Den kirchlichen Behörden waren diese Frauen ein Dorn im Auge; sie beschuldigten sie eines unmoralischen Lebenswandels und antiklerikaler Aufhetze. Viele hohe Kirchenväter wußten sich keinen anderen Rat, als die Dienste gut geschulter jüdischer Ärzte in Anspruch zu nehmen, obschon dies eigentlich gegen dic Gesetze der Kirche war. Johannes II. war der erste Bischof überhaupt, der einem weiblichen Physicus eine ärztliche Lizenz erteilte. Und noch dazu einer Jüdin. Allerdings war es Sara, wie jüdischen Ärzten generell, nur erlaubt, ihre eigenen Glaubensgenossen zu behandeln. So bestand in Saras Fall keine Gefahr; sie würde ihre kostbare Lizenz nicht riskieren wollen und Christen behandeln, zumal mit Heilmethoden, die die Kirche nicht billigte. In den Augen des Bischofs war sie ein kleineres Übel als etwaige männliche Anwärter, denen man bei ihrem Bemühen um zahlungskräftige Patienten und entsprechende Heilerfolge nicht mit drohendem Lizenzentzug würde beikommen können.

Sara las das Dokument noch einmal durch und registrierte mit Stolz, daß nur ihr eigener Name und nicht auch der eines männlichen Angehörigen erwähnt war. Endlich war es möglich, daß der Name einer Frau in einem rechtmäßigen Vertrag stehen konnte. Auch dies war Folge des großen Sterbens, daß zum Beispiel in Dokumenten zum Besitztum, das jetzt so häufig in andere Hände wechselte, die Namen beider Eheleute angeführt waren, und oftmals eben auch nur die der Frauen. Erst kürzlich war eine Margaretha Kitzinger als alleinige Besitzerin im Würzburger Grundbuch eingetragen worden. Jetzt zählte auch Sara zu den Frauen, die im eigenen Namen einen Vertrag unterzeichnen konnten.

Sara hatte guten Grund, dankbar zu sein, daß sie nicht gezwungen war, den Namen ihres Vaters mit anzuführen. So manche Juden lebten in Würzburg ohne gültige Aufenthaltsbewilligung. Saras Eltern gehörten einer Generation an, die weder direkt noch indirekt der Pest zum Opfer gefallen war wie noch die Generation vor ihnen. Damals wurden die Juden beschuldigt, die Pest ins Land gebracht zu haben, was zu gnadenlosen Ausweisungen führte. Die Würzburger Juden jedoch hatten beschlossen, ihren Mitbürgern nicht das Vergnügen eines Progroms zu bereiten. Am 20. April 1349, nachdem die Kinder in Sicherheit gebracht worden waren, schlossen sie sich in ihre Synagoge ein, wickelten sich in ihre Gebetstücher, setzten das Gebäude in Brand und fanden in den Flammen den Tod.

Sara lernte von ihren Eltern, das Leben pragmatisch zu betrachten und jede Chance zu nutzen, die der Moment ihr bot. Trotz des tragischen Schicksals ihrer Großeltern, die in der Synagoge umkamen, war sie in Würzburg aufgewachsen. Der Vorgänger des jetzigen Bischofs hatte zwanzig Jahre nach diesem Ereignis wohlhabende Juden in die Stadt zurückgerufen – ein Raub der Flammen waren nämlich auch die nicht unerheblichen Steuern, die Juden zahlten. So hatten sich auch Saras Eltern wieder in Würzburg niedergelassen. Ihren eigentlichen Geburtsort kannte Sara nicht, aber das war ja auch unwichtig. Was sie als ausschlaggebend empfand, war die jüdische Erziehung, die sie in ihrem Elternhaus genossen hatte und die so wichtig für ihre Berufswahl gewesen war.

Seit Menschengedenken waren Juden durch ihre religiösen Vorschriften gezwungen, strikte persönliche Hygiene einzuhalten, sich die Hände vor dem Essen zu waschen, die Fingernägel zu schneiden und zu reinigen und regelmäßig rituelle Bäder zu nehmen. Wenn Sara sich an kalten Tagen davor drücken wollte, Wasser vom Brunnen zu schöpfen, wurde ihr immer wieder gesagt: »Im Talmud steht geschrieben, daß das tägliche Waschen von Händen und Füßen mehr zur Gesundheit beiträgt als alle ärztliche Kunst zusammen.« Wie alle jüdischen Kinder mußte die kleine Sara die sechshundertdreizehn religiösen Vorschriften lernen, von denen sich zweihundert auf die Hygiene des Hauses und des Körpers bezogen, einschließlich Sexualverkehr, Krankenpflege, Diätvorschriften und Fasten. »Ein reiner Geist kann nur in einem reinen Körper wohnen« – dies hörte sie täglich.

Heute war ihr klar, daß diese Vorschriften Juden halfen, Krankheiten und Infektionen besser zu überstehen, als ihre christlichen Nachbarn es vermochten, denen Hygiene und sanitäre Einrichtungen vollkommen fremd waren. Unter den Christen gab es etliche, die zwar unerschütterlich daran festhielten, daß Juden des Teufels wären, die sich mit ihnen jedoch in Krankheitsfällen ohne Bedenken berieten.

Die Wichtigkeit, die ihre Mutter dem Vorbeugen von Krankheiten zumaß, erweckte die Neugierde des Kindes, und oft wurden ihre Fragen den Eltern zuviel. Man hatte ihr zwar verboten, »Onkel« Salkmann zu belästigen, Sara aber lief dem vielbeschäftigten Arzt nach, wann immer sich eine Gelegenheit ergab. Er, wie alle anderen Juden Würzburgs, lebte hinter dem Rathaus, am Rande eines sumpfigen Tümpels. Dort hatte einst der jüdische Minnesänger Suesskind von Trinberg gehaust. Ein Spital bildete die Grenze zwischen dem jüdischen Viertel und dem Rest der Stadt. Sara wuchs mit dem Geruch fauligen Wassers und vermoderter Strohbetten in der Nase auf. Bald merkte sie, daß unter diesen Umständen alle Bemühungen um körperliche Sauberkeit nicht verhindern konnten, daß Krankheiten sich breitmachten, und das Kind war stets an der Seite seiner Mutter, wenn diese andere Familienmitglieder gesund pflegte. Sara hatte wenig Zeit zum Müßiggang. Während Jungen von frühester Kindheit an das Lesen in der Heiligen Schrift lernen mußten, hatten Mädchen die Spinngewebe aus den Ecken zu kehren und das wenige frische Obst, das erhältlich war, von Würmern zu befreien. Trotzdem blieb auch für sie etwas Zeit, lesen und schreiben zu erlernen.

Seit sich der große Rabbi Raschi, der legendäre Talmudlehrer, der um 1030 in Troyes geboren wurde, mit Nachdruck für die Frauenbildung eingesetzt hatte, ermutigten seine Nachfolger Familien dazu, daß die Töchter ausdrücklich jene Teile der Gesetze studierten, die sich mit der Führung eines jüdischen Haushaltes befaßten. Viele Eltern hatten jedoch ein rein ökonomisches Interesse an schreibkundigen Töchtern. Da es Juden verboten war, ein Handwerk zu lernen, mußten sie sich ihr Brot durch Handel jeglicher Art verdienen, was oft lange Abwesenheit von zu Hause verlangte. In solchen Fällen hatten sich die Frauen um die lokalen Geschäftsangelegenheiten zu kümmern, und das machte die Kenntnis von Lesen und Schreiben fast so wertvoll wie eine hohe Mitgift. Noch bevor Sara als erwachsen galt, konnte sie das hebräische Alphabet lesen und schreiben und sich obendrein mühelos auch auf deutsch verständigen.

Natürlich bestand das Leben des jungen Mädchens nicht nur aus Arbeit und Lernen. Jüdische Frauen pflegten im Gegensatz zu ihren Männern am Tag des Neumonds all ihre Pflichten ruhen zu lassen; statt dessen verbrachten sie, in Feststaat gekleidet, die Zeit mit Spielen oder Nichtstun. Wie die meisten ihrer Freundinnen war Sara eine gute Schachspielerin – eine Beschäftigung, die die Männer der jüdischen Gemeinde als Zeitverschwendung verpönten. Seltener nahm sie Teil an den ungestümen Ballspielen. Sie und andere Mädchen aus gutem Hause hielten es für damenhaft, bei solchen Gelegenheiten Äpfel und Nüsse anstatt Bälle zu benutzen.

Im jüdischem Viertel Würzburgs, so wie in den meisten jüdischen Siedlungen in Deutschland, gab es neben dem Bethaus die sogenannte Tanzhalle, wo Hochzeiten, Bar Mizwa-Feiern und andere Feste abgehalten wurden und die von Zeit zu Zeit von durchwandernden Juden als Schlafstätte benutzt werden konnte. Obzwar der Rabbiner es nicht gerne sah, wenn sich die jungen Leute bei Rundtänzen vergnügten, bestanden Saras Eltern darauf, daß sie sich an derartigen Belustigungen beteiligte – es waren in ihren Augen nützliche Gelegenheiten zur Eheanbahnung. Einen passenden Ehemann für Sara zu finden war für ihre Eltern nämlich ein dringendes Problem. Juden betrachteten ledige Frauen mit tiefstem Mitleid. Eine alte Jungfer zu bleiben wurde mehr als Unglück, denn als Schande betrachtet. Für die meisten Frauen war es unmöglich, selbst ihr Brot zu verdienen. Eine Frau, die ohne männlichen Schutz im jüdischen Viertel wohnte, wurde von Trunkenbolden und anderem Gesindel als Freiwild betrachtet, und es gab ausreichend Berichte über besonders brutale Vergewaltigungen.

Sara stimmte den Argumenten ihrer Eltern völlig zu, schlug aber jeden Mann aus, den diese als besonders passenden Schwiegersohn ansahen. Ihr vollkommenes Desinteresse an den vorhandenen Jünglingen war, zumindest zum Teil, das Resultat ihrer Verehrung für Doktor Salkmann. Von frühester Kindheit an hatte sie seine Gesellschaft der aller anderen Menschen vorgezogen. Auch den menschenfreundlichen Arzt hatten Gespräche mit dem neugierigen, aufgeweckten Kind immer interessiert, und er war gerne bereit, sie hie und da als Laufburschen zu beschäftigen. Ihre Eltern hatten Sara ermutigt, dem Doktor behilflich zu sein; sie hielten dies für eine gottgefällige Tat und hatten nie etwas dagegen, wenn das junge Mädchen stundenlang im Doktorhaus verblieb. Er wiederum war stets erfreut über diese intelligente Zuhörerin, und er sprach viel und gerne über die Probleme eines jüdischen Mediziners in einer christlichen Welt.

Doktor Salkmann war der einzige Mensch, den Sara kannte, der über Dinge sprach, die nichts mit ihrem täglichen Leben zu tun hatten; er gab ihr Einblick in einen Lebensweg, dessen Hauptzweck weder Kauf noch Verkauf, Geldwechsel oder Beten war. Besonders liebte sie es, wenn er auf die Anfänge der medizinischen Wissenschaft in Europa zu sprechen kam. Nicht immer waren die Dinge so trostlos gewesen wie heute. Einst hatten arabische und jüdische Ärzte, darunter auch Ärztinnen, die Studenten der Universität Salerno unterrichtet. Die Blütezeit dieser medizinischen Hochschule war längst dahin, aber die neu gegründeten Universitäten folgten dem Beispiel Salernos und lehrten gewissenhaft die alten arabischen, griechischen und hebräischen Heilmethoden. Das Wissen, das die modernen Universitäten vermittelten, war jedoch vorwiegend theoretisch und für praktische Ärzte wenig hilfreich. Die meisten von ihnen schöpften ihre Heilkunst aus anderen Quellen.

Doktor Salkmann erzählte seiner aufmerksamen Zuhörerin, daß bereits im Jahre 1140 der König von Sizilien ein Edikt erlassen hatte, das die Ausbildung von Medizinern in Europa regelte. Darin hieß es unter anderem, wer immer Kranke zu heilen wünsche, müsse königliche Beamte davon überzeugen, daß er sein Handwerk beherrsche. Und weiter hieß es, daß verhindert werden müsse, daß »unsere Untertanen« durch ignorante »Physikusse« gefährdet würden. So wurden junge Männer von erfahrenen Ärzten in deren Künste eingeweiht, vorausgesetzt, erstere waren bereit und in der Lage, enorm hohe Summen an Lehrgeld zu bezahlen. Am Ende der Lehrzeit, die auch das Lesen und Verstehen von medizinischen Büchern einschloß, mußten die Schüler vor einer königlichen oder auch kirchlichen Kommission demonstrieren, daß sie imstande waren, den Pflichten eines Mediziners gewissenhaft nachzukommen. Da die Kirche das Heilen von Kranken als ihr Vorrecht ansah, welches sie nur ungern mit weltlichen Kräften teilte, war der von der Kommission geforderte Standard sehr hoch, und so mancher Jüngling wurde nicht zugelassen zur Heilkunst, weil er den Kirchenvätern nicht genehm war.

Sara fand eine halbe Stunde Unterhaltung mit dem ältlichen Doktor weit interessanter als all die Plaudereien und in ihren Ohren abgedroschenen Floskeln ihrer jungen Verehrer. Je mehr ihr Doktor Salkmann erzählte, desto mehr wollte sie hören. Jede Minute, die sie nicht in seiner Gesellschaft verbrachte, schien ihr verschwendete Zeit. Später konnte sie nie mit Sicherheit sagen, ob er durch Zufall oder mit Absicht auf die Rolle zu sprechen kam, die Frauen, besonders jüdische Frauen, im Heilen von Kranken gespielt hatten. Schon zur Zeit, als die Römer Europa beherrschten, hatten sich Jüdinnen mit Medizin und Pharmakologie beschäftigt; unter ihnen Maria Hebrae, von der man sagte, daß sie Hydraclorid entdeckt hätte. In Paris hatte sich im 14. Jahrhundert Sara le Miceres einen Namen als Vermittlerin der Heilkunde gemacht. Eine andere Sara, die Witwe eines gewissen Abraham St. Giles, die in Marseille zu Hause war, war ebenfalls eine berühmte Heilkundlerin gewesen, deren Lehrtätigkeit sehr gefragt war.

Gebannt lauschte Sara den Geschichten über diese Frauen. Und eines Tages informierte sie ihre entsetzte Familie, daß sie sich entschlossen habe, da sie keinen passenden Ehemann fände, den Beruf der Medizinerin zu erlernen und sich damit ihr Brot selber zu verdienen. Nach endlosem

Austausch von Argumenten mußten ihre Eltern sich mit dem Unglück abfinden, daß sie eine alte Jungfer als Tochter haben würden. Das jüdische Gesetz verbot ihnen, eine Tochter gegen deren Willen zu verheiraten. Es blieb ihnen also nichts anderes übrig, als das eigensinnige junge Mädchen ihre eigenen Wege gehen zu lassen.

Zu Saras Enttäuschung versuchte auch ihr verehrter alter Doktor sie von der Unmöglichkeit ihrer Pläne zu überzeugen: Nie würde eine Frau die Lizenz erhalten, sich als Ärztin zu betätigen! Universitäten verweigerten sowohl Frauen als auch Juden beiderlei Geschlechts den Zutritt. Aber es gelang ihm nicht, das junge Mädchen umzustimmen. Sie wollte studieren, also würde sie studieren! Am Ende gab der väterliche Freund den Widerstand auf und versprach, sein Bestes zu tun, um ihr sein Wissen weiterzugeben.

Von nun an verbrachte Sara täglich viele Stunden im Doktorhaus. Sie wurde ständig in seiner Gesellschaft gesehen, und bald munkelte man, Sara sei die natürliche Tochter Doktor Salkmanns, die, so hieß es, keinen Ehemann finden könne, weil niemand mit Sicherheit zu sagen vermöge, wer ihr eigentlicher Vater sei – ein Sprößling einer ehebrecherischen Verbindung zu sein war ein ernstliches Ehehindernis für Mitglieder der jüdischen Gemeinde.

Die angehende Medizinerin war viel zu beschäftigt damit, sich auf ihren künftigen Beruf vorzubereiten, als daß sie sich mit derartigen Gerüchten befaßte oder gar verlorenen Heiratschancen nachweinte. Das jüdische Viertel hatte sein eigenes Hospiz und Armenhaus. Dort wurde die Pflege meist von Männern, Angehörigen einer Gruppe sehr frommer Juden, die sich Chevre Kadischa nannten, durchgeführt. Von ihnen lernte Sara nicht nur, Klistiere zu verabreichen, Blutegel anzusetzen und Wunden mit Salben zu behandeln, sondern auch diverse andere Heilmethoden ihrer Zeit. Jüdische Medizin beschäftigte sich aufgrund der religiösen Vorschriften mit dem Vorbeugen von Infektionskrankheiten, und ihr Lehrer machte Sara unter anderem mit Vorschriften bekannt, die vorgaben, in Zeiten von Seuchen die Kleider der Erkrankten zu verbrennen und die Häuser auszuräuchern. Auch erfuhr sie von speziellen Begräbnisvorschriften für diejenigen, die an einer Infektionskrankheit gestorben waren – Prozeduren, die von offizieller Stelle in keiner Weise beachtet wurden.

Am Abend, nach vollendetem Tagwerk, las Doktor Salkmann ihr aus dem Ersten Buch Samuel vor, das von dem Zusammenhang von Ungeziefer und Seuchen sprach. Oder er zeigte ihr die Korrespondenz, die er und andere jüdische Ärzte mit ihren Kollegen in Spanien und Nordafrika führten. So erfuhr Sara von der Möglichkeit, in ihren Landen unbekannte Heilmittel von dort zu importieren. Besonders aber war sie von Salkmanns Überlegungen zu medizinischer Ethik beeindruckt. Er zeigte ihr ein Schreiben, in dem ein Arzt den rabbinischen Gerichtshof um Erlaubnis bat, einem dem Tode geweihten Patienten ein Präparat zu verabreichen, das gefährlich war, da es sowohl heilen, als auch töten konnte. Die Antwort war positiv und spornte Sara an, sich selbst mit neuen, kaum bekannten Arzneien zu befassen.

Während der langen Jahre ihrer Lehrzeit träumte sie von dem Tag, an dem ihr erlaubt sein würde, offiziell an Doktor Salkmanns Seite zu arbeiten. Langsam wurden ihre Hände geschickter und stärker, seine jedoch begannen die

Kraft zu verlieren und immer mehr zu zittern. Sein Augenlicht trübte sich, und es fiel ihm zunehmend schwer, Abszesse aufzuschneiden, gebrochene Gliedmaßen einzurenken oder jemanden zur Ader zu lassen. Es wurde Zeit, daß Sara sich der Kommission stellte und die Erlaubnis erlangte, ihren Beruf auszuüben.

Die junge Kandidatin dachte lange und intensiv nach, wie sie den Vorurteilen der Kommission am besten begegnete, und beschloß, zwei Minuspunkte in ein Plus zu verwandeln: daß sie jüdischen Glaubens war und dazu eine Frau. Verwegen erklärte sie, daß sie gar keine Gelegenheit bekäme, christliche Gebote zu übertreten, da das Gesetz Christen ohnehin verbot, sich an jüdische Ärzte zu wenden. Und was die jüdischen Patienten betraf, da könne es der Kommission doch völlig gleichgültig sein, wenn diese es wagten, ihr Leben in die Hände einer Frau zu geben. Weiter könne es die Prüfer doch unmöglich interessieren, ob Rabbis den Männern ihrer Gemeinde rieten, ihre Frauen der Pflege einer geschulten Ärztin anzuvertrauen. Und im übrigen wüßten die bischöflichen Prüfer doch sehr wohl, daß sie, Sara, ihre so schwer erworbene Lizenz aufs Spiel setzen würde, falls sie es tatsächlich wagen sollte, von der Kirche verbotene Heilmethoden anzuwenden. Das ausschlaggebende Argument jedoch war zweifellos die ungewöhnlich große Summe, die via Sara ihren Weg in die klerikalen Taschen fand.

Schließlich gelang es ihr, vor die Kommission geladen zu werden und ihre Prüfer davon zu überzeugen, daß ihre Kenntnisse sich mit denen ihrer männlichen Kollegen in jeder Beziehung vergleichen ließen. So wurde sie offizielle Assistentin des alternden Doktor Salkmann. Obwohl der

Bischof von Würzburg so manche päpstliche Bulle ignorierte und sich wie andere Kirchenväter auch seit Jahr und Tag einen jüdischen Leibarzt hielt, hätte nicht einmal er es sich leisten können, einer Jüdin ohne ordnungsgemäße Lizenz die Kranken seiner Diözese anzuvertrauen. Des öfteren wurden sogenannte Kurpfuscherinnen von seiner Kirche sogar in den Feuertod getrieben. Der schlaue Johannes II. nun gab Sara die Möglichkeit, seine Kranken zu heilen mit einer Lizenz, die sie berechtigte, Doktor Salkmanns Arbeit zwar zu verrichten, die ihr jedoch die materiellen Vorteile, die die offizielle Position eines Stadtarztes mit sich brachte, vorenthielt.

Arzt sein, das hieß, zu jeder Tages- und Nachtzeit Kranke zu besuchen. Da künstliche Beleuchtung rar war und teuer, versuchte man, jede Minute des Tageslichts zu nützen. Wie alle anderen begann also auch Sara ihr Tagwerk knapp nach Sonnenaufgang. Neben ihrem Bett stand eine kleine Waschschüssel, und nach alter jüdischer Sitte wusch sie sich Gesicht und Hände, bevor sie das Morgengebet verrichtete. Ihr Frühstück bestand aus Milch oder Biersuppe und einem großen Stück Brot. Sie trug ein dunkles Gewand, dessen einzige Verzierung ein breiter metallener Gürtel war. Bevor sie das Haus verließ, schlüpfte sie in einen losen Mantel, der ihre Gestalt völlig verbarg. Sie war gezwungen, einen spitzen Hut zu tragen, von dem ein blaues Band zu wehen hatte, an dem jedermann sie sofort als Jüdin erkennen konnte.

Ihr erster Besuch jeden Morgen hatte, wie krank auch immer andere Patienten sein mochten, im Bischofssitz zu erfolgen. Dieser, Marienburg genannt, war eine Anlage ehrwürdiger alter Häuser, umgeben von einem Burggraben und einer Mauer. Dort hauste Hochwürden mitsamt seiner Beamten, Söhnen der nobelsten Familien des Frankenlandes. Es oblag Sara, sich um das Wohlbefinden der hohen Herrschaften zu bemühen. Die Burg lag am anderen Ufer des Flusses – ein langer Weg vom jüdischen Viertel. Hatte Sara endlich das Wasser überquert, mußte sie einen steilen Hügel erklettern, was kein reines Vergnügen war, zumal an regnerischen Herbsttagen oder eisigen Wintermorgenden. Am Ziel angekommen, verbrachte sie den größten Teil des Morgens damit, ihre vornehmen Patienten dazu zu bewegen, endlich ihre Rechnungen für erfolgte Heilungen zu begleichen – was meist schwieriger war als zum Beispiel das Auskurieren verdorbener Mägen, die gegen achtgängige Abendessen und anschließende Saufgelage revoltierten. Patienten in der Marienburg liebten es, teure, womöglich importierte Arzneien einzunehmen, aber haßten es, für diese zu bezahlen.

Oft schon hatten die Mittagsglocken bereits geläutet, bevor Sara in die bald im Dämmerlicht liegende Stadt zurückkehren konnte. In den ohnehin engen Gäßchen raubten die vielen vorgebauten Veranden zusätzlich das Tageslicht, und zudem waren viele Fensteröffnungen mit Schichten von Papier verklebt, da Glas unerschwinglich teuer war. So mußte Sara in den düsteren Wohnräumen ihre Augen oft gewaltig anstrengen, damit sie eine Diagnose stellen konnte. In der Marienburg lagen ihre Patienten in Himmelbetten; hier jedoch fand sie die Kranken meist auf harten Holzbänken in der Nähe des großen Herdes.

Nach getaner Arbeit war Sara oft zu müde, um ihre Abendmahlzeit, Eier in Pfeffersoße oder auch Fische in Öl mit Safran, zu genießen. Gemüse und Obst waren ein Luxus und kamen nur am Sabbat auf den Tisch. Zucker war den Schwerkranken vorbehalten, und die einzige süße Speise, die Sara sich gönnen konnte, war Honig. Um neun Uhr abends lag sie wie alle anderen Bewohner Würzburgs im tiefen Schlaf, aus dem sie allerdings gelegentlich geweckt wurde, um Kranken beizustehen, und nicht selten ereilte sie der Ruf von oben von der Burg. Dann mußte sie zwei Fackelträger engagieren, damit diese sie auf dem langen Weg vor allem möglichen Unheil bewahrten. Die Entlohnung für Saras Begleiter überstieg meist ihren eigenen Verdienst bei dieser Art Nachtbesuche.

Sara begann zu verstehen, warum Frauen nicht bereit waren, die physischen und geistigen Kräfte aufzubringen, die der ärztliche Beruf erforderte. Sie sah bald ein, daß sie, wie schwer sie auch arbeiten mochte, sich nie die Summen verdienen könnte, die sie benötigte, um den Bischof zu bewegen, ihr endlich Doktor Salkmanns Position vollständig zu übertragen.

Da es in dieser engen Welt Würzburgs fast unmöglich war, finanzielle Dinge vor den gierigen Blicken der Stadtväter zu verbergen, beschloß sie, mit niemandem über ihre Probleme zu sprechen, und wurde wortkarg und verschwiegen. Sie ging völlig in ihrer Arbeit auf und war bekannt als eine Frau, die weder Zeit noch Lust hatte, ihre Nachbarn in ihre Geheimnisse einzuweihen. Mit der Zeit gewöhnten sich die Würzburger an die »Judenärztin«, die schweigend ihrer Arbeit nachging. Sie wären erstaunt gewesen zu hören, wie sehr Sara sich um ihre Zukunft bangte und damit zu kämpfen hatte, ihre finanzielle Situation zu verbessern.

An jenem 2. Mai 1419, an dem Sara den ersehnten Arbeitsvertrag erhielt, gingen die meisten Würzburger ihren eigenen Geschäften nach und zeigten wenig Interesse an Saras Triumph. Keiner fragte sich, woher die Ärztin das Geld genommen habe, um die Bestechungsgelder zu bezahlen. Keiner hatte registriert, wie oft Sara die Güter eines gewissen Barons von Riedern besuchte. Hatte sie dort doch jemand gesehen, mußte er annehmen, daß dies in Ausübung ihres Berufes geschah. Wenigen war bekannt, daß Sara den Baron vor Gericht verklagt hatte, und nur wenigen fiel auf, daß der Fall Reinhart von Masspach, dem Landrichter des Herzogtums Franken, persönlich vorgelegt wurde. Sein Urteil, daß Sara das Einkommen der Riedernschen Güter rechtmäßig zufiele, traf die Stadt wie ein Blitz aus heiterem Himmel. Plötzlich gab es kein anderes Gesprächsthema mehr. Einige munkelten, Sara hätte die Besitztümer tatsächlich gekauft, obschon es Juden verboten war, Grundbesitz zu erwerben. Im Urteil des Herrn von Masspach stand aber ausdrücklich, sie habe sie sich »erklagt«.

Das Erstaunlichste an der Sache aber war, daß diesem Urteil ein Dokument beigelegt war, in dem von allen, die Rang und Namen in Franken hatten, garantiert wurde, daß sie Sara »schirmen und schuetzen auf die obgeschriebenen erklagten Güter und ihr beholfen sein, so oft sie der Obgenannten Einen um seine Hilfe ansprechen wuerden«. Unterschrieben hatten unter anderem die Grafen von Hennenber, die von Castell und von Werthrim, von Rineck, ferner Conrad von Winssperg, Konrad Schenk zu Erpach, Dietrich zu Biekenbach, Burkhard von Senkendorf, Erkinger von Sauensheim und so weiter. Es kam zwar immer wieder vor, daß Gerichtsurteile von einigen hochstehenden Personen garantiert wurden – diese Liste mit Unterschriften des gesamten fränkischen Hochadels war jedoch ein absolutes Novum.

Die guten Würzburger brannten nun darauf zu wissen, was der eigentliche Grund für Saras Klage gewesen war und wie es überhaupt möglich war, daß die Jüdin einen Prozeß gegen einen angesehenen und beliebten Aristokraten, den Baron von Riedern, gewonnen hatte. Seit Jahrhunderten besaßen die Barone im Frankenland ausgedehnte Güter. Vor etwa zwanzig Jahren hatte Baron Friedrich als Amtmann in Bischofsheim an der Tauber gewaltet und war auch heute noch ein Mann von erheblichem Einfluß. 1417, zwei Jahre zuvor, war sein einziger Sohn kinderlos gestorben, und eine Zeitlang hatte dessen Witwe versucht, ihr Anrecht auf den Besitz geltend zu machen.

So mancher biedere Würzburger erwog nun die Möglichkeit, daß die Familie in der Schuld der Ärztin stünde – aber war es möglich, daß deren Heilkunst solch enorme Summen verschlingen konnte? In ganz Franken gab es keinen Arzt, der Honorare in jener Höhe beanspruchte. Im Gegenteil, ein Doktor erhielt meist Hühner und Gänse als Bezahlung und sah nur selten bares Geld. Und der Bischof selbst beglich seine Schulden nie auch nur eine Sekunde, bevor es absolut nötig war.

So war die einzige Erklärung für das Urteil, daß der Baron Sara seine Güter verpfändet hatte. Juden verliehen ja oft Geld gegen hohe Zinsen, und vielleicht hatte die Ärztin nicht nur Riedern, sondern auch anderen Familien Geld verliehen? Betrieb sie es gar im großen Stil? Das wäre für eine Frau voller Gefahren. Allein das Eintreiben von Schulden machte oft weite Reisen nötig, brachte Drohungen, gar Gewalttaten ein. Und woher hätte Sara das Anfangskapital für solch ein Unternehmen nehmen sollen? Ihre Eltern konnten unmöglich vermögend sein, sonst wäre es ihnen ja nicht schwergefallen, einen passenden Schwiegersohn zu finden, einen, der sogar Saras hohen Ansprüchen genügt hätte und mit Freuden bereit gewesen wäre, den ererbten Reichtum zu behüten und bewachen.

Wären Saras Eltern reich gewesen, hätte sie im übrigen gar keine andere Wahl gehabt, als zu heiraten, um nicht täglich in Lebensgefahr zu schweben. Denn Geld und Wertgegenstände mußten stets versteckt gehalten und vergraben werden, um keine Beute für Räuber abzugeben. Ein alleinstehendes reiches Mädchen konnte zwar einen Leibwächter beschäftigen, würde diesem aber nicht nur ihren Besitz, sondern auch ihr Leben anvertrauen und wäre zu ihrem Schutz mit einem Ehemann besser bedient.

So schwer es Sara auch immer fiel, sie sprach weiterhin niemals über ihre Angelegenheiten, nicht einmal, als das Gerücht umging, sie hätte ihr Geld auf unlautere Art erworben. Viele ihrer Patientinnen verteidigten sie zudem gegen derartige Beschuldigungen und führten immer wieder an, daß Domherr von Masspach persönlich es war, der den gesamten Adel dazu bewogen hatte, ihren alten Kameraden, den Baron, Saras wegen vor den Kopf zu stoßen. Hätte einer von ihnen Sara auch nur das geringste Vergehen nachweisen können, wäre diese Urteilsgarantie nie zustande gekommen.

Die Würzburger Damen fragten sich gar, ob Sara vielleicht die Geliebte des Bischofs sei. Bei näherer Betrachtung wurde diese Idee jedoch verworfen. Johannes II. war nicht sehr beliebt, seine Missetaten waren stadtbekannt. Hätte er sich eine jüdische Mätresse gehalten, wäre das den päpstlichen Behörden gar bald zu Ohren gekommen. Und überhaupt war der Mann ständig in Geldschwierigkeiten, er konnte unmöglich die Summen zur Verfügung stellen, die nötig waren, um Leihgeschäfte zu betreiben. Wie auch immer gelang es dem Bischof, die Sache gründlich zu verschleiern – so gründlich, daß bis zum heutigen Tage keine Erklärung gefunden wurde.

Die Spekulationen und Gerüchte um Sara ließen also nicht nach. Wo immer sie ging, hörte sie Leute hinter ihrem Rücken flüstern, Leute, die ihr übelnahmen, daß sie nie auch nur ein Wort verlor, um dem Gewisper um ihren »erschwindelten« Reichtum ein Ende zu bereiten.

So gingen drei Jahre ins Land. Die Judenärztin, in der Nachbarschaft als mürrisch und wortkarg gemieden, war dennoch gefragt und geschätzt für alles, was nur im entferntesten mit Krankenpflege zu tun hatte. Sie ging in ihrem Beruf auf, führte aber ein einsames Leben. Und so mancher triumphierte, als das Blatt sich für sie wendete und der Bischof ihr, wie allen anderen Juden Würzburgs, seine Gunst entzog. Im Jahre 1422 beschloß Johannes II., seinen immer größer werdenden Geldsorgen in althergebrachter Weise beizukommen. Er befahl der jüdischen Gemeinde, sich ohne Ausnahme in die Marienburg zu begeben. Dort ließ er sie in die Burgverliese einsperren und gab sie erst frei, nachdem sie sechzigtausend Gulden Lösegeld bereitstellten. Viele der Juden, darunter auch Sara, gaben ihr ganzes Geld hin, um diese unerhörte Summe zusammenzubekommen, und verließen Würzburg nach diesem Geschehen. Vielleicht wäre es ihr doch möglich gewesen, den Bischof zu bewegen, sie von seiner Geldbeschaffungsmaßnahme auszunehmen. Aber die tief enttäuschte Frau war nicht gewillt, sich länger auf jene zu verlassen, die man »edel« nannte. Sie beschloß, sich dem Exodus anzuschließen. So verließ sie als eine von Tausenden die Stadt, in der sie ihre Jugend verbracht hatte, und teilte das Schicksal ihres Volkes, immer aufs neue Wurzeln in der Fremde schlagen zu müssen.

Literatur

Moses Bamberger: *Ein Blick auf die Geschichte Würzburgs*. 1905.

Gabrielle Becker: *Aus der Zeit der Verzweiflung*. Frankfurt/M. 1977.

Encyclopedia Judaica, Vol. XI.

Universal Jewish Encyclopedia, Vol. VII.

Egon Friedell: *Kulturgeschichte der Neuzeit*. 2 Bde. München 1976.

Harry Friedewald: *The Jews and Medicine*. Ktav Publishing House 1967.

Ludwig Heffner: *Die Juden in Franken*. Würzburg 1855.

Abraham Wiener: *Aus dem Leben der Juden im Mittelalter*. 1937.

Meir Wiener: *Register zur Geschichte der Juden in Bayern*. Hannover 1862.

GRACIA NASI
Handelsministerin des türkischen Sultans
(1510–1569)

Man schrieb das Jahr 1510. Kirchenglocken und Orgelmusik verkündeten, daß in Lissabons beliebtester Kirche eine feierliche Taufzeremonie stattfand. Ein laut protestierender Säugling wurde auf den Namen Beatrice de Luna Miques getauft. An dem anschließenden reichlichen Festmahl nahmen die Vornehmsten des Landes teil, Adelige, Kirchenfürsten und Gelehrte. Keiner der geladenen Gäste konnte übersehen, daß der glückliche Vater dem Bischof eine stattliche Spende für die Armen der Gemeinde überreichte. Es war allgemein bekannt, daß er als vom jüdischen Glauben konvertierter Christ keine Gelegenheit ausließ, um zu zeigen, wie ernst ihm die Gebote der christlichen Kirche waren. Auch die Geburt eines weiteren Kindes nahm er zum Anlaß, der Kirche seine Treue zu bezeugen.

Dieser öffentlichen Zeremonie folgte ein weiterer Ritus, der in aller Stille zu Hause, bei geschlossenen Fensterläden und unter Ausschluß der Dienerschaft, durchgeführt wurde. Nach altjüdischer Tradition baten nun zehn männliche Verwandte, in weiße Gebetsmäntel gehüllt, um Gottes Segen und gaben dem neuen Familienmitglied den hebräischen Namen ihrer spanischen Großmutter väterlicherseits: Hanna Gracia. Der Familienname Miques war neu. Ehemals trug die Familie den hebräischen Nachnamen

Nasi, der Prinz, der in den Jahrhunderten zuvor Kennzeichen der vornehmsten jüdischen Familien der Iberischen Halbinsel war.

Von Geburt an führte das kleine Mädchen ein Doppelleben. Jeden Freitagabend lernte es in der Schlafkammer der Mutter, wie die Sabbatkerzen anzustecken und Gott für die Gnade eines mühelosen Tages zu danken sei. Es durfte sogar von dem süßen Wein kosten, mit dem Vater den Sabbat begrüßte und um Gottes Segen für seine Familie bat. Am Sonntagmorgen jedoch ging sie mit ihrer Familie in die christliche Kirche und sang dort mit lauter Stimme lateinische Lieder. Der Alltag war von Geheimnissen umgeben und ließ dem kleinen Mädchen die alte jüdische Religion in höchst romantischem Licht erscheinen. Anhängerin einer verbotenen und mißachteten Religion zu sein schien edel und mutig, und wie viele Freundinnen entwickelte Gracia eine fast fanatische Anhänglichkeit an den väterlichen Glauben, der sich innerhalb der zweiten Generation der zum christlichen Glauben übergetretenen Juden wieder stärker verfestigen konnte als bei ihren Vätern. Während diese jungen Leute in der Kirche scheinbar andächtig der Messe folgten, träumten sie von dem Tag, an dem sie sich zu ihrem jüdischen Glauben wieder offen und ungehindert bekennen konnten.

Einige Tage nach ihrem achtzehnten Geburtstag stand Gracia mit Francesco Mendes vor dem Traualtar. Er war einer der angesehensten jungen Männer der Stadt. Einer seiner Vorfahren hatte die Schiffe ausgestattet, mit denen Vasco da Gama nach Indien segelte. Seitdem hatte die Familie eine hervorragende Stellung im Handel mit exotischen Gewürzen inne. Francesco selbst war für den portugiesischen Handelszweig des Hauses verantwortlich, und sein Bruder Diego kümmerte sich von Antwerpen aus um die Geschäfte der Firma. Vermutlich beeindruckte Gracia Francescos Treue zum Judentum weit mehr als sein Reichtum. Reich war ihr Vater auch, aber er war im Gegensatz zu ihrem jungen Gatten kein Rabbiner der geheimen jüdischen Gemeinde Lissabons.

Der Hochzeit folgten glückliche Jahre, in denen die junge Frau das bequeme, aber ereignisarme und beschränkte Leben einer wohlhabenden portugiesischen Ehefrau führte. Sie kümmerte sich um den luxuriösen Haushalt mit zahlreicher Dienerschaft und verbrachte viele Stunden mit dem Anlegen goldbestickter, unbequemer Kleider, deren lange juwelenbesetzte Schleppen sie beim Gehen behinderten und nur langsame Bewegungen zuließen. Das einzige Kind der Ehe, eine Tochter, wurde Brianda getauft, aber Reina gerufen, vermutlich nach einer Großmutter, deren hebräischer Name Malcha, die Königin, war. Nichts weist darauf hin, daß Francescos Gattin ein »unweibliches« Interesse an seinen Geschäften zeigte. Politische Ereignisse führten jedoch dazu, daß sie ihr Leben nicht länger, wie so viele andere intelligente Frauen ihrer Zeit, in vornehmer Zurückgezogenheit verbringen konnte.

Der 23. Mai 1536 brachte eine schlagartige Veränderung mit sich. An diesem Tag wurde ein päpstlicher Erlaß verkündet, der den Herrscher Lissabons aufrief, das Glaubensgericht der Inquisition einzurichten. All diejenigen, die die Taufe zwar erhalten hatten, aber unter dem Verdacht standen, im geheimen weiterhin protestantischer, jüdischer oder andersgläubiger Ketzerei zu folgen, unterstanden nun der Gerichtsbarkeit des Großinquisitors. 1497 waren alle Juden, die Portugal nicht verlassen hatten, zwangsgetauft worden. Die Jahre, in denen sie sich an den neuen Glauben gewöhnen sollten, waren zu Ende. Nun hatte die Inquisition das Recht, alle Christen, die heimlich eine andere Religion ausübten, zu verhaften, unter Folter zum Geständnis zu zwingen und in den Flammentod zu schicken. Auch Gracia und ihre Familie waren nun vom Tode auf dem Scheiterhaufen bedroht.

Wenige Wochen nach dem päpstlichen Erlaß starb Francesco. Ob sein Tod in Zusammenhang mit der Inquisition zu sehen ist oder eine andere Ursache hatte, kann nicht mehr beantwortet werden. Sicher ist nur, daß er seiner Witwe ein sehr großes Vermögen und eine Menge unlösbarer Probleme hinterließ. In seinem Testament sprach er die eine Hälfte seines Vermögens Gracia und Reina zu, die andere seinem Bruder Diego in Antwerpen. Auch bat er ihn, Gracia bei der Verwaltung ihres Besitzes zu unterstützen. In einer geheimen Klausel äußerte er den Wunsch, in Palästina begraben zu werden, da er dort das Kommen des Messias erwarten wolle.

Die nur sechsundzwanzigjährige Witwe, die bisher vermutlich nie eine Rechnung allein bezahlt hatte, war nun plötzlich für enorme Summen verantwortlich. Auch mußte sie damit rechnen, daß der Großinquisitor bald ein Auge auf ihren Besitz werfen werde. Doch nicht nur ihr Geld war in Gefahr, auch ihre Freiheit und ihr Leben und damit auch das Leben ihres Kindes. Da die Post oft monatelang unterwegs war, blieb Gracia nicht genügend Zeit, um ihren Schwager um Rat zu fragen. Sie mußte handeln und zwar sofort. Die junge Dame, die die Straßen nie ohne Kopfbedeckung betrat, besuchte nun Hafenschenken, um dort mit pfiffigen portugiesischen Weinhändlern und gewieften englischen Spediteuren zu verhandeln. Die Waren, die sie erstanden hatte, mußten auf schnellstem Wege nach England befördert und dort mit Gewinn verkauft werden. Der erfolgreiche Abschluß ihrer Geschäfte zeigt, daß es keinem der gerissenen Geschäftsleute gelang, Gracia übers Ohr zu hauen.

Um ihr Leben und das ihres Kindes zu retten, gab es nur eine Möglichkeit: Sie mußten Portugal sofort verlassen. Doch neue Verordnungen erschwerten die Emigration gerade für konvertierte Christen. Gracia konnte sich die nötigen Dokumente nur mit enormen Summen an Bestechungsgeldern beschaffen. Auch die Schiffsreise war gefährlich. Noch weit besorgniserregender als schlechte Wetterbedingungen waren die zahlreichen Piratenüberfälle, die oft zur Folge hatten, daß die gefangenen Passagiere ihre Reise auf den Sklavenmärkten Afrikas beendeten. Es war undenkbar, daß sich eine Frau allein, ohne männlichen Schutz, diesen Gefahren aussetzte. Es fand sich jedoch kein Mann bereit, Familie und Geschäfte zu verlassen, um Gracia zu begleiten und eine wiederum gefährliche Rückreise auf sich zu nehmen. Nicht einmal ihr Bruder, der königliche Leibarzt Dr. Augustine Miques, wollte sich und seine Familie derartigen Gefahren aussetzen. Das einzige, das er für sie tun konnte, war, ihr seine beiden älteren Söhne, den fünfzehnjährigen Joaz (Josef) und den dreizehnjährigen Augustine (Samuel), als Reisebegleiter mitzugeben. Noch im letzten Moment schloß sich Gracias achtzehnjährige Schwester Brianda an. Die Reise mußte sofort angetreten werden, denn nur wenige Wochen später hätten Winterstürme die Schiffahrt wochenlang stillgelegt. Vier Monate nach Francescos Tod betrat Gracia mit ihrer vier Jahre alten Tochter und den drei Jugendlichen englischen Boden. Nachdem sie ihre Geschäfte so schnell wie möglich abgewickelt hatte, erreichte sie in den letzten Tagen des schicksalsschweren Jahres 1536 Antwerpen, um sich dort, wie es die Tradition verlangte, dem Schutz ihres Schwagers anzuvertrauen. Ihr folgte eine Gruppe von Lastenträgern mit Kisten voll von Kostbarkeiten, die sie in England erworben hatte und deren Wert das geerbte Vermögen weit überschritt.

Zwar war es Gracia gelungen, den Schergen der Inquisition zu entkommen. Wirklich sicher konnte sie sich jedoch auch in Antwerpen nicht fühlen. Die Niederlande gehörten zum Reich Kaiser Karl V., König von Spanien. Bereits unter seiner Großmutter, Königin Isabella, wirkte die Inquisition in Spanien. Auch wenn Karl V. ein politischer Gegner des Papstes war, so war er doch strenger Katholik. Es war zu befürchten, daß er eines Tages die religiösen Verfolgungen, die im Süden seines Reiches bereits stattfanden, auch in den Niederlanden einführen werde. Zum christlichen Glauben übergetretene Juden wurden auch von ihm verdächtigt, heimlich an ihrer alten Religion festzuhalten, nicht zuletzt deswegen, weil sich die Krone dann ihren Besitz aneignen konnte. Deshalb war es also auch in Antwerpen nicht ratsam, sich offen zum Judentum zu bekennen. Gracia war erneut gezwungen, ein gefährliches Doppelleben zu führen.

Ihr Schwager Diego erkannte sehr schnell, daß Gracia kein hilfloses Wesen war, sondern eine Frau mit außergewöhnlichem Geschäftssinn. Er ließ nicht nur zu, daß sie sich allein um ihr Vermögen kümmerte, sondern nahm sie auch als Mitarbeiterin in seiner Bank auf.

Die Vermögensansammlung war jedoch nicht alleiniger Inhalt ihres neuen Lebens. Ihr wichtigstes Anliegen war es, das Leben und den Besitz ihrer Freunde in Lissabon zu retten, wofür sie bei Diego aktive Unterstützung fand. Gemeinsam entwarfen sie ausgeklügelte Handelsverträge, die es ihren Religionsgenossen ermöglichen sollten, die portugiesischen Behörden davon zu überzeugen, daß ihre Anwesenheit in London, Paris oder Antwerpen für Portugal von Vorteil war. So wurde Donna Gracia zur Finanzexpertin und zur Spezialistin geheimer Geldüberweisungen. Nicht nur ihre eigene Bank, sondern auch andere Geldinstitute profitierten von ihren komplizierten Transaktionen. Beatrice de Luna, so wurde sie in offiziellen Dokumenten noch immer genannt, war bald eine der angesehensten Persönlichkeiten in der damaligen internationalen Finanzwelt.

Trotz ihrer Anstrengungen gelang es Gracia und Diego nicht, alle ihre Freunde zu retten. Am 20. September 1540 fand das erste Autodafé in Lissabon statt, und in den folgenden Jahren mußten über tausend Juden ihr Leben auf dem Scheiterhaufen lassen. Ohne die Hilfe der Familie Mendes wäre die Zahl jedoch noch viel größer gewesen. Gracia und Diego retteten unzählige Juden vor der Inquisition.

Die Jahre, die Gracia in Antwerpen verbrachte, können als ihre Lehrjahre bezeichnet werden. Hier begriff sie schnell die Notwendigkeit, Kapital in den verschiedensten Teilen der Welt anzulegen, um sich so gegen lokale Verluste zu schützen. Vor allem lernte sie das erste Gebot jüdischer Händler zu schätzen, die Freundschaft der Mächtigen und Einflußreichen zu gewinnen. Gracia und Diego waren sich bei alledem sehr wohl bewußt, daß ihre Rettungsversuche nicht nur eine Gefährdung ihres Vermögens, sondern auch ihres eigenen Lebens bedeuteten. 1532, als Gracia noch das Leben einer reichen und verwöhnten Frau führte, hatte Diego bereits im Gefängnis gesessen. Allein den Bemühungen des englischen Königs Heinrich VIII., der mit dem Bankhaus Mendes für sich selbst sehr vorteilhafte Geschäfte abwickelte, war es zu verdanken, daß er sich bald wieder auf freiem Fuß befand. Gracia erkannte schnell, daß »Anleihen« an Fürsten unvermeidliche Geschäftsspesen jüdischer Bankhäuser sein können.

Die Witwe Gracia Mendes war eine sehr wohlhabende Frau, der es sicher nicht an Verehrern fehlte. Im sechzehnten Jahrhundert waren Liebesehen eher die Ausnahme. Die meisten Verbindungen wurden aus Vernunftgründen geschlossen, und so manchem Herren aus ihrer Bekanntschaft mußte eine Ehe mit Gracia als besonders vernünftig erschienen sein. In der damaligen Zeit gehörte Klatsch zu der beliebtesten Art, sich die Zeit zu vertreiben. Es ist jedoch nicht bekannt, daß je ein Sterbenswörtchen über Gracias Privatleben in die Öffentlichkeit drang. Hatte Diego nie an eine Verbindung mit seiner Schwägerin gedacht? Hätte die Vereinigung seines Vermögens mit dem seines verstorbenen Bruders ihn nicht zu einem der reichsten Männer der Niederlande machen können? Wäre denn der einzige Verwandte in einem fremden Land, der auch ihr Mentor und außerdem ein Mann war, der ihr brennendes Interesse an dem Schicksal ihrer Freunde teilte, nicht auch eine vernünftige Wahl gewesen? Und billigte nicht sogar auch das jüdische Gesetz die Ehe einer Witwe mit einem ledigen Bruder des Verstorbenen? Trotz all dieser Gründe vermählte sich Diego nicht mit Gracia, sondern mit ihrer jüngeren

Schwester Brianda. Die Tochter aus dieser Ehe erhielt den Namen Gracia.

Auch Diego war es nicht vergönnt, ein hohes Alter zu erreichen. Sieben Jahre nach dem Tod seines Bruders Francesco starb er. In seinem Testament kommt ein letztes Mal zum Ausdruck, wie sehr er seine Schwägerin schätzte. Im Gegensatz zur damaligen Sitte, die das Vermögen einer Frau stets unter männliche Verwaltung stellte, ernannte er Gracia zur Verwalterin des Gesamtvermögens seiner Bank. Seine Frau hingegen erhielt nach altem jüdischen Brauch lediglich das Vermögen, das sie in die Ehe mitgebracht hatte. Der Rest ihres Anteils sowie der ihrer kleinen Tochter oblag der Verwaltung Gracias. Gracia wurde damit zur alleinigen Verwalterin einer der größten Banken des damaligen Europas.

Erstaunlicherweise erregte die Tatsache, daß nun zum erstenmal in der Geschichte eine Frau den Vorsitz einer Bank innehatte, wenig öffentliches Aufsehen. Denn in der ersten Hälfte des sechzehnten Jahrhunderts gab es eine Reihe von Frauen, die in Politik und Wirtschaft wichtige Rollen spielten. Genannt sei hier Königin Isabella von Spanien oder Marie de Guise, die für ihre Tochter Maria Stuart regierte. In England regierte Königin Maria Tudor, während die Niederlande von der Schwester Karls V. verwaltet wurde. In Italien führte Katharina Sforza ihre Truppen persönlich gegen Cesare Borgia, dessen Schwester Lucrezia aus dem Geschlecht der Medici eine ähnlich bedeutende Rolle spielte wie Isabella d'Este und die italienische Dichterin Vittoria Colonna, Frauen der italienischen Aristokratie. Dieser gesellschaftliche Einfluß von Frauen konnte nicht von Dauer sein. Der calvinistische Reformator John Knox, der 1557 eine glühende Schmähschrift gegen die katholische Königin Maria Stuart verfaßte, gerierte sich mit seinen frauenfeindlichen Traktaten als Vorreiter. Der erneute Verdrängungsprozeß von Frauen blieb auch für Gracia nicht ohne Folgen.

Die Tatsache, daß sich so viel Geld in den Händen einer Frau befand, war anstößig. Das Geld sollte wieder in würdigere, altchristliche Hände befördert werden. Fortan hatte sich Gracia gegen zahlreiche Komplotte zur Wehr zu setzen. Kurz nach Diegos Tod wurde die übliche Anklage erhoben, Diego hätte heimlich nach seinen jüdischen Glaubensvorstellungen gelebt. Um zu beweisen, daß Diego durchaus ein gläubiger Christ gewesen war, zählte Gracia die vielen Spenden auf, die er christlichen Wohltätigkeitsorganisationen zukommen ließ. Da dies alles nicht genügte, bot sie schließlich dem Kaiser eine zinsfreie Anleihe von hunderttausend Dukaten an, die dieser bereitwillig annahm.

Doch der Friede dauerte nicht lange. Bald gab es einen neuen Versuch, sie um ihren Reichtum zu bringen. Ihre dreizehnjährige Tochter Reina sollte mit einem Mitglied des Hofes verheiratet werden. Gracia lehnte ab: »Lieber sehe ich meine Tochter tot.« Durch die guten Beziehungen ihres Neffen Joaz zum kaiserlichen Hof und zu adeligen Kreisen gelang es zunächst, beträchtliche Summen des Bankkapitals unauffällig bei anderen europäischen Banken außerhalb des Landes anzulegen. Gracia war es aber bald leid, noch länger in der Position eines Bittstellers zu bleiben, der sich nur mit Intrigen, Lügen und Ausflüchten aus seiner prekären Lage befreien kann. Sie wollte sich nicht länger als Opfer betrachten und allen, die sich ihr in den Weg stellten, die Stirn bieten. Denn niemand wußte besser als sie, welch enorme Summen an Geldern in den Händen der jüdischen Einwanderer lagen und welche Bedeutung sie für die wirtschaftliche Stellung ihres Gastlandes hatten.

So beschloß die Leiterin der Mendes-Bank, ihre Glaubensbrüder in der Schlacht auf dem Felde der neu eröffneten Amsterdamer Börse anzuführen, um der Welt zu zeigen, daß die Juden alles andere als machtlos waren. Gerüchte kamen in Umlauf, daß, sollte es jemand auch nur wagen, das Vermögen der Mendes-Bank zu beschlagnahmen, alle jüdischen Kaufleute ihr Geld sofort außerhalb des Landes anlegen würden. Um diesem Gerücht Glauben zu verleihen, schickte Gracia alle von ihr geretteten jüdischen Flüchtlinge der Iberischen Halbinsel mitsamt ihrem Geld nach Bordeaux, Lyon oder Venedig statt wie bisher in die Niederlande.

Doch Gracia hatte ihre Möglichkeiten überschätzt. Sie mußte mit ihrem Verhalten auf Widerstand stoßen: Als die Regentin sie zu sich in den Palast befahl, schützte sie Krankheit vor, derentwegen sie in Begleitung ihrer weiblichen Familienmitglieder zur Kur nach Aachen reisen müsse. In rasender Eile befahl sie, Prunkgewänder, Diamanten, Edelsteine und andere Kostbarkeiten zu packen und auf Wagen zu laden. Zwei schwerbeladene Karossen, in denen sie reisten, hatten gerade noch genug Zeit, die Grenze zu überschreiten, bevor die Schwester des Kaisers alles beschlagnahmte, was sie zurückgelassen hatte und sie mal wieder der heimlichen Ausübung der jüdischen Religion beschuldigte.

Ohne männlichen Schutz, verfolgt von den Häschern der Regentin, durchquerten die Damen Mendes mit ihren Töchtern in unbequemen Kutschen Kriegsgebiete und Gegenden mit aufständischen Bauern. Nach wochenlanger, beschwerlicher Reise erreichten sie endlich Venedig, und es war für Gracia ein leichtes, die Dogen der Republik davon zu überzeugen, daß es zum Wohl der Lagunenstadt wäre, wenn sich die Damen des Bankhauses Mendes in einem Palazzo am Rialto ansiedeln könnten. Venedig erklärte sich sogar bereit – natürlich nur gegen entsprechende Vergütung –, die Schmach, die ihren neuen Mitbürgerinnen angetan wurde, zu rächen: Schiffe wurden beschlagnahmt, die Güter der niederländischen Regentin beförderten.

Gracia hatte den Eindruck, in einer völlig anderen Welt zu sein, auch wenn sie nur weniger als tausend Kilometer von Antwerpen entfernt war. Während die großen Städte der Niederlande noch dabei waren, den Staub des Mittelalters aus ihren Straßen zu fegen, wehte in Venedig bereits der Geist der beginnenden Neuzeit. Im Vergleich dazu erschien Antwerpen mit seinen Holzhäusern, winkeligen dunklen Straßen und seiner dicken Stadtmauer wie ein großes Dorf. Auch die Häuser der Reichen hatten dort nur wenig Komfort. Düstere Zimmer waren vollgestopft mit unbequemen Möbeln und die Schlafkammer nur über steile Treppen zu erreichen. In Venedig mietete Gracia einen zierlich gebauten Palast, dessen Zimmer mit Brokat tapeziert waren. Über prächtigen Marmorkaminen hingen wertvolle Gemälde und Gobelinstickereien. Die Zimmerdecken waren mit Engeln und griechischen Göttern bemalt, die die Damen beim Experimentieren mit unbekannten kosmetischen Mitteln zu beobachten schienen. Alles hier war geräumig und luxuriös und verleitete zu elegantem Müßiggang.

Dazu hatte die Herrin des Hauses jedoch nicht genug Zeit. In Venedig erfuhr sie, daß es auch noch eine völlig andere Einstellung zu Geld und Reichtum geben kann, daß der kaufmännische Beruf nicht unbedingt anrüchig sein muß und daß man als Geldverleiher in höheren gesellschaftlichen Kreisen nicht zwangsläufig verachtet und ausgeschlossen wird. Nun plötzlich war sie in einer Welt, in der die vornehme Ahnenreihe weit weniger wichtig war als die Fähigkeit, Geld zu erwerben und nutzbringend anzulegen. Die Medici, das florentinische Herrscherhaus, schämten sich nicht, Söhne und Enkel reicher Kaufleute zu sein. Niemand kümmerte sich darum, daß unter ihren Ahnen nicht ein einziger Adeliger war. Das gleiche galt für die Sforzas, die in Mailand regierten, wie auch für die Dogen, die gewählten Regenten der Venezianischen Republik.

Für Gracia war es eine große Herausforderung, sich mit den Spielregeln des jungen Kapitalismus auseinanderzusetzen. Bald mußte sie feststellen, daß ihre bisherige Arbeit angesichts der ausgeklügelten Geschäftsmethoden lombardischer Banken, die bereits in allen europäischen Städten vertreten waren und deren Profit und Ansehen stetig wuchsen, amateurhaft erscheinen mußte. Von ihnen konnte sie lernen, daß nicht nur der Erwerb des Geldes, sondern auch seine Verwaltung eine ehrenhafte Kunst war, die weit kompliziertere Anforderungen stellte als die Zahlung von Schutz- oder Bestechungsgeldern an diverse Schutzherren.

Damit lernte Gracia eine Welt kennen, in der Geld nicht nur Luxus ermöglichte, sondern auch ein gesellschaftliches Ansehen, von dem sie bisher nur träumen konnte. Hier in Venedig bot sich wirklich Gelegenheit, ihre Talente zu entwickeln. Immer noch unter ihrem christlichen Namen Beatrice de Luna suchte sie die Gesellschaft weitgereister und erfahrener Juden auf, mit deren Verbindung sie auch Kontakte zu jüdischen Kaufleuten außerhalb Europas aufnahm.

Die so erworbenen Kenntnisse von den wirtschaftlichen Bedingungen anderer Länder konnten für Gracia sehr nützlich werden. Nun begann sie Zimt, teure exotische Hölzer und Perlen über Venedig nach Europa zu importieren. Bald erstreckten sich ihre Handelsbeziehungen vom Ural bis in die Neue Welt. Die Verluste, die ihre Flucht von Antwerpen mit sich gebracht hatte, waren durch das sichtlich anwachsende Vermögen bald überwunden. Auch war es für Gracia sicherlich eine große Genugtuung, der niederländischen Regentin zu zeigen, wie sehr der Handel in Venedig seit ihrer Anwesenheit blühte und wie sehr es Antwerpen schadete, sie vertrieben zu haben.

Ihr Ehrgeiz wuchs, und der Wunsch, auch politische Macht zu gewinnen, trat immer mehr in den Vordergrund. Geheime Gespräche und Verhandlungen mit Juden, die ihrem Glauben in der Türkei offen nachgehen konnten, führten dazu, daß Sultan Suleiman der Große von ihrem sagenhaften Reichtum und finanziellen Geschick erfuhr. Der oberste Kriegsherr des Osmanischen Reiches war gerade dabei, seine Armee zu mobilisieren, wofür er gewaltige finanzielle Mittel benötigte. Aber es fehlte ihm nicht nur an Geld sondern auch an Ministern, die fähig waren, sein Reich, das sich von Ungarn bis nach Ägypten erstreckte, zu verwalten. Der mächtige Gegenspieler Karls V. zeigte großes Interesse daran, Gracia an seinen Hof zu holen. Diese Absicht sollte ihr sehr bald zugute kommen.

Seit ihrer Ankunft in Venedig war Gracia so beschäftigt, daß sie kaum Zeit hatte, sich um die Wünsche und Anliegen ihrer Angehörigen zu kümmern. So merkte sie gar nicht, daß Brianda eifersüchtig und verärgert über Diegos Testament war und insgeheim beabsichtigte, ihr Vermögen und das ihrer Tochter selbständig zu verwalten. Zwar wurden Briandas Rechnungen von Gracia alle anstandslos bezahlt, niemand hinderte sie daran, ihre Gäste auf fürstlichste Weise zu bewirten und die freie Atmosphäre, die damals in der Lagunenstadt herrschte, in vollen Zügen auszukosten. Sie lebte in einem Palast, umgeben von den erlesensten Kunstgegenständen, besaß Perlen und Edelsteine. Aber Brianda sah die Dinge in einem anderen Licht. Sie wollte nicht länger im Schatten ihrer so berühmten Schwester leben und der Welt zeigen, daß auch sie ein Finanzgenie war.

Als all ihre Bemühungen bei Gracia auf taube Ohren stießen, wandte sie sich kurz entschlossen an den venezianischen Gerichtshof, mit der Bitte, ihr zu ihrem Recht zu verhelfen. Da sie sich jedoch nie um öffentliche Belange gekümmert hatte und nicht über die nötigen Erfahrungen verfügte, stellte sich bald heraus, daß sie die Situation völlig falsch einschätzte. Mit dem Gerichtsverfahren erhielten die Behörden nämlich die Gelegenheit, das Vermögen der Familie in ihre eigenen Hände zu spielen. Sie verhängten ein Embargo über den ganzen finanziellen Besitz, verhafteten Gracia und steckten die beiden jungen Mädchen in ein Kloster. Die Klägerin stand völlig allein und mittellos da und wußte in ihrer Verzweiflung nicht, an wen sie sich noch wenden sollte.

Was nun folgte, klingt wie das Libretto einer Verdi-Oper: Entführung, Rache und schließlich Versöhnung. Der Streit der beiden Schwestern entwickelte sich in der Öffentlichkeit zum Skandal des Jahres. Was nicht bekannt war, wurde frei erfunden. Angeblich sei Joaz, wie einst St. Georg, auf einem weißen Pferd seiner Angehörigen zu Hilfe geeilt, indem er sie entführte – ob damit Reina oder die junge Gracia aus dem Kloster gemeint war, bleibt dahingestellt. Nach dem fehlgeschlagenen Versuch einer geheimen Trauung wurde das junge Paar gezwungen, nach Venedig zurückzukehren. Nach weiteren melodramatischen Entwicklungen gelang es Joaz schließlich, Frieden zu stiften.

Hinter den Kulissen verdankte Gracia ihre Freiheit jedoch dem persönlichen Eingreifen Suleimans, der seinen Einfluß zugunsten der Mendes-Damen geltend machte. Mit seiner Hilfe konnten sie Venedig den Rücken kehren und den größten Teil ihres Vermögens mitnehmen. Warum sich Gracia nicht sofort nach Istanbul begab, ist schwer zu verstehen. Waren es persönliche oder finanzielle Gründe, die sie von diesem Schritt abhielten, oder fürchtete sie die untergeordnete Stellung der Frau in der islamischen Welt? Vermutlich waren auch die Tage im Gefängnis nicht spurlos an ihr vorübergegangen, und sie benötigte nun etwas Ruhe und Erholung, bevor sie bereit war, den vertrauten Lebensstil mit der Unsicherheit einer fremden Welt einzutauschen. Dafür wählte sie Ferrara in Norditalien. Der dort regierende Fürst Ercole d'Este galt als ein freiheitsliebender Herrscher. Seine Frau Renate, Tochter Ludwigs XII., eine französische Hugenottin, hatte der Heirat wegen Katholikin werden müssen. Das erschien den päpstlichen Behörden äußerst verdächtig. Sie machten ihr alle erdenklichen Schwierigkeiten. Weder sie noch der Herzog waren Freunde Roms. Ihr Hof galt als einer der aufgeklärtesten des ganzen Landes.

Zum erstenmal befand sich Gracia in einer Umgebung, in der Wissen als das höchste Gut geschätzt, Reichtum hingegen als eine Selbstverständlichkeit betrachtet wurde, dessen Anhäufung eine eher langweilige Notwendigkeit war. Gespräche drehten sich um neue wissenschaftliche Entdeckungen, Kunst und Philosophie und nicht um Anleihen, Kredite oder Kirchenbesuche. Zum erstenmal konnte sich Gracia offen zum Judentum bekennen, bei offenen Fenstern Sabbatkerzen anstecken und Freunde ohne Angst zum Sedermahl einladen. In Antwerpen hatte sie ihre ganze Energie darauf verwendet, Juden von der Iberischen Halbinsel in Sicherheit zu bringen, in Venedig stand das Bankwesen im Mittelpunkt ihres Lebens, in Ferrara galt nun ihr ganzes Interesse der jüdischen Religion, Philosophie und Lebensweise, der sie den größten Teil ihres Tages widmete. Unter den jüdischen Gelehrten in Ferrara befanden sich auch einige hervorragende Frauen. Rabbi David Imola betrachtete Benevista Arbarbanel und Bathsheva Modena als gleichwertige Gesprächspartnerinnen und diskutierte mit ihnen Fragen des jüdischen Glaubens. Gracia konnte ihnen anfänglich nur wortlos zuhören, denn ihr Wissen ließ sich noch nicht mit dem der anderen Damen vergleichen, deren Klugheit in ganz Italien bekannt war. In der verbleibenden Zeit war Gracia weiterhin bemüht, Juden vor der Inquisition zu retten und ihr Vermögen in den verschiedensten Ländern anzulegen.

Am 12. Februar 1550 erhielt sie ein öffentliches Dokument, das sie und ihre Familie in Ferrara willkommen hieß und ihr neben verschiedenen Privilegien die Erlaubnis erteilte, nach den Geboten der jüdischen Religion zu leben. Zum erstenmal nach vierzig Jahren wurde sie offiziell nicht mehr Beatrice de Luna, sondern Gracia Nasi genannt. In Ferrara war es nun möglich, sich nicht mehr nur ausschließlich mit den Problemen des Alltags zu beschäftigen. Um die Bibel auch im Urtext lesen zu können, lernte Gracia Hebräisch und beteiligte sich mit Begeisterung an einer Übersetzung jüdischer Texte ins Ladino, die Sprache, der sich die meisten der spanischen und portugiesischen Juden bedienten. Dieses Werk wurde ihr mit folgenden Worten gewidmet: »In der Vergangenheit hat sie Eure Söhne vor der Vernichtung durch die Portugiesen gerettet und so die Rettung Israels aus Ägypten nachgeahmt.«

Nach all den Gefahren und schrecklichen Erlebnissen schien das Leben am Hofe des Ercole d'Este idyllisch und friedlich. Sogar ihre Schwester Brianda lebte mit Gracia in scheinbarer Eintracht. Gracia wollte dieser Ruhe jedoch nicht ganz trauen, denn es war spürbar, daß der Papst, der der Verbreitung des protestantischen Glaubens Einhalt gebieten wollte, all jene mit wachsender Härte verfolgte, die sich vom Katholizismus abwandten. Ercole war weder allmächtig, noch würde er ewig leben. Seine Tage waren gezählt. So beschloß Gracia 1552, wenn auch schweren Herzens, dem Ruf des Sultans zu folgen, um in Istanbul ihr Leben als Finanzexpertin wieder aufzunehmen.

Unter den gegebenen Umständen konnte es vom ersten Moment an wichtig sein, zu zeigen, daß sie nicht als unbedeutender Flüchtling um Asyl bat. So entschloß sie sich, ihren Einzug am Goldenen Horn so zu gestalten, wie es sich für jemanden geziemt, der den Namen Nasi, »Prinz«, trug. Monate verbrachte sie mit den Anproben einer höchst exklusiven Garderobe. Die damalige Mode, Kleider mit

Perlen und Edelsteinen zu besticken, war außerdem eine ausgezeichnete Kapitalanlage. Mit derartigen Wertgegenständen eine so lange Reise durch Europa zu unternehmen war jedoch sehr gewagt. Um sich vor Überfällen zu schützen, organisierte Gracia eine Privatarmee, die die einundzwanzig Kutschen begleitete, in denen ihre Familie in Begleitung einiger Diener und Sekretäre reiste. Auch Waren, die in der Türkei nur schwer erhältlich waren, wurden mitgenommen.

Als sie nach wochenlanger beschwerlicher Reise endlich Istanbul erreichten und die Minarette, Moscheen und Dome der Stadt erblickten, war sicher ein großer Seufzer der Erleichterung zu hören. Ein Begleiter, Samuel de Usque, beschrieb diesen Moment mit folgenden Worten: »Die große Türkei, weit wie das Meer, das sie umgibt, lag vor unseren Augen, und die Tore der Freiheit öffneten sich für uns.« Der damalige deutsche Gesandte berichtete, daß die Familie Mendes mit über hundert Koffern in Istanbul ankam, gefüllt mit den erlesensten Luxusgegenständen, Schmuck, Gewändern und Hausrat aus Gold und Silber.

Gracias triumphaler Einzug in die türkische Hauptstadt fand im Spätfrühling des Jahres 1553 statt. Sie ließ sich in einem geräumigen Palast der eleganten Vorstadt Galata nieder, die fast ausschließlich von Diplomaten und vornehmen Ausländern bewohnt wurde. Paläste und Villen im Stil der Renaissance, die sich den Hügel hinaufzogen, erinnerten an Italien. Wie alle Ausländer, so durfte auch Gracia Istanbul nur in Begleitung eines Emissärs des Sultans betreten. Von Anfang an bestand sie darauf, ihren Haushalt nach aristokratischem europäischem Vorbild zu führen. Sprache, Etikette und Küche waren spanisch, der Lebensstil jüdisch.

Jeden Tag lud sie achtzig Arme ein, um mit ihnen zu speisen. Jede jüdische Hilfsorganisation, die sie um Unterstützung bat, fand Gehör.

Nach kürzester Zeit war sie die erste Dame der jüdischen Gemeinde und wurde mit »Ha Geweret« (die Dame) angesprochen. Immer wenn sie ihren Palast verließ, drängte sich jung und alt, reich und arm, um einen Blick auf ihre elegante Toilette werfen zu können. Sie war die erste Frau, die es wagte, in Istanbul nach neuester Mode gekleidet zu gehen: mit engen, juwelenbestickten Miedern, deren viereckige Ausschnitte reich bestickte Blusen hervorscheinen ließen, und mit losen, bequemen Röcken, die in sanften Falten zu Erde fielen und nicht mehr durch schwere Schleppen am Gehen hinderten. Der Gesandte des Bankhauses Fugger berichtete nicht gerade charmant nach Hause, daß die vierundvierzigjährige Witwe Mendes ein »extravagantes altes Weib« sei.

Nicht genug konnte auch von den glänzenden Festen am Hause der Neuankömmlinge erzählt werden. Vermutlich war es Gracias Absicht, die Aufmerksamkeit des Sultans auf diese Weise auf sich zu lenken. Denn es war kein Zweifel, daß diese Dame nicht mit den übrigen jüdischen Frauen verglichen werden konnte, die die Haremsdamen des Sultans mit kosmetischen Mittelchen versorgten. Wie groß muß die Aufregung erst gewesen sein, als der Sultan Gracia tatsächlich eine Privataudienz in seinem Märchenpalast gewährte. Und dieser Herrscher und Gebieter von Hunderten von Sklavinnen erklärte ihr nicht, daß der Platz einer Frau hinter wohlvergitterten Haremsfenstern sei. Mit großer Aufmerksamkeit hörte er ihren detaillierten Ausführungen über den Ausbau der türkischen Handelsbeziehungen in Osteuropa zu. Ihre Worte klangen in seinen Ohren wie Musik, denn er verfolgte schon lange die Absicht, mit Europa in Konkurrenz zu treten und den türkischen Handel nach Osteuropa auszudehnen.

Da er seinen slawischen Untertanen genausowenig Vertrauen schenkte, wie er seiner christlich-byzantinischen Bevölkerung sicher sein konnte, hatte er begonnen, die Juden zu seinen engsten Vertrauten zu machen. Gracias Angebot, neue Märkte für den türkischen Handel zu erschließen, nahm er dankbar an. Die Tatsache, daß sie eine Frau war, schien ihn nicht im geringsten zu stören. Er ließ ihr sogar völlig freie Hand, in seinem Namen Verträge abzuschließen, Konzessionen zu erteilen und Ernten zu kaufen oder zu verkaufen. Im Lande des Harems und der verschleierten Frauen erfüllte Gracia die Funktion einer modernen Handelsministerin. Der Sultan und sein ganzes Reich profitierten davon. Am Hofe, der für seine Verschwörungen und Intrigen gefürchtet war, ließ man Gracia ungehindert schalten und walten, und nur selten traute sich der eine oder andere Berater des Sultans, leise etwas über den großen Einfluß einer jüdischen Frau zu flüstern. Gracia war allgemein sehr beliebt, ihre Arbeit wurde geschätzt. Der »barbarische« Herrscher des Morgenlandes zeigte weit mehr Dankbarkeit als seine europäischen Gegenspieler. Er überhäufte seine Ministerin mit Ehrerbietungen und Geschenken und hieß auch ihren Neffen Joaz am Hofe herzlich willkommen.

Joaz siedelte sich 1554 in Istanbul an, kehrte offziell zum jüdischen Glauben zurück und nannte sich nun nicht mehr Joaz Miques, sondern Josef Nasi. Schon bald nach seiner Ankunft stand er mit seiner Cousine Reina unter dem

»Traubaldachin«. Das darauffolgende Fest konnte sich mit so mancher königlichen Hochzeit vergleichen. Gracia und Reina repräsentierten in kostbaren Kleidern, Künstler erhielten hier Gelegenheit, ihre Modelle für die nächsten Gemälde zu finden. Soviel bekannt ist, lebte das junge Paar in Frieden.

Gracia erkannte an ihrem Schwiegersohn sehr bald eine Gewandtheit im gesellschaftlichen Auftreten, die, verbunden mit seinem großen Wissen um politische Intrigen an europäischen Höfen, für die Förderung des türkischen Außenhandels sehr nützlich sein könnte. Außerdem war er nicht nur Zechgenosse, sondern auch Vertrauter von einigen Prinzen. Schon bald gelang es ihm sogar, die nur flüchtige Begegnung mit dem Kronprinzen in eine Freundschaft zu verwandeln, die von lebenslanger Dauer war. Josef Nasi hatte nichts dagegen, seiner Schwiegermutter die Geldgeschäfte zu überlassen und selbst eine Rolle zu übernehmen, die heutzutage als »public relations« bezeichnet werden würde.

Dank Gracias enormer Stellung war es nun sogar möglich, Francescos letzten Willen zu erfüllen. Die ehemalige Beatrice de Luna, abtrünnige Katholikin, deren Name an oberster Stelle auf der Liste des Inquisitors stand, konnte durchsetzen, daß die sterblichen Überreste ihres Gemahls, die fast zwei Jahrzehnte auf einem christlichen Friedhof in Lissabon geruht hatten, nun nach Jerusalem überführt wurden. Hier fanden sie in einer neuen Grabstätte im Schatten eines Ölbaums die letzte Ruhe. Mühen, Kosten und Gefahren dieses Unternehmens lassen Rückschlüsse darauf ziehen, wie groß die Liebe Gracias zu ihrem Mann gewesen sein mußte. Ungeachtet aller Risiken bestand sie nach so langer Zeit immer noch darauf, seinen letzten Wunsch zu erfüllen.

Gracia war nun an die Spitze ihrer Macht gelangt. Kein internationales Handelsabkommen wurde ohne ihre ausdrückliche Billigung abgeschlossen. Gracia war so beliebt, daß sie meistens von einer jubelnden Menschenmenge umgeben war. Es wurden ihr Blumen in den Weg gestreut, und viele versuchten, wenigstens den Saum ihres Kleides zu berühren. Sämtliche Rabbiner des Osmanischen Reiches beteten für ihr Wohlergehen und priesen ihre Taten. »Ha Geweret« war im Begriff, noch zu Lebzeiten eine Legende zu werden. Aber viele, die sie 1555 noch bewunderten, trugen ein kurzes Jahr später dazu bei, daß ihr großer und legendärer Plan, Widerstand gegen Unterdrückung und Verfolgung zu leisten, zusammenbrach.

1555 wurde Paul IV. zum Papst gewählt. Er trat sein Amt mit der Absicht an, den wachsenden reformatorischen Einfluß in Italien und Frankreich niederzuschlagen. So begann eine erbarmungslose Verfolgung aller Andersgläubigen. Dabei hoffte er, daß besonders harte Maßnahmen gegen die Juden auch die Anhänger Luthers dazu bewegen würden, in den Schoß der katholischen Kirche zurückzukehren. Soweit seine Herrschaft reichte, zwang er Juden hinter die Mauern der Ghettos. Sie wurden aller leitenden Positionen enthoben und wieder gezwungen, den gelben Stern zu tragen.

Gracia überlegte Tag und Nacht, wie sie diese Entwicklung aufhalten könnte. Schon bald ergab sich ein trauriger Anlaß, dem Papst endlich die Stirn zu bieten. Die Mendes-Bank hatte ausgezeichnete Beziehungen zu der kleinen adratischen Handelsstadt Ancona. Dort ließen sich viele ehemalige portugiesische Juden nieder, auch persönliche Freunde Gracias, die mit ihrer Hilfe der Inquisition entfliehen konnten. Kaum hatte der neue Papst den Thron in Rom bestiegen, fanden sich Hunderte von Juden in Ancona hinter Schloß und Riegel. Jene, die sich weigerten, zum Christentum überzutreten, wurden erwürgt und anschließend öffentlich verbrannt. Zu den ersten Todesopfern zählten Don Maiora und Jakob Mosso, beide Angestellte der dortigen Mendes-Bank. Sofort bat Gracia um Audienz beim Sultan. Daraufhin drohte Suleiman mit Gegenmaßnahmen, falls die jüdischen Gefangenen in Ancona nicht sofort freigelassen werden würden. Um den Sultan zu beschwichtigen, gab die Regierung in Ancona zwar das beschlagnahmte Vermögen der Bank frei, die Gefangenen blieben jedoch weiterhin eingesperrt. Nun war es für Gracia an der Zeit, ihren lang gehegten Plan auszuführen. Sie war bereit, ihre Glaubensgenossen im offenen Kampf gegen ihre Verfolger anzuführen.

Die meisten Handelsschiffe im östlichen Mittelmeer waren in jüdischem Besitz. Gracia versuchte ihre Anhänger zu überreden, den Hafen von Ancona zu boykottieren. Da sie dabei jedoch nur geringen Erfolg hatte, korrespondierte sie mit Rabbinern aus den entferntesten Winkeln des türkischen Reiches. Schließlich gelang es ihr, eine Konferenz von Rabbinern und führenden Handelsleuten einzuberufen. Diese verhängte im Juli 1556 einen totalen Boykott über Ancona. Die Rabbiner drohten, jeden Juden, der weiterhin mit der Stadt Handel trieb, aus der jüdischen Gemeinde auszuschließen. Im sechzehnten Jahrhundert waren Handelssanktionen noch weitgehend unbekannt. Gracia hatte nicht die geringsten Erfahrungen, um die

Folgen dieser Aktion abschätzen zu können. Auch ihre Wut über den Tod ihrer Freunde und ihre Angst vor weiteren Morden mögen einem klaren Urteil im Wege gestanden haben.

Die ersten, die sich bitterlich über den Boykott beklagten, waren die Juden Anconas selbst. Die Geschäftstätigkeit derer, die sich noch auf freiem Fuße befanden, begann darunter zu leiden, und dies zu einer Zeit, wo das Geld nicht zuletzt dazu gebraucht wurde, die jüdischen Angehörigen aus den Gefängnissen freizukaufen. Viele ehemals blühende Firmen standen plötzlich vor dem Bankrott. Und so manche, die die Juden anfänglich noch bemitleidet hatten, stimmten nun den päpstlichen Maßnahmen zu. In Ancona machte sich eine antijüdische Stimmung breit. Auch Kaufleute aus anderen Städten spürten die Folgen des Boykotts. Verärgert über die »jüdische Frechheit«, den Hafen von Ancona zu umgehen, weigerten sich viele Kaufleute, weiterhin mit jüdischen Firmen zu handeln. Händler und Kaufleute, deren Profite sanken, während die der Konkurrenz stiegen, verlangten energisch, daß Gracia mit ihrem Feldzug aufhörte. Gracia versuchte, ihre Gegner auf einer neu einberufenen Konferenz umzustimmen. Hier stellte sich heraus, daß ihre Anhänger in deutlicher Minderheit waren. Der Boykott brach zusammen. In den Augen seiner Gegner war er nicht mehr als das bloße Hirngespinst einer größenwahnsinnigen Frau.

Gracia litt sehr darunter, daß ihr mutiger Plan, die Juden in Ancona vor der Inquisition zu retten, ausgerechnet an ihren eigenen Glaubensbrüdern gescheitert war. Josef versuchte alles, um sie zu unterstützen. An Gracias Stelle trat nun er in den Kampf gegen die Inquisition. Dank seines

Einflusses erreichte er, daß die Niederlande in ihrem Aufstand gegen das katholische Spanien auf türkische Hilfe zurückgreifen konnten. Doch auch das konnte Gracia nicht von ihrer Niedergeschlagenheit befreien. Da sie ihren jüdischen Mitmenschen trotz Geld, Macht und Ansehen nicht helfen konnte, verlor sie auch jegliches Interesse an ihrem Beruf. Sämtliche Ämter und Geschäfte überließ sie nun ihrem Schwiegersohn. Gracia zog sich immer mehr zurück und verließ kaum mehr ihren Palast.

Josef versuchte dennoch, von ihr sooft wie möglich Rat und Hilfe zu bekommen. Es gab allerdings noch ein neues und faszinierendes Projekt Josefs, das sie zum letzten Mal aus ihrer Lethargie weckte. 1561 pachtete er vom Sultan die kleine Stadt Tiberias im Heiligen Land. Durch die Entwicklung von Woll- und Seidenindustrie wollte er die Stadt am See Genezareth zu einem blühenden Handelszentrum und zu einer neuen Heimat für all diejenigen Juden machen, die der Inquisition entfliehen konnten. Die Begeisterung für diese Idee war groß. Doch Gracia und Josef mußten damit scheitern, denn für ein Gelingen fehlten alle Voraussetzungen. Sie investierten eine enorme Geldsumme in die Pflanzungen, aber das trockene Klima war ganz und gar nicht dafür geeignet. Und: Es fanden sich kaum iberische Juden, die bereit waren, sich in der damals wüstenartigen Gegend bei Tiberias anzusiedeln.

1569 starb eine der erfolgreichsten Frauen ihres Jahrhunderts, die in der Geschichte ihresgleichen sucht. Sie starb im Glauben, völlig versagt zu haben. Bis zum heutigen Tage wird die Erinnerung an sie und ihr Leben in unzähligen Liedern von sefardischen Juden wachgehalten.

Literatur

Salo Baron: *Economic History of the Jews*. Jerusalem 1975.

Ricardo Caliman: *The Ghetto of Venice*. New York 1985.

Martin Gilbert: *Jewish Historical Atlas*. London 1969.

Nadia Remy: *The Jewish Women*. New York 1916.

Cecil Roth: *Donna Gracia and the House of Nasi*. Philadelphia 1948, und: *The History of the Maranos*. New York 1974.

ASNAT BARAZANI

Leiterin eines Rabbinerseminars

(ca. 1550–1600)

Asnat Barazani wurde am Ende der Welt, hoch oben im kurdischen Bergland geboren, in einer kleinen Ortschaft namens Amadyiah. In der zweiten Hälfte des 16. Jahrhunderts hatten die wenigsten Europäer je von Mosul, der Hauptstadt Kurdistans, gehört, geschweige denn von dieser unbedeutenden kleinen Siedlung im türkisch-irakischen Grenzgebiet.

Amadyiah war völlig unberührt von der europäischen Renaissance. Hier wußte niemand über die neuen Entwicklungen in den Naturwissenschaften, der Philosophie und den Künsten Bescheid. Auch das Leben der kurdischen Juden unterschied sich völlig von dem ihrer europäischen Glaubensbrüder. Zwischen Aberglaube, heidnischen Sitten und religiösen Bräuchen wurde kein Unterschied gemacht. Geldverleih, Handel oder Hausieren war ihnen fremd. Seit Jahrhunderten lebten dic Vorfahren Asnats in diesem kleinen Dörfchen des Hochlandes in Abhängigkeit vom Schutz kurdischer Feudalherren, für die sie Fronarbeit leisteten und sehr hohe Steuern zu zahlen hatten. So wie ihre islamischen Nachbarn ernährten sie sich von Ackerbau. Das Leben war schwer, denn der steinige Boden brachte nur einen geringen Ertrag. Im Frühling und Herbst waren sie durch Hochwasser von der Außenwelt abgeschnitten. Der Mangel an sicheren Verkehrswegen hielt sie an ihren Wohnsitz gebunden. Eine Generation nach der anderen reihte sich in diesen Existenzkampf ein.

Asnats Vater, Rabbi Samuel – sein voller Name lautete Samuel Ben Nathaniel Ha Levi Barazani –, stammte aus einer Familie, die den Stammbaum und die jüdische Religion sehr ernst nahm. Erstaunlicherweise wußte Rabbi Samuel eine ganze Menge über die Gedankenwelt seiner europäischen Kollegen, und es scheint, daß er irgendwann einmal mit einem der wenigen europäischen Juden, die sich nach Kurdistan verirrten, in Kontakt gekommen war. Bald stand ihm sein großes Ziel ganz klar vor Augen, das er auch um den Preis des Familienglücks verfolgen wollte: seine jüdischen Mitbürger nun endlich aus ihrem religiösen Schlaf zu wecken, um sie einem reicheren geistigen Leben zuzuführen.

Zur Zeit von Asnats Geburt war ihr Vater Lehrer an einem kleinen, unbekannten Rabbinerseminar, einer »Jeschiwa«, wie die europäischen Juden es nannten. Und er träumte von dem Tag, an dem er als Leiter eines Seminars in der Hauptstadt unterrichten könne. Die Geburt einer Tochter war zur damaligen Zeit eine große Enttäuschung. Da Rabbi Samuel und seine Frau – ihr Name wird in den Chroniken, die ausnahmslos von den herausragenden Taten des Rabbis und den noch größeren seiner Tochter berichten, nicht erwähnt – keinen Sohn hatten, faßte der Vater einen revolutionären Entschluß: Er wollte, daß seine Tochter eine religiöse Erziehung erhielt, damit sein Wissen für künftige Generationen erhalten blieb.

In der damaligen Zeit widersprach es überhaupt Tradition und Sitte, daß ein Mädchen Lesen und Schreiben lernte, noch dazu, um Bibeltexte zu analysieren und zu kommentieren. Es ist leicht vorzustellen, wie entsetzt die Mutter der Kleinen reagierte, als sie vom Entschluß des Vaters hörte. Das würde ihren Einfluß auf die Erziehung des Kindes deutlich begrenzen und stand dem traditionellen Selbstverständnis einer jüdischen Frau entgegen. Denn die religiösen Pflichten von Frauen und Männern unterschieden sich. Ein Mädchen mußte lernen, das »Schma«-Gebet zu sagen, sie mußte ihre Familie vor dem Einfluß des »bösen Auges« schützen und verschiedene Bräuche einhalten, von denen wiederum ein Mann nichts verstand. Die Bühne der Frau war die Familie, ihre Aufgabe eine ordentliche Haushaltsführung. Die Tochter Asnat wider alle althergebrachten Sitten zu erziehen konnte in den Augen der Mutter nur Unheil bringen. Doch alle Versuche der Mutter, Rabbi Samuel von seinem Vorhaben abzubringen, waren vergeblich – Asnat sollte seine Nachfolgerin werden.

In den ersten Jahren war es für den Vater nicht leicht, seine Tochter aus der Enge des Hauses herauszuholen. Er konnte nicht verhindern, daß auch seine Tochter so aufwuchs, wie schon seine Frau aufgewachsen war, die ihrerseits vor ihrer Ehe das Haus ihres Vaters nie verlassen hatte. Asnat und ihre Mutter lebten abgeschieden in ihrem niedrigen Häuschen, dessen Fenster nur zum Innenhof hinausgingen. Viele Jahre später berichtete die berühmte Gelehrte in einem Brief: »Nie im Leben hatte ich die Schwelle des Hauses übertreten.«

Rabbi Samuel mußte zunächst darauf verzichten, seiner Tochter die Schönheiten der Umgebung zu zeigen. Er konnte sie auch nicht in die Synagoge mitnehmen, ein 1249 erbautes Meisterwerk jüdischer Architektur. So ein Unternehmen wäre viel zu gefährlich gewesen. Alle, Juden, Moslems und Heiden hielten es angesichts zahlreicher Überfälle oder Entführungen damals für besser, ihre Frauen hinter Schloß und Riegel zu halten. Man wollte sie davor bewahren, entweder das Schicksal erleiden zu müssen, als dritte oder vierte Frau ihres Entführers in den entferntesten Gegenden ein kümmerliches Dasein zu fristen oder als Sklavinnen verkauft zu werden. Rabbi Samuel wußte auch von einigen Fällen, in denen Frauen von Juden entführt wurden. Ein gewisser Hanukah schockierte seine Zeitgenossen, indem er die achtjährige Tochter Nehmias Ben Simons entführte und gegen den Willen der Eltern ehelichte. Der Vater konnte es angesichts dieser Gefahren nicht wagen, der Außenwelt seine geliebte Tochter zu zeigen.

Und doch kam Asnat einmal in den Genuß, die Bergstraßen Kurdistans aus nächster Nähe kennenzulernen. Sie war etwa zehn Jahre alt, als ihr Vater in die Hauptstadt Mossul berufen wurde. Diese Reise war wohl das größte Ereignis ihrer Kindheit. Tagelang ritten sie inmitten einer schwer bewaffneten Karawane. Merkwürdigerweise erwähnt Asnat diese Reise nicht in ihren Aufzeichnungen, jedenfalls nicht in den wenigen, die noch erhalten sind. Vielleicht deswegen, weil sich an ihrem Leben auch durch den Ortswechsel nichts veränderte. Weiterhin lebte sie mit ihrer Mutter im Innern des Hauses. Sie wuchs auf, ohne die Wunder der Natur zu kennen, ohne je einen blühenden Baum, eine regennasse Straße oder junge spielende Hunde gesehen zu haben.

Das einzige, was sie spürte, war, daß die Atmosphäre um sie herum eine andere war. Die Männer, die ihren Vater besuchten, als sie in Mossul lebten, waren keine ungebildeten Bauern, sondern geschickte Handwerker, Gold- und Silberschmiede, Weber, Schneider und Schuster. Sie konnten nicht nur schreiben und lesen, sondern beschäftigten sich auch mit der Auslegung von schwierigen jüdischen Bibeltexten. Sie alle kamen, um die Meinung des neuen Rabbiners zu hören. Besonderes Interesse hatten sie an seinen Darlegungen der in Europa damals so berühmten jüdischen Kabbala. Keiner hatte etwas dagegen, daß das junge Mädchen zu Füßen ihres Vaters saß und mit großen Augen seinen Worten lauschte. Jedenfalls ist nicht bekannt, daß jemand ein Wort darüber verlor. Von den Besuchern konnte Asnat auch ein wenig mehr über ihre neue Umgebung erfahren, über diese Stadt, die sich am Ufer des Tigris entlangzog und in der Juden seit uralten Zeiten zu Hause waren. Einige behaupteten, daß ihre Vorfahren von den Assyrern hierher verschleppt worden seien. Rabbi Samuel war ebenfalls der Ansicht, daß die jüdische Gemeinde Mossuls seit etwa zweitausend Jahren existiere und einer der verlorenen Stämme Israels sein müsse.

Es dauerte nicht lange, bis sich Asnat den dortigen Dialekt, ein Gemisch von Armenisch, Türkisch und Kurdisch, zu eigen machte. Und sie protestierte nie, wenn sie an Festtagen das Haus hüten mußte, während die Männer den Fluß überquerten, um die Gräber berühmter Rabbiner aufzusuchen, die sich unter den Ruinen der Stadt Ninive, der Hauptstadt des alten Assyrerreiches, befanden. Asnat verlebte dort eine sehr glückliche Kindheit, über die sie später mit folgenden Worten berichtete: »Ich war die Tochter eines Königs von Israel, erzogen von Gelehrten und verwöhnt von meinem Vater. Ich hatte nichts zu lernen als himmlische Künste.«

Und tatsächlich wehrten sich die Rabbiner Mossuls in keiner Weise gegen ein gebildetes Mädchen. Im Gegenteil, sie halfen ihr, fehlerlos Hebräisch zu lesen und zu schreiben, alte Bibelstellen zu analysieren und überlieferte Weisheiten zu verstehen. In Mossul wurde sogar darüber gemunkelt, daß die junge Tochter Barazanis in die geheimen, mystischen Lehren der Kabbala eingewiesen wurde, die kein Mann lesen durfte, bevor er nicht das vierzigste Lebensjahr vollendet hatte. So hatte Rabbi Samuel zwar keinen Sohn, aber eine außergewöhnlich begabte Tochter, die bald sein Streben teilte, das Bildungsniveau der Rabbiner Kurdistans an das ihrer europäischen Glaubensbrüder anzugleichen. Sie konnte ihren Vater in seiner Ablehnung der kurdischen Sitten verstehen, weil so viele Rabbiner unter Religion nichts anderes verstanden als das rituelle Schlachten und das Anfertigen wertloser Amulette.

Asnat war reich an himmlischen Gütern, aber arm an irdischem Wohlstand. So mußte Asnat auf herrlich bestickte Gewänder, wallende Schleier oder glitzerndes Geschmeide verzichten, die den Töchtern jüdischer Handwerker so viel Freude bereiteten. Vermutlich schloß sie Bekanntschaft mit der einen oder anderen jungen Dame, denn jedes Haus besaß ein Hintertürchen, durch das man in das Nachbarhaus gelangen konnte, ohne die Straße zu betreten. Es ist jedoch fraglich, ob sie an Begegnungen mit Frauen, die Asnat mit Respekt, Angst oder sogar ein wenig Verachtung behandelten, wirkliches Vergnügen empfand.

Bald wurde das Seminar Rabbi Samuels in ganz Kurdistan geachtet und sogar mit dem berühmten Rabbinerseminar in Bagdad verglichen. Sein Traum wurde Wirklichkeit. Von nah und fern sandten Familien ihre Söhne zu ihm. Trotz dieses Zulaufs hatte der Rabbiner jedoch große finanzielle Schwierigkeiten, denn viele Eltern konnten das

Schulgeld nicht bezahlen, da sie zu arm waren. Diese finanziellen Schwierigkeiten kosteten Rabbi Samuel viel Zeit und hinderten ihn daran, über seinen geliebten Schriften zu sitzen und seinen Gedanken nachzugehen. Da seine Tochter nun erwachsen war, zog er sie des öfteren dazu heran, seine jüngsten Schüler zu unterrichten. Der Strom neuer Schüler ließ nicht nach. Bald war es nötig, die Unterstützung eines zweiten Rabbiners zu suchen.

Die Wahl fiel auf seinen Nachfolger in Amadyiah, auf Jakob Ben Missrachi. Dieser junge Mann schien in jeder Weise geeignet: Er war tief religiös, sehr wissensdurstig, gebildet und trotz seiner Jugend stets von einer ihn bewundernden Schülerschar umgeben. Jakob erfüllte seine Aufgabe so gut, daß ihm Rabbi Samuel nicht nur einen Lehrstuhl anbot, sondern auch seine Tochter als Frau. Letzteres knüpfte der Rabbi an eine Bedingung, die im Ehevertrag festgehalten werden sollte: daß sich Asnat nie und unter keinen Umständen um den Haushalt zu kümmern habe. Die restlichen Punkte des Vertrages stimmten mit den damaligen Gesetzen überein:

1. Im Falle einer Scheidung hat der Gatte den Scheidebrief anstandslos auszuhändigen.

2. Da die Gattin eine ehrenwerte Frau ist, darf er nie verlangen, daß sie einen Eid schwört.

3. Er verpflichtet sich, keine andere Frau zu heiraten und ohne ihre Einwilligung keine Sklavin zu halten.

4. Er darf sie nie schlagen.

5. Er darf nicht ohne ihre Einwilligung auf Reisen gehen.

6. Bevor er eine Reise antritt, muß er eine ausreichende Geldsumme hinterlegen, damit sie sich in seiner Abwesen-

heit ernähren kann. Weiterhin muß er einen Scheidebrief hinterlegen für den Fall, daß er nicht mehr zurückkehrt.

7. Das junge Paar soll im Hause der Eltern der Gattin wohnen und dafür eine jährliche Miete von sechs Dinar zahlen.

8. Er darf sie nicht zwingen, in eine andere Stadt zu ziehen, solange ihre Eltern am Leben sind.

9. Der Gatte ist zu einer Strafe von fünfzig Dinar verpflichtet, falls er einer dieser Verpflichtungen nicht nachkommt.

Nach jüdischem Gesetz darf ein Vater seine Kinder nicht zur Heirat zwingen. Da der Eheschluß erfolgte, ist nicht anzunehmen, daß sich Asnat widersetzte.

Da Rabbi Samuel nun sowohl sein Rabbinerseminar wie auch seine Tochter in sicheren Händen wußte, konnte er sich ganz dem Verfassen von religiösen Schriften widmen. Da er im Trubel der Hauptstadt nicht genügend Ruhe finden konnte, zog er sich wieder nach Amadyiah zurück. Dort schrieb er einige seiner wichtigsten Abhandlungen über die jüdische Kabbala.

Nach den Quellen zu urteilen, war die Ehe zwischen Asnat und Jakob sehr glücklich. In ihrem Lebensstil waren sie sehr eigenwillig. Keiner hatte bis dahin je von einer Frau gehört, die nie im Leben einen Besen in die Hand nahm. Obwohl die Familie sehr arm war, beschäftigten sie trotzdem eine Magd, damit Asnat genügend Zeit hatte, ihre Nase in Bücher zu stecken. Und damit nicht genug: Rabbi Jakob, in die Fußstapfen seines Schwiegervaters tretend, zog sich bald ganz hinter seinen bücherüberladenen Tisch zurück, um die Laufbahn eines Gelehrten einzuschlagen. Da ihm das geschriebene Wort wichtiger erschien als das gesprochene, überließ er die Leitung des Rabbinerseminars nun ganz seiner Frau. Sie sollte ihn in jeder Hinsicht vertreten.

Wagte jemand, ihn auf sein ungewöhnliches Verhalten hinzuweisen, so antwortete er, daß Asnat nicht die erste Frau sei, die in einem Rabbinerseminar unterrichtete. Auch in Bagdad hätte bereits die Tochter des Rabbiners Ha Levi gelehrt. Um zu verhindern, daß sie ihre Schüler durch weiblichen Charme verführe, hätte sie sich während des Unterrichts sogar hinter einen dunklen Vorhang zu verbergen gehabt. Er verlange das von seiner Frau nicht. Jakobs einziger Wunsch war es, sich ungestört von Schülern und anderen weltlichen Angelegenheiten ganz seinen Schriften zu widmen. So merkwürdig es auch klingen mag, Asnat konnte in einem Land, in dem sich Frauen nicht einmal auf die Straße wagten, mit jungen Männern über religiöse Fragen diskutieren, ohne damit einen Skandal auszulösen. Im Gegenteil, ihr Erfolg war groß, und die Anzahl der Schüler, die bei Asnat ihren Wissensdurst stillen wollten, wuchs beständig.

Die Familie war jedoch mit finanziellen Sorgen geplagt. Schulgelder, die zu den Herbstferien fällig gewesen wären, gingen nicht einmal zur Zeit des Pessachfestes ein. Agenten, beauftragt, auswärtige Schulden einzutreiben, veruntreuten Gelder und kassierten sogar Spenden, die andere Gemeinden dem berühmten Seminar zur Verfügung stellten. Das führte dazu, daß die Gemeinde Aleppo alle weiteren Zahlungen einstellte. Jakob beklagte sich in einem Brief darüber, daß er seit vierzehn Jahren von dieser Gemeinde kein Geld mehr erhielt. In einem weiteren Brief bat er einen ehemaligen Schüler um Unterstützung mit dem Angebot, die Erträge mit ihm in besseren Zeiten zu teilen.

Aber die finanzielle Situation verschlechterte sich von Jahr zu Jahr. Endlich brachte Asnat nach ihren Töchtern auch einen Sohn zur Welt, der den Namen seines Großvaters Samuel erhielt. Der kleine Junge wurde von allen geliebt und verwöhnt und war das Glück der Familie. Doch noch bevor er laufen lernen konnte, starb Jakob ganz plötzlich und ließ Frau und Kinder völlig mittellos zurück. Asnat verfügte über keinen einzigen Groschen mehr und hatte außerdem bei einer kleinen christlichen Gemeinde Mossuls beträchtliche Schulden. Da die Gläubiger nicht damit rechnen konnten, in absehbarer Zeit ihr Geld zurückzubekommen, beschlagnahmten sie das Haus und sämtliche Kleider Asnats. Sie war nun gezwungen, ihr Heim zu verlassen, und trat zum ersten Mal vor die Tür. Wie oft mochte sie davon geträumt haben, die Straßen Mossuls zu sehen. Nun stand sie da, völlig verarmt, nur noch im Besitz ihrer Kleider, die sie auf dem Leib trug und an denen die weinenden Kinder hingen.

Die einzige Möglichkeit, an Geld zu kommen, die alleinstehende Frauen damals hatte, war, ihren Körper zu verkaufen. Gewiß hatten einige bereits gemunkelt, daß Asnat so enden würde. Aber sie hatten nicht mit dem enormen Respekt und Ansehen gerechnet, das die einzige gelehrte Frau Kurdistans, die Frau des hochgeschätzten Rabbi Jakob, in den letzten Jahren gewonnen hatte. Wie Asnat den Tag ihrer Enteignung hinter sich brachte, ist nicht mehr genau zu rekonstruieren. Wahrscheinlich konnte sie bei wohlgesinnten Nachbarn Unterschlupf finden. Jedenfalls schrieb sie bald wieder Mahnbriefe an Schuldner und Bittbriefe an Freunde.

Glücklicherweise fühlte sich die jüdische Gemeinde Mossuls verpflichtet, ihr zu Hilfe zu eilen. Beschämt darüber, eine so berühmte und kluge Frau in so einer ausweglosen Lage zu sehen, beschloß das Rabbinat, Asnat ungeachtet aller Tradition als vorübergehende Leiterin des Rabbinerseminars einzusetzen. Auf diese Weise sollte es auch ihrem Sohn ermöglicht werden, das Erbe seines Großvaters und Vaters anzutreten. Die Tatsache, daß zum ersten Mal in der jüdischen Geschichte eine Frau anerkannte Leiterin eines Rabbinerseminars war, sorgte über lange Zeit für Gesprächsstoff in allen jüdischen Gemeinden des Nahen Ostens: »Rabbi Missrachis Witwe kämpft tapfer, um die Schule ihrem Sohn zu erhalten.« So schrieben einige Rabbiner, die einst ihre Schüler gewesen waren.

Viele neue Schüler kamen, entweder aus Neugier oder um den kürzlich ebenfalls verstorbenen Rabbi Samuel zu ehren. Nun, da er tot war, begann man, seine Errungenschaften für das kurdische Rabbinat zu schätzen. Er wurde wie ein Heiliger verehrt, ganze Scharen pilgerten zu seiner letzten Ruhestätte. Bald sahen die kurdischen Rabbiner ein, daß Asnat sie in ihren Kenntnissen weit übertraf. Kein Rabbiner mit langem wallendem Bart, sondern diese schwache Frau mußte als sachkundigste Gelehrte ihres Landes angesehen werden. Man erwies ihr alle Ehren, stand in regem Kontakt und fragte sie immer wieder um Rat. Ihr Kommentar zu den Sprüchen Salomons fand allgemeine Anerkennung, und einer der größten Kabbalisten Mesopotamiens, Pinkas Hairia, gab ihr den Ehrentitel einer »Tanaitin«. Damit war sie als Frau in den Rang der legendären Tanaiten erhoben – jener Lehrer und Autoritäten, die zur Zeit der römischen Besetzung gegen ausdrückliches Verbot die mündliche Lehre, die Mischna, weitergaben und so den Erhalt der jüdischen Religion sicherten.

Der Ruhm stieg Asnat nicht zu Kopfe. All ihre Kraft setzte sie dafür ein, den guten Ruf des Seminars noch zu erhöhen und es zu dem besten ihres Landes zu machen. Sie korrespondierte mit ehemaligen Schülern und bat sie, ihr möglichst viele wissensdurstige junge Leute zu schicken. In diesen Briefen beschrieb sie zunächst den Inhalt ihrer Lehrtätigkeit, der in der Vermittlung der geistigen Werte des Judentums bestand, in der Unterweisung jüdischer Gebete, ritueller Vorschriften und der Heiligkeit des Sabbats. Abschließend wies sie darauf hin, daß sie leider keinen erwachsenen Sohn habe, der ihr beim Eintreiben der Schulden behilflich sein könnte.

Die Erziehung ihres Sohnes war Asnat sehr wichtig. Über ihre Töchter schrieb sie kein Wort. Wahrscheinlich wurden die Mädchen nach traditioneller Vorstellung erzogen, denn nichts läßt darauf schließen, daß Asnat sie in gleicher Weise unterrichtete wie ihren Sohn. Beugte sie sich damit den Vorurteilen ihrer Zeit oder empfand sie die berufliche Verantwortung, die sie zu tragen hatte, als so belastend, daß sie sich für ihre Töchter ein anderes Leben wünschte? Vielleicht war sie auch einsam und überlastet und sehnte sich selbst nach dem Leben einer Frau, die in der Geborgenheit der Familie nur für die häuslichen Belange zuständig ist.

An die vierhundert Jahre nach ihrem Tod ist es jedoch unmöglich, diese Fragen beantworten zu wollen. Soweit aus den Quellen ersichtlich werden kann, übte Asnat ihr Amt mit großer Begeisterung aus. Ihr Einsatz ging sogar so weit, daß sie selbst ihrem Sohn keine Schüler abgeben wollte. Sobald Samuel Ben Jakob Missrachi sein dreizehntes Lebensjahr vollendet hatte, nahm er ihr das mühsame Eintreiben von Schulgeldern ab. Dafür setzte er sich mit dem Juristen Dajan Mattatatya Ben Zeev Ashkenasy in Verbindung. Die Briefe Ashkenasys endeten stets mit den Worten: »Respektvolle Grüße an die gelehrte Frau Mama.«

Samuel war nun ein erwachsener Mann. Doch allen Vereinbarungen zum Trotz legte Asnat die Leitung des Rabbinerseminars nicht in seine Hände. Erstaunlicherweise erhob niemand Einspruch dagegen, daß die Ausbildung der Rabbiner weiterhin nur von ihr vorgenommen wurde. Und ihr Ansehen wuchs. Sie wurde als große Kennerin der kabbalistischen Geheimlehre angesehen und stand sogar in dem Ruf, Wunder vollbringen zu können. Immer mehr Familien sandten ihre Söhne nach Mossul. Bis zu ihrem Tod war Asnat von wißbegierigen Schülern umgeben.

Es wird vermutet, daß ihr Sohn Samuel noch vor ihrem Tod nach Bagdad zog und dort als Rabbi und erstklassiger Lehrer Anerkennung fand. Die folgende berühmte Generation der Rabbiner Barazani berief sich auf ihn als Vorfahren. Es ist bezeichnend, daß Samuel gegen alle Gepflogenheiten nicht unter dem Namen seines Vaters, sondern unter dem seiner berühmten Mutter bekannt war.

Asnat ist am Ende der Welt geboren und gestorben. Am Ende der Welt war es jedoch nicht Sitte, Geburts-, Heirats- oder Sterbeurkunden auszustellen. Ereignisse wurden nicht systematisch aufgezeichnet. So erlauben uns heute nur wenige Dokumente und Briefe, Einsicht in das Leben einer der berühmtesten Frauen Mesopotamiens zu bekommen.

Asnat bemühte sich ihr Leben lang, Erkenntnisse zu gewinnen und weiterzugeben. Ihr ist es zu verdanken, daß das Judentum in Kurdistan erhalten blieb und sich nicht im primitiven Aberglauben verlor. Die Auszeichnung als »Tanaitin«, die sie als einzige Frau erhielt, wird ihrer Leistung gerecht.

Literatur

Itzchak Ben Zwi: *Lost and Regained.* Atlanta 1955.

Salomon C. Gotein: *Mediterranian Society.* Library of Jewish Classics, o. J.

Jacob Mann: *Studies in Jewish History.* Hebrew University College Press, o. O. 1931.

Sabaino Moscati: *Ancien Semitic Civilisations.* London 1957.

ESTHER SCHULHOF
Münzmeisterin Friedrichs I., König in Preußen
(1649–1714)

In Europa wütete der Dreißigjährige Krieg. Endlich, 1648, ließ die Unterzeichnung des Westfälischen Friedens zu Münster das Donnern der Kanonen verstummen. Bald stand das Korn wieder hoch in den Feldern, Schuster saßen vor ihren Leisten, Soldaten kehrten in ihre Heimat zurück, und aus Wiegen hörte man das Weinen neugeborener Kinder.

In dieser Zeit wurde Esther Schulhof als Tochter eines jüdischen Kaufmanns geboren. Da weder der Krieg noch die sozialen Umwälzungen etwas an der Stellung der Frau geändert hatten, blieb Esther in den ersten zehn Jahren ihres Lebens nichts anderes übrig, als den Erwartungen zu entsprechen, die man an ein braves Mädchen aus guter jüdischer Familie stellte. Sie war eine folgsame Tochter und wurde eine ehrbare Frau. Esther hatte bereits ihre Jugendjahre hinter sich, als sie eine Möglichkeit fand, ihre ungewöhnlichen Geschäftstalente zu entwickeln. Nie im Leben hätte sie daran gedacht, einmal eine Position zu erlangen, um die sie jeder ehrgeizige Mann beneidete.

Esther stammte aus einer typischen kleinbürgerlichen Familie. Ihr Vater Jockel Schulhof wurde in Prag geboren, ihre Mutter kam aus einer schlesischen Kleinstadt. Vermutlich hatte der Krieg die Familie in den Westen verschlagen, wo ihnen der Rabbi von Bacharach zur Seite stand und ihnen half, in der neuen Umgebung Fuß zu fassen. Obwohl die Familie recht arm war, gelang es dem Vater, die kleine Esther eine Zeitlang auf die jüdische Schule zu schicken. Für Jungen war es selbstverständlich, daß sie ab dem Alter von drei Jahren die Vorschule, Cheder genannt, absolvierten, aber auch älteren Mädchen war es erlaubt, dort das hebräische Alphabet und Bibelzitate zu lernen. Denn die Kenntnis der Bibel gehörte in bestimmten Kreisen auch für die Mädchen zum guten Ton. Für eine sittsame jüdische Kaufmannsfrau war sie sogar unbedingt erforderlich.

Frauen eine gewisse Bildung zuzugestehen war Mode geworden. Nathan Mehlmann aus Altona betonte immer wieder, daß ihn nicht zuletzt die Französischkenntnisse seiner Töchter vor großen geschäftlichen Verlusten bewahrt hätten. Viele Kaufleute ließen aus diesem Grunde ihre Töchter Fremdsprachen erlernen. Und es gab nicht wenige Rabbiner, die sich darüber beklagten, daß die Kinder schon fließend deutsch sprachen, noch bevor sie ihre hebräischen Gebete aufsagen konnten. Obwohl Esther nur kurz auf die Schule ging, beherrschte sie beides: jiddisch und deutsch.

Kaum hatte Esther das Backfischalter erreicht, fingen ihre Eltern an, nach einem passenden Ehemann für sie zu suchen. Nach jüdischem Recht war es den Eltern versagt, ihre Töchter gegen ihren Willen zu verheiraten. Aber Esther hatte nichts gegen ihren Vorschlag einzuwenden. Vermutlich war sie von ihrem zukünftigen Ehemann sehr beeindruckt. Israel Aarons war eine glänzende Partie, der den ehrgeizigen Vorstellungen Esthers entsprach. Für sie stand außer Zweifel, daß es der junge Mann sehr weit bringen würde. Hatte er doch kürzlich erst die Erlaubnis erhalten, sich in Berlin anzusiedeln, was Juden seit über hundert Jahren verboten war. Es war gewissermaßen eine Geste des

Dankes, die der Kurfürst von Brandenburg, Friedrich Wilhelm von Hohenzollern, Israel Aarons für seine Bemühungen entgegenbrachte.

Der hohe Herr hatte sich kürzlich entschlossen, sein kriegsverwüstetes Land wieder aufzubauen. Dazu war seiner Meinung nach vor allen Dingen ein starkes Heer nötig. Die Staatskasse war jedoch so leer, daß er nicht einmal die Rechnungen seines Haushaltes begleichen konnte. Unter diesen Umständen war er durchaus willig, die Hilfe des Juden Israel Aarons anzunehmen. Dieser war trotz des ungewöhnlich strengen Winters von 1657 bereit, durch die tiefverschneiten Straßen des Landes zu reiten, um längst fällige Steuern einzutreiben, Zwangsanleihen aufzunehmen und auf jede Art und Weise, über die seine Hoheit keine genaueren Informationen verlangte, die Kassen zu füllen.

Das Leben in Berlin gestaltete sich jedoch ganz anders, als Esther es sich gewünscht hatte. Sie wurden keineswegs mit offenen Armen empfangen. Die Nachbarn hielten es nicht für nötig, ihre feindliche Einstellung gegenüber der neu zugewanderten jüdischen Familie zu verbergen. Esther, die sich auf eine glänzende gesellschaftliche Stellung gefreut hatte, mußte wie eine Paria leben. Die einzigen Berliner, mit denen Israel in Kontakt kam, waren hohe Regierungsbeamte. Weder die Gemahlin des Herrn von Grothes noch die des Herrn von Battieren waren bereit, der jungen Jüdin die Türen ihres Salons zu öffnen. Nur Frau Carlchen, die Flickfrau, wechselte ab und zu ein freundliches Wort mit Esther.

Während Israel wochenlang unterwegs war, wanderte Esther mutterseelenallein durch ihre Wohnung und dachte dabei sehnsuchtsvoll an die letzten Monate zurück, in denen sie mit ihrer Mutter in die Läden gegangen war, um eine angemessene Aussteuer zu erstehen. Die Besitzerinnen der Werkstätten, Spitzenmacherinnen oder Goldstickerinnen, waren meist unverheiratete, ältere Frauen, für die ihre Mutter Mitleid fühlte. Nun beneidete Esther die alten Jungfern, die ihre Tage damit verbrachten, kichernde Arbeiterinnen zu mehr Fleiß zu ermahnen. Sicher war dies amüsanter, als von der Gnade eines abwesenden Gatten und von unfreundlichen Nachbarn abhängig zu sein.

Untätig herumzusitzen war nie Esthers Sache gewesen. So beschloß sie, die Zeit nicht länger mit Selbstmitleid zu vertrödeln, sondern im Kontor ihres Mannes etwas über Geschäftsführung zu lernen. Mit ihrem klugen Kopf begriff sie rasch, daß Handel und Politik miteinander verbunden waren. Israel war von seinem Brotgeber vollkommen abhängig, einem absolutistischen Monarchen, der den Wunsch hatte, vorbildlich zu regieren und sich selbst wie auch seinen Untertanen zu mehr Wohlstand zu verhelfen. Dafür verlangte er vom Adel wie auch von den Bauern bedingungslosen Gehorsam. Da Israel dafür zu sorgen hatte, daß die Staatskasse stets voll war, mußte er in Tuchfühlung mit dem Volk sein, das seinem Herrn zujubelte, während es den Hofjuden verfluchte. Im November 1665 erhob der Kurfürst Israel in den Beamtenstand, um ihm dadurch größeren Schutz zu gewähren. Israel bekam einen Lohn von zweihundert Talern, eine Dienerschaft und zwei Pferde.

Damit änderte sich Esthers Leben von heute auf morgen. Sie konnte ihren kleinen Sohn der Obhut einer Kinderfrau anvertrauen und ihren Mann auf seinen Reisen begleiten, die er als Regierungsbeamter nun nicht mehr zu Pferde, sondern in bequemen Kutschen, mit Begleitschutz berittener Soldaten, unternahm. So fuhren sie zu Messen nach Braunschweig, Leipzig oder Amsterdam. In den meisten großen Handelsstädten wohnten entfernte Verwandte der Schulhofs oder der Aarons, die gerne bereit gewesen wären, der jungen Frau die Schönheiten der Umgebung zu zeigen. Aber Esther wich nicht von der Seite ihres Mannes. Zu sehr war sie von den komplizierten Zahlungsmethoden fasziniert. Schnell lernte sie, den Wert ausländischer Münzen zu berechnen und unter keinen Umständen einen Wechsel von Fremden anzunehmen. Mit Begeisterung half sie, Pläne zu schmieden, wie die wertvollen Waren am besten durch unsicheres Gebiet transportiert werden könnten. Hier war sie endlich in ihrem Element. Am liebsten hätte sie ganz auf eigene Faust Geschäfte abgewickelt.

Doch dieses Glück währte nicht lange. Auf dem Heimweg merkte Esther, daß sie wieder schwanger war und damit in absehbarer Zeit keine Möglichkeit mehr hatte, mit Israel zu reisen. Israel tat sein Bestes, seiner Frau das Leben zu erleichtern. Er konnte beim Kurfürsten durchsetzen, einige Glaubensbrüder als Diener seiner Frau zu beschäftigen, und Frauen der Verwandtschaft standen Esther zur Seite, als diese ihren zweiten und nach Jahresfrist ihren dritten Sohn gebar.

Jede andere Frau wäre glücklich und zufrieden gewesen. Esther hatte einen rücksichtsvollen Ehemann, drei gesunde Kinder, eine schöne Wohnung, genügend Geld, nette Gefährtinnen. Was konnte sich eine Frau noch wünschen? Esther aber fühlte sich von all der häuslichen Behaglichkeit erdrückt. Statt den Herrn, gelobt sei seine Gnade, für seine unendliche Güte zu preisen, sehnte sie sich nach dem bunten Treiben der Messen. Stundenlang aus hauchdünnen zierlichen Tassen Schokolade zu trinken und Rezepte für Hefekuchen austauschen zu müssen, das langweilte sie maßlos. Hellhörig wurde sie nur, als das Gespräch auf Sabbatai Zwi kam, der, 1626 in Smyrna in Kleinasien geboren, in einer Art Massentaumel von der Judenheit als der Messias verehrt wurde. Esther wunderte sich, daß sogar kluge und besonnene Juden Hab und Gut verkauften, um zu diesem Wirrkopf, dem angeblichen Gesalbten Gottes, ins Gelobte Land zu ziehen. Während ihre Freundinnen noch von seinem herrlichen Bart und seinen glühenden Augen schwärmten, überlegte Esther, wie der von der Anhängerschar des Sabbatai Zwi verlassene Besitz erstanden werden könnte.

Doch nicht der Phantast aus Smyrna, sondern der Kaiser in Wien, Leopold I., war es, der ihrem Leben eine ungeahnte Wende gab. 1670 entschied Leopold I., an die eintausendvierhundert Juden aus Wien auszuweisen. Kurfürst Friedrich Wilhelm I., der sowohl mit Israel Aarons als auch mit kürzlich eingewanderten Hugenotten gute Erfahrungen gemacht hatte, war Fremden gegenüber aufgeschlossen und daher gewillt, eine bestimmte Anzahl von Flüchtlingen in Berlin aufzunehmen.

Als gute Juden freuten sich die Aarons über den Beschluß des Fürsten. Als gute Geschäftsleute hingegen fürchteten sie, die Gunst Friedrich Wilhelms nun teilen zu müssen. Da Israel die Aufgabe hatte, seinem Herrn bei der Auswahl der Glücklichen zu helfen, nahm er die Gelegenheit wahr und machte ihnen von Anfang an unmißverständlich deutlich, daß er es war, der die Stellung des Hofjuden innehatte.

Esther, die sich früher damit zufriedengegeben hätte, lediglich ein bescheidenes gesellschaftliches Leben zu führen, fand es inzwischen unangebracht, sich als Frau des

Hofjuden unter das »Volk« zu mischen. Sie legte großen Wert darauf, bei jeder Gelegenheit ihre privilegierte Stellung zu betonen. Und eine Einladung in das Haus Aarons war eine ganz besondere Ehre, die nur äußerst selten erteilt wurde. Israel bot den neu eingewanderten Juden nicht einmal an, zum Sabbat-Gottesdienst in sein Haus zu kommen, obwohl es in Berlin keine Synagoge gab. So mußten diese sich in dem spärlich möblierten Heim des kranken, bettlägerigen Rabbiners Model Ries versammeln, um den Segen Gottes zu empfangen.

Obwohl Esther und Pessel, die Frau des Rabbiners Model Ries, viele Interessen teilten, hatten sie kaum Kontakt miteinander. Im Gegensatz zu Esther war Pessel sehr beliebt. Die Hamburgerin Glückel von Hameln beschrieb Pessel als unvergleichlich tapfere, fromme und tüchtige Frau, die ihresgleichen sucht: »Sie hat das Geschäft geführt und ihren Mann und die Kinder reichlich ernährt, denn Model Ries war ein bettlägeriger Mann, der wenig Geschäfte machen konnte.« Über Esther berichtete sie weit weniger, genaugenommen gar nichts, nicht einmal in Zusammenhang mit einem Fest, das in Esthers Haus veranstaltet wurde. Die Frau des Hofjuden war unbeliebt und hielt sich so weit wie möglich fern von dem Quartier der Wiener Juden, das an der Stadtmauer gelegen war.

Die wachsende Gemeinde brauchte nun auch einen Friedhof, der 1672 angelegt wurde. Einer der ersten, die dort begraben wurde, war Israel Aarons. Niemand, er am wenigsten, hätte je mit diesem frühen, unvermittelten Tod gerechnet. Kurz zuvor war Israel mit komplizierten Geschäften befaßt gewesen, hatte große Außenstände und viele Schulden. Da seine Söhne noch zur Schule gingen, war er nicht auf den Gedanken gekommen, sich beizeiten einen Nachfolger heranzuziehen. So kannte sich niemand mit seinen Geschäften aus. Da die Berliner den Hofjuden gehaßt hatten, zirkulierten bald giftige Schmähschriften, die ihn grober Unehrlichkeit bezichtigten.

Die Situation der Berliner Juden war unsicher. Alle fürchteten, was der nächste Tag wohl bringen würde. Keiner hatte Mitleid mit der Witwe Esther, die allerdings auch nicht den Eindruck erweckte, schutzbedürftig zu sein. Die Anhänger des Rabbiners Model Ries faßten den Plan, alsbald beim Kurfürsten vorzusprechen, in der Hoffnung, daß einer von ihnen nun Israels Aufgaben übernehmen könnte.

Sie hatten nicht mit Esther gerechnet, die gar nicht daran dachte, den Rest ihres Lebens als verarmte, tatenlose Witwe zu verbringen. Kaum war die letzte Schaufel Erde auf Israels Sarg gefallen, bat sie um eine Privataudienz, die ihr von Friedrich Wilhelm umgehend gewährt wurde. Wie dieses Gespräch im einzelnen verlaufen ist, ist bis zum heutigen Tag unbekannt. Tatsache ist, daß Esther das kurfürstliche Schloß als offizielle Nachfolgerin des verstorbenen Hofjuden Israel Aarons verließ. Alle seine Pflichten und Privilegien wurden sofort auf ihren Namen übertragen, auch das Berliner Aufenthaltsrecht. Esther konnte nun mit ihren Söhnen Berlin verlassen und wieder zurückkehren, so oft sie wollte, und hatte so die Möglichkeit, ausländische Messen zu besuchen. Und sie war die einzige unter den Berliner Juden, die die verhaßte Judensteuer nicht zu zahlen hatte.

Es ist anzunehmen, daß der Kurfürst von Brandenburg auch empfänglich war für Esthers Schönheit. Er hatte es jedoch nicht nötig, Frauen mit der Zusage derartiger Privilegien in sein Bett zu locken. Und von weiteren Privataudienzen ist nichts bekannt. Vermutlich hatte er Esther empfangen, weil er überzeugt war, daß sie mehr als alle anderen von den verwickelten Geschäften Israels verstand und daß sie imstande war, die Aufgaben ihres verstorbenen Gatten zu übernehmen – und zwar besser als irgendein anderer Untertan.

Esthers Leben änderte sich von Grund auf. Die Pflege der noch kleinen Kinder überließ sie Verwandten und stürzte sich mit Feuereifer in die Arbeit. Statt die Nächte im Himmelbett zu verbringen, übernachtete sie in heruntergekommenen Gasthäusern, wo weder Juden noch Frauen willkommen waren. Ohne Bedenken legte sie ihre pastellfarbenen, mit Spitzen verzierten Gewänder ab und hüllte sich in praktische Reisekleidung, eine einfache formlose Kluft. Um den Kopf trug sie ein langes schwarzes Tuch, dessen Enden leicht um die Taille herumgeschlungen wurden. Dieses sogenannte Regenkleid schützte vor Wind und Wetter, aber auch vor den gierigen Blicken grober Vieh- und Getreidehändler, mit denen Esther feilschen mußte.

Sie war wochenlang unterwegs und verhandelte auf den Wochenmärkten abgelegener Dörfer über den Ankauf von Obst und Getreide. Die Kutsche war unbequem und die zwei als Soldaten verkleideten Bauernlümmel, die sie begleiteten, alles andere als ein ausreichender Schutz für eine alleinreisende Frau. Wann immer es möglich war, schloß sie sich fahrenden jüdischen Kaufleuten an. Dort traf sie auch auf einige jüdische Händlerinnen, unter ihnen Glückel Hamel. Bald entdeckte sie, daß viele dieser Frauen den Vieh- und Getreidehandel ihren Männern überließen und selbst oft mehr Geld als diese durch den Handel mit wertvollen Steinen nach Hause brachten. Zögernd beteiligte Esther sich am Erwerb einer kleinen Ladung Bernstein, die aus den Baltischen Staaten nach Hamburg importiert werden sollte. Zusätzlich entschloß sie sich, Perlen aus Polen zu kaufen, die sie mit Gewinn wieder verkaufen konnte.

Friedrich Wilhelm hatte allen Grund, mit ihren Leistungen zufrieden zu sein, und belohnte Esther mit einer Goldkette. Wichtiger als alles Geschmeide war ihr jedoch, daß es nun auch ihren Eltern und Brüdern gestattet war, sich in Berlin anzusiedeln. Als alleinstehende Frau war es ihr bisher nicht möglich gewesen, einen Gottesdienst in ihrem Haus zu feiern. Mit Hilfe des Vaters und der Brüder konnte sie nun wie vor Israels Tod Gottesdienste in den eigenen Gemächern abhalten.

Ansehen und Beliebtheit des Hauses Aarons wuchs.

Esthers Name war bald im ganzen Land bekannt. Und es fehlte nicht an Kupplerinnen, die ihr die besten Partien vorschlugen. Doch Israels begehrenswerte Witwe dachte nicht daran, ihre Unabhängigkeit aufzugeben. Stets antwortete sie, daß sie sich sehr wohl fühle und nicht der geringste Grund für sie bestünde, eine neue Ehe einzugehen.

Ihre Meinung änderte sich an dem Tag, an dem sie Jost Liebmann auf einer Messe begegnete. Sie war Mitte zwanzig, er zehn Jahre älter, kürzlich verwitwet und ein charmanter Schwätzer, dem es gelungen war, Glückels Ehegatten, einem gewieften Kaufmann, eine ganze Menge Geld aus der Tasche zu locken. Auch Jost Liebmann handelte mit Juwelen; dies brachte ihm jedoch nur ein bescheidenes Einkommen. In keiner Weise konnte sich Jost mit der Brandenburger Hofjüdin messen, denn er war weder ein großer Kaufmann noch hatte er Vermögen noch war er ein großer

Talmudgelehrter. Die einzige Erklärung dafür, warum es trotzdem so plötzlich zu einer Eheschließung kam, war, daß sich Esther zum erstenmal in ihrem Leben bis über beide Ohren verliebt hatte. Sie vertraute ihm ihr ganzes Vermögen an und überredete den Kurfürsten, die Ehren, die sie von ihrem Mann geerbt hatte, nun auf ihren zweiten Mann zu übertragen. Es gab ein unerhörtes Aufsehen: nicht die Frau teilte die Sonderstellung ihres Gatten, sondern er die ihrige!

Alle Bekannten Esthers, Juden wie Christen, erwarteten stündlich, daß sich Jost nun mit ihrem Geld auf die Socken machen werde. Aber nichts dergleichen geschah. Verliebt hin oder her, Esther war eine ausgezeichnete Menschenkennerin und dachte nicht daran, sich ins häusliche Leben zurückzuziehen und dem jungen Ehemann die Geschäfte zu überlassen. Bald stellte sich heraus, daß Jost das Zeug zu einem sehr guten Geschäftsmann hatte, dem es bisher nur an Kapital gefehlt hatte, um sein Können zu beweisen.

Esther lernte von ihm, den Wert von Edelsteinen auf den ersten Blick richtig einzuschätzen, und sie sah, daß der Verkauf eines kleinen Steinchens oft mehr einbringen konnte, als der Verkauf einer ganzen Herde Schlachtvieh. Der junge Hofjude und seine Frau rieten Friedrich Wilhelm, sein Vermögen in Edelsteinen anzulegen, deren Gewicht nicht wie bei Gold und Silber verfälscht werden konnte.

Es war ein guter Rat. 1668 wurde Jost zum Hofjuwelier ernannt. Jost und Esther mußten sich nicht länger mit dem Eintreiben von Steuern und der Verpflegung der Armee abplagen. Nun waren sie Finanzjuden. In kurzer Zeit konnten sie das von Israel geerbte Vermögen verdoppeln und verdreifachen.

Bald war Esther durch vermutlich unerwünschte Schwangerschaften gezwungen, das Reisen zu unterbrechen. Aber weder Wochenbett noch Stillen konnten ihre Geschäftstüchtigkeit bremsen. Da Briefe schreiben nicht Josts Sache war und er nur im äußersten Notfall dazu zu bewegen war, den Gänsekiel in die Hand zu nehmen, brachte sie in den Zeiten, in denen sie das Haus hüten mußte, die Korrespondenz in Ordnung. Alle wichtigen Dokumente der Firma Liebmann trugen sowohl Josts als auch Esthers Unterschrift. Auch die umfangreichen Reisevorbereitungen lagen in ihrer Hand. Da die Landstraßen unsicher waren, reisten Kaufleute zu den Messen meist gemeinsam. Esther kümmerte sich darum, genügend Karossen, verläßliches Wachpersonal und Gasthäuser ausfindig zu machen, die bereit waren, Gruppen von reisenden Juden zu beherbergen. Diese Unterkünfte mußten wiederum in der Nähe von Dörfern liegen, in denen Glaubensgenossen lebten und koscheres Essen zur Verfügung stand. Außerdem mußte die Route so geplant sein, daß es nicht nötig sein würde, am Sabbat zu reisen.

Esther erfüllte ihre Aufgaben zuverlässig und genau. Sie ließ sich auch vom Lärm ihrer drei Söhne nicht stören, die sich oft im Nebenzimmer gemeinsam mit Josts Sohn aus erster Ehe rauften. Esther führte sowohl privat wie auch beruflich ein zufriedenes und erfolgreiches Leben.

Am Ende des Jahrhunderts zählten die Liebmanns zu den reichsten Juden Deutschlands. Josts Vermögen, das insgesamt auf hunderttausend Taler geschätzt wurde, konnte es mit dem des vornehmen Hofjuden des Kaisers, Samuel Oppenheimer, aufnehmen. Während niemand jedoch von der Frau Oppenheimer sprach, wurde Josts Name stets in

Verbindung zu dem seiner Frau erwähnt. Gesprächsthema von Berlin war, was Esther tat oder nicht tat. Noch nie hatte eine Jüdin mehr Bedeutung und Macht erlangt. Was konnte sich Esther noch mehr wünschen? Nun, da sie fast ständig in Berlin lebte, widmete sie sich auch wieder mehr ihren religiösen Pflichten. Was sie vor allem umtrieb, war, den Einfluß der Wiener Juden in Berlin in Glaubensfragen einzuschränken. Vom Kurfürsten bekam sie die Erlaubnis, in ihrem eigenen Haus eine Synagoge einzurichten, in der Josts Neffe, Aaron Benjamin Wolf, als Rabbiner fungierte. Außerdem konnte sie durchsetzen, daß ihre Synagoge die einzig offiziell anerkannte Synagoge der Stadt wurde.

Nur ganz selten war ein Mitglied der Familie Liebmann zu einer Trauung von Wiener Juden eingeladen. Eine dieser Ausnahmen war die Hochzeit eines Sohnes der Glückel Hameln mit einer Tochter der Familie Ries. Glückel berichtete begeistert von dem Abend: »Der reiche Jost Liebmann hat mit seiner Frau und allen seinen Hausgenossen uns die Ehre angetan und ist bei der Hochzeit gewesen, so daß alle Welt darüber erstaunt war, denn sie waren sonst niemals auf Wiener Hochzeiten. Er hat auch der Braut ein wertvolles Geschenk gegeben und uns nach der Hochzeit mit dem Brautpaar in sein Haus eingeladen und eine herrliche Mahlzeit angerichtet.«

Bei alledem konnte Esther immer noch genügend Zeit finden, einer ihrer Lieblingsbeschäftigungen, dem jüdischen Gesellschaftsspiel »Ehestiftung«, nachzugehen. Dieser spielerische Zeitvertreib hatte den angenehmen Nebeneffekt, heiratspolitische Absichten durchsetzen zu können. Wenn sogar das Haus Habsburg seinen politischen Einfluß durch kluge Eheschließungen sichern und vergrößern konnte, warum sollte es dann das Haus Liebmann nicht auch tun? Esther gelang es, ihre jüngste Tochter mit dem Sohn des Großkaufmanns Aaron Beer aus Frankfurt zu verheiraten. Wie alle jüdischen Mütter bestand auch Esther auf einer großen Hochzeit, die sie mit allerlei Aufwand betrieb. Noch monatelang danach war jede Einzelheit des glänzenden Festes vorrangiges Gesprächsthema jüdischer Matronen. Sohn dieser Ehe war der Komponist Jakob Liebmann Beer, der später unter dem Namen Jakob Meyerbeer berühmt wurde. Sein künstlerisches Talent hatte Jakob wohl kaum von seiner Großmutter mütterlicherseits geerbt.

Esther erreichte, daß die Liebmanns mit den mächtigsten jüdischen Familien Deutschlands verwandt oder verschwägert waren, und durch zahlreiche Gefälligkeiten bemühte Esther sich um das Wohlwollen ihrer Verwandtschaft. Wer wußte schon, ob sie deren Hilfe nicht eines Tages benötigen könnte.

Dieser Tag kam schneller, als sie dachte. 1688 starb Kurfürst Friedrich Wilhelm, der Mann, dem die Familie so viel zu verdanken hatte. Der Gunst seines Sohnes, Prinz Friedrich, konnten sie keineswegs so sicher sein. Dieser war ein ganz anderer Mensch als sein Vater. Der künftige Friedrich I., König in Preußen, war ein großer Frauenfreund und vermutlich Vater von mehr als vierzig Kindern. Es war zu befürchten, daß er vom Finanzwesen nur wenig verstand. Edelsteine hatten für ihn nur einen Zweck, nämlich den Hals schöner Frauen zu schmücken. An der Armee hatte er im Gegensatz zu seinem Vater nur wenig Interesse. Trotzdem gelang es ihm, seine Herrschaftsgebiete in ein Königreich zu vereinen und sich 1701 zum »König in Preußen« krönen zu lassen. Und ein König benötigte Geld, sehr viel

Geld, um in einer Residenzstadt mit prächtigen Bauten, Parkanlagen und üppigen Alleen repräsentieren zu können. Sein Ruhm sollte für alle Welt sichtbar sein.

Nach vielen bangen Wochen erhielt Jost endlich eine Audienz am Hofe. Im Anschluß an diese Aussprache bestätigte seine Majestät Friedrich I., daß Jost Liebmann weiterhin als Hofjuwelier für die königlichen Finanzen verantwortlich sein werde.

Die Finanzierung der geplanten Prunkbauten sicherzustellen war keine leichte Sache. Jost und Esther konnten ihre verantwortungsvolle Aufgabe jedoch zur vollen Zufriedenheit des Königs erfüllen. Aber Jost war es nicht vergönnt, sich an seinem Erfolg lange zu freuen. Bereits 1702 starb er im Alter von fünfundsechzig Jahren. Esther war nun zum zweitenmal Witwe. Da sie so reich war, hätte es eigentlich keinen Grund für sie gegeben, sich weiter um das Geschäft zu kümmern. Warum hätte nicht auch Frau Liebmann, wie alle anderen Großmütter, ihre Tage im Kreis der lieben Enkelkinder verbringen sollen?

Aber Esther war dafür nicht geschaffen. Stillsitzen und sich ihrer Lorbeeren zu erfreuen mußte ihr wie eine Strafe erscheinen. Mit ihren dreiundfünfzig Jahren war sie weiterhin nur am beruflichen Weiterkommen interessiert. Es gelang ihr, den Herrscher, der bis dahin keine Notiz von ihr genommen hatte, zu bewegen, sie zu einer Privataudienz zu empfangen. Und wieder, wie vor Jahren bei Israels Tod, verließ sie das Schloß als Nachfolgerin ihres verstorbenen Mannes. Es war allgemein bekannt, daß Friedrich I. keine hohe Meinung vom weiblichen Geschlecht hatte. Um so mehr Erstaunen erregte es, als seine Majestät die »alte Liebmannin« zu seiner Hofjuwelierin ernannte.

Esther war klar, daß sie nur Mittel zum Zweck war. In dem Moment, wo sich des Königs Kassen leeren würden, wäre ihre Position in Gefahr. Nie zuvor hatte ein König die Finanzen eines Reiches in die Hände einer Frau gelegt. Esther durfte sich keinen Mißerfolg leisten. Sie mußte beweisen, daß die Wahl des Königs durchaus richtig war.

Sie stürzte sich in ihre neuen Aufgaben, allerdings weit weniger enthusiastisch als früher. Und Grund genug hatte sie, ihre Lage nun eher besonnen einzuschätzen: In den dreißig Jahren, die seit Israels Tod vergangen waren, hatte sich vieles grundlegend verändert. Ihre Familie war längst nicht mehr die einzige alteingesessene jüdische Familie Berlins. Es gab Schneider, Barbiere, einen Arzt und einige ausgezeichnete Goldschmiede. Obwohl die Bevölkerung nicht judenfreundlich gesinnt war, wurden doch keine Schmähschriften mehr veröffentlicht. Aber einen speziellen »Judengalgen« gab es immer noch. Und in England waren Juden mittlerweile zur Börse zugelassen, deren Dienste auch von einigen deutschen Herrschern in Anspruch genommen wurden.

Esthers kluge Familienpolitik trug nun auch in beruflicher Hinsicht Früchte, weil sie von Kindern und Enkelkindern, Verwandten und deren Freunden wertvolle Informationen erhielt: Immer war sie die erste, die erfuhr, wenn irgendein Adeliger gezwungen war, seine Juwelen zu verkaufen. Und sie war ausreichend über den Stand der Londoner und Amsterdamer Börse informiert. So konnte sie das Geld seiner Majestät und manchmal auch das ihrige günstig investieren. Immer war genügend Geld für die Bauprojekte Friedrichs I. vorhanden. Soweit es in ihrer Macht stand, ermöglichte sie dem König, Kunst und Wissenschaft nach Herzenslust zu fördern. Er mußte sich nicht den Kopf darüber zerbrechen, wie er das Geld für seine ehrgeizigen Pläne auftreiben konnte. Dabei entging ihm allerdings, daß seine Schulden, besonders die bei der Firma Liebmann, ständig wuchsen. Esther war zu klug, um auf sofortige Abrechnung oder Rückzahlung zu drängen.

Als sie ihm gar vorschlug, sie als Münzmeisterin einzusetzen, willigte er ohne Bedenken ein. In dieser Stellung hatte sie über den Gold- und Silbergehalt der preußischen Münzen zu entscheiden; der Wert der Landeswährung wurde nun also von ihr bestimmt, und die Finanzpolitik des ganzen Landes lag in ihren Händen. Esther war die erste Frau in Europa, die derartige Entscheidungen zu treffen hatte, und sie war ihrer Aufgabe gewachsen. In den vielen geheimen und weniger geheimen Berichten über die Mißwirtschaft Friedrichs I. wurde Esther nicht ein einziges Mal unlauterer Tätigkeiten beschuldigt.

Die Berliner hatten wirklich nicht den geringsten Grund, sich über ihre neue Münzmeisterin zu beschweren. Ihr war es zu verdanken, daß der König seine Pläne verwirklichen konnte, Hof in großem Stil zu halten und Geld unter das Volk zu bringen. Nie zuvor hatten Berliner Weber, Schneider, Spitzenmacher, Bauarbeiter und Gärtner so viel verdient wie zu der Zeit, als eine Frau Münzmeisterin war.

Und doch hatte die »Liebmannin« bittere Feinde. Kronprinz Friedrich Wilhelm I., der in schärfste Gegnerschaft zu seinem Vater geriet, gab Esther die Schuld an der Mißwirtschaft Friedrichs I. Wie sein Großvater war auch er hauptsächlich am Ausbau der Armee interessiert. Er wollte das preußische Heer zum besten Europas machen und sich einen disziplinierten Beamtenstab heranziehen. Die in Samt und Seide gekleideten Höflinge seines Vaters waren ihm ein Greuel, mächtige Prunkbauten betrachtete er als reine Geldverschwendung. Dieser ganze unsinnige Luxus wurde in seinen Augen noch dazu durch unsaubere Geschäfte ermöglicht, die die »verdammte Jüdin« betrieb. Der spartanische junge Mann träumte von einem Musterstaat, von militärischer Disziplin und von einer Zeit, in der weder Juden noch Frauen bei der Staatsführung mitzureden hatten.

1713, als er nach dem Tod seines Vaters endlich an die Macht kam, war sein erster Schritt, Esther unter Hausarrest zu stellen. Trotz aller Bemühungen gelang es ihm jedoch nicht, der Münzmeisterin Unehrlichkeit nachzuweisen. Zu seinem Erstaunen stellte sich auch das Volk ganz auf ihre Seite. Unter diesen Umständen war es ihm nicht möglich, Esther ins Gefängnis zu werfen. Er bestand jedoch darauf, sie weiterhin unter Hausarrest zu halten. Viele Berliner, die nun für den Unterhalt und die Versorgung der Armee Friedrichs I. zu sorgen hatten, dachten mit Wehmut an das »Weiberregiment« zurück.

Für Esther, die mit ihren jetzt siebzig Jahren fast keinen Tag mit Nichtstun verbracht hatte, war die erzwungene Ruhe unerträglich. Das aufregende Treiben der Geschäftswelt war ihr Leben gewesen. Steigen und Fallen der Preise interessierte sie mehr als alle menschlichen Beziehungen. All ihr Denken hatte sich darauf konzentriert, den richtigen Moment für ihre Finanzaktionen zu finden. Nun war sie wie ein General ohne Armee und wußte nicht mehr, wie sie ihre Tage noch ausfüllen sollte. Sie hatte ihren Lebensinhalt verloren.

1714, nur ein knappes Jahr, nachdem der König sie in ihre eleganten Gemächer verbannt hatte, starb Esther Schulhof

Aarons Liebmann. Sie war die erste Frau, die jemals über die Währung eines Landes bestimmen konnte, und die einzige: Das hat ihr keine Frau je nachgemacht, bis heute nicht.

Literatur

Salo Baron: *Economic History of the Jews*. Jerusalem 1975.

Ludwig David: *Beiträge zur Sozial- und Wirtschaftsgeschichte der Juden*. Berlin 1920.

Ludwig Geiger: *Geschichte der Juden Berlins*. Berlin 1871.

Selma Stern: *Der Preußische Staat und die Juden*. Tübingen 1975.

ABIGAIL MINIS
Armeekommissarin in Savannah, Georgia
(1701–1794)

Es war ein Wunder, daß Abigail die Geburt ihres dritten Kindes überlebte. Einen Tag zuvor, es war der 11. Juli 1733, war die Küste von Nordamerika in Sicht gekommen, und nach monatelanger stürmischer Überfahrt war das Schiff mit dem Namen »Wilhelm und Sarah« endlich in den Hafen eingelaufen. Die neuen Siedler waren in Georgia angekommen. Die zweiundvierzig Juden unter den Passagieren durften jedoch nicht an Land gehen. Major James Edward Oglethorpe teilte ihnen mit, daß sie unerwünscht seien. Zwar besagte die Gründungsurkunde der Kolonie Georgia ausdrücklich, daß jedermann willkommen sei, die Wildnis in eine blühende Kolonie zu verwandeln; allerdings mit Ausnahme von Papisten und – von Juden. Mit britischer Höflichkeit untersagte Oglethorpe ihnen also den Aufenthalt in Georgia.

Doch der gehorsame Vertreter Seiner Majestät änderte seine Meinung in dem Augenblick, als er erfuhr, daß sich ein erfahrener Arzt aus Lissabon, Doktor Nuñes, unter den jüdischen Siedlungswilligen befand. Zehn Prozent der ursprünglich zweihundertfünfundsiebzig Bewohner der neuen Siedlung Savannah waren kürzlich einer Epidemie zum Opfer gefallen, unter ihnen auch der einzige Arzt. Das Fieber wütete noch immer. Ihm war es zu verdanken, daß auch die hochschwangere Abigail schließlich ihr »Gelobtes

Land«, eine mit Palisaden umgebene Waldlichtung, betreten konnte. Doktor Nuñes hatte sofort alle Hände voll zu tun, die Kranken und Sterbenden zu behandeln. Er konnte sich kaum um die Gebärende kümmern, die trotz seiner mangelnden Hilfe, primitiver Zustände, Hitze, Fliegen und Schmutz am gleichen Tag noch einen gesunden Sohn zur Welt brachte.

Nicht Pogrome, sondern die Armut hatten Abigail und ihren Mann Abraham gezwungen, Europa zu verlassen. Seine Familie stammte aus Mainz, ihre aus Holland. Sie waren typische jüdische Kleinbürger, die mal hier, mal dort ihr Brot verdienten. Generationen vor ihnen hatten bereits so gelebt. Eines Tages mußten sie jedoch anfangen zu bitten und betteln, sogar zu bestechen und lügen, um ihr ohnehin bescheidenes Dasein weiter zu fristen. Abigail träumte davon, nicht länger unter diesen Umständen im engen Ghetto leben zu müssen. Sie wollte Land besitzen und ihre Kinder im Freien herumtoben sehen. Kaum war ihr zu Ohren gekommen, daß Siedler in der neuen Kolonie Georgia in Amerika bei ihrer Ankunft sechzig Morgen freies Land bekommen würden und daß reiche Juden in London ein Schiff gemietet hätten, um armen Glaubensgenossen die Überfahrt zu ermöglichen, stand ihr Entschluß fest: Sie mußten das Abenteuer wagen und auswandern; jetzt oder nie hatten sie eine Chance.

Abigail hatte keinen Rosengarten erwartet. Die Wirklichkeit übertraf jedoch ihre und Abrahams schlimmsten Befürchtungen. Es konnte keine Rede davon sein, sich von der traumatischen Überfahrt und der anstrengenden Geburt zu erholen. Hier gab es keine jüdischen Nachbarn, die ihnen Obdach gewähren konnten. So mußte Abraham auf die Schnelle eine Holzhütte zusammenzimmern, um seine Frau, seine zwei kleinen Töchter und den Säugling vor der feuchten Nachtluft zu schützen. Auch das versprochene Land wurde ihnen nicht zugeteilt. Wie in Europa war Abraham auch hier gezwungen, sein Geld mit Hausieren zu verdienen. Nur gab es in der kleinen Siedlung Savannah keine Waren zu kaufen, mit denen er hausieren konnte. Das bedeutete, daß er durch die Wildnis zu größeren Siedlungen wandern mußte, um Dinge zu beschaffen, die in Savannah fehlten. Abigail war gezwungen, für sich und die Kinder alleine zu sorgen. Sie mußte Essen beschaffen, die Hütte ausbauen und die Gunst des Majors Oglethorpe gewinnen. Abraham war ständig unterwegs.

Im August berichtete Oglethorpe nach London, daß die Epidemie mit der Hilfe des Arztes gestoppt werden konnte. Die Antwort aus London war kurz und bündig: »Zahl den Arzt und schmeiß die Juden heraus.« Doch daran hielt sich der Major nicht. Er erteilte den Juden eine Aufenthaltserlaubnis und wies ihnen sogar jeweils die versprochenen sechzig Morgen Land zu.

Am 21. Dezember 1733, ein halbes Jahr nach ihrer Ankunft, erhielt Abraham Minis die Parzelle 94 im Gebiet Savannah. Die Minis waren nun Landbesitzer. Niemand konnte sie mehr verjagen, endlich hatten sie ihren eigenen Grund und Boden. Zum ersten Mal in ihrem Leben begriff Abigail, was Patriotismus bedeuten konnte. Dadurch, daß sich ein Major den Befehlen seiner Regierung widersetzt und für sich persönlich tausendjährige Vorurteile überwunden hatte, konnte eine herrliche neue Welt geschaffen werden.

Von nun an standen ihr eigenes Land und die erste wirkliche neue Heimat, die sie kannte, im Mittelpunkt ihres

Lebens und Denkens. Dafür wollte sie leben und sterben. Ihre Begeisterung ließ sie die harte Realität des Alltags, die tropische Hitze, die Sümpfe, das Ungeziefer, die feindlichen Indianer und den König in London vergessen. Mit nicht nachlassendem Idealismus schaffte sie es, den sumpfigen Boden in ertragreiche Felder zu verwandeln, obwohl sie nichts von Landwirtschaft verstand. Ein Jahr, nachdem er sein Land erhalten hatte, konnte Farmer Minis stolz auf 36 Scheffel Korn blicken, die seine Frau ganz alleine gesät und geerntet hatte. Philip, der Sohn, den sie am ersten Tag ihrer Ankunft zur Welt brachte, war inzwischen zwei Jahre alt. Der Reisegefährte der Familie Minis, Benjamin Sheftall, der in Savannah auch als jüdischer Chronist tätig war, schrieb in sein Tagebuch, daß Philip Minis der erste in Georgia geborene weiße Knabe sei.

Abraham mußte tüchtig schuften, um seine mittlerweile vielköpfige Familie ernähren zu können. Nur selten war er zu Hause auf seiner blühenden Farm, bei Frau und Kindern. Den Großteil seiner Zeit verbrachte er auf beschwerlichen Reisen nach New York. Von dort brachte er die eingekaufte Ware auf seinem eigenen Schiff zurück in den Süden, nach Georgia.

Kaum war das neue Leben Alltag geworden, zog ein Krieg herauf, der die aufblühende Kolonie bedrohte. 1740 spitzte sich die Situation gefährlich zu. Fast täglich gab es spanische Angriffe auf das Küstengebiet. Viele beschlossen, ihre Frauen und Kinder aus der Gefahrenzone herauszuholen und in das sichere Charleston zu bringen. Die meisten von Abigails Reisegefährten waren vor der Inquisition in ihrer Heimat, der Iberischen Halbinsel, geflohen, und den Spaniern in die Hände zu fallen war ein sicheres Todesurteil. Alle, bis auf Benjamin Sheftall, der nicht aus Spanien kam, verließen Savannah, so schnell sie konnten.

Die Siedlung war nicht mehr wiederzuerkennen. Peter Gordon, ein Mitarbeiter des Majors, beschrieb die Situation mit folgenden Worten: »... die Schule steht leer, das Land wirkt unbewohnt. In Savannah versperren umgefallene Bäume die Straßen, in denen wilde Tiere umherstreifen. Der Schaden, den diese verursachen, und die ewigen Indianerüberfälle zwingen uns, stets auf der Hut zu sein.«

Abigail war nicht dazu zu bewegen, ihre geliebte Farm zu verlassen. Auf die Worte Abrahams und Sheftalls, daß im Kriegsfall Frauen und Kinder nur im Wege seien, antwortete sie entschlossen: »Ich kann mein Land genausogut verteidigen wie ein Mann. Ich fürchte weder Spanier noch den Teufel. Wenn nötig, werde ich sie von meiner Schwelle eigenhändig vertreiben.«

Doch sie hatte die Situation unterschätzt. Nicht die Spanier, sondern schier unlösbare Probleme im Haushalt machten ihr zu schaffen. Genauso hartnäckig, wie sie darauf bestanden hatte, in Savannah zu bleiben, bestand sie obendrein darauf, weiterhin alle jüdischen Vorschriften einzuhalten. Als einzige jüdische Hausfrau blieb sie in Georgia zurück. Abigail wußte sich jedoch zu helfen. Wenn Abraham Freitag abends, zum Sabbat, nach Hause kam, hatte sie bereits für ein heißes Bad, einen weiß gedeckten Tisch mit Kerzen in polierten Leuchtern, selbstgebackenes Brot und festlich gekleidete Kinder gesorgt. War es Abraham nicht gelungen, rituell geschlachtetes Fleisch zu besorgen, gab es eben Fisch oder auch nur eine Gemüseplatte. Trotz alledem vernachlässigte Abigail die Farm nicht. Im Gegenteil, sie schuftete wie zwei starke Männer. Überzeugung und Begeisterung waren eine hervorragende Energiequelle.

Da es weit und breit keine jüdische Schule gab, mußten die Eltern die Kinder im hebräischen Alphabet und in den Regeln der jüdischen Religion selbst unterrichten. Besonders mühsam war es für Abigail und Abraham mit ihren eigenen ungenügenden Englischkenntnissen, ihnen Englisch zu schreiben und zu lesen beizubringen. Dafür mußte öfter auf die Hilfe des Nachbarn, Mr. Stephans, zurückgegriffen werden. Ansonsten war der Kontakt zu der restlichen Bevölkerung sehr gering. Wenn man sich in den verlassenen Straßen traf, wurde nur höflich gegrüßt, und nach einigen belanglosen Worten ging jeder wieder seiner Wege. Abigail war viel zu abgelenkt, um zu bemerken, daß ihre Kinder unter der Isolation und Abgeschiedenheit von der Außenwelt litten.

Mit der Zeit wich die Angst vor weiteren Angriffen der Spanier. Benjamin Sheftall und andere brachten ihre Kinder nach Savannah zurück. Wieder andere siedelten sich weiter im Inland an. 1749 erhielten die Einwohner Georgias die Erlaubnis, Sklaven zu halten. Davon machte auch die Familie Minis Gebrauch. Erhielten sie doch dadurch die Möglichkeit, zusätzliche Arbeitskräfte für ihre Landwirtschaft und Viehzucht zu bekommen. Die Farm gedieh weitaus prächtiger, als Abigail es sich je erträumt hätte.

Doch nun, da sie ihr Ziel endlich erreicht hatte, wurde sie unruhig. Sie hatte ihren achtundvierzigsten Geburtstag gefeiert, und damit stand allmählich das Alter vor der Tür. Sie fragte sich, ob das, was sie erlebt hatte, wirklich alles sein konnte. Hatte sie nicht einst von Heldentum geträumt und davon, daß sie ihre Farm notfalls auch gegen den Teufel verteidigen wollte? Was konnte ihr das Leben noch bieten? Etwa eine noch bessere Ernte, einen höheren Milchertrag oder gar eine Auszeichnung für das kräftigste Pferd? Was wußte sie denn überhaupt von dem Land, in dem sie lebte?

Langsam und mit offenen Augen ging sie nun durch die Straßen von Savannah, um ihre Umgebung wirklich kennenzulernen. Die Stadt war zum offiziellen Regierungssitz der Kronkolonie Georgia geworden. Längst waren die Holzhütten verschwunden. Elegante weiße Herrenhäuser mit Säulen und Portalen säumten breite, gepflegte Straßen. Dunkelhäutige Sklaven begleiteten ihre Herrinnen, die Schokolade trinken gingen, um Neuigkeiten auszutauschen. Jedes Schiff brachte weitere Einwanderer aus Europa, darunter auch jüdische Familien. Abigail begrüßte sie begeistert und mit offenen Armen. Sie half, wo sie konnte, und befand sich bald im Mittelpunkt des jüdischen Lebens. Langsam gelang es ihr sogar, die unterkühlten Beziehungen zwischen den jüdischen Einwanderern und ihren christlichen Mitbürgern zu verbessern. Auf diese Weise tat Abigail ihren ersten Schritt in die Politik.

Dank ihrer sozialen Betätigungen wurde Abigail zu dem großen Empfang, den der Major zur Begrüßung seines Nachfolgers James Wright veranstaltete, eingeladen. Doch der Anblick des neuen Vertreters seiner Majestät erweckte ihr Unbehagen. Er war in keiner Weise mit ihrem alten Gönner Oglethorpe zu vergleichen. Im Gegenteil: Wieder einmal stand sie einem Vertreter der Alten Welt gegenüber, der entschlossen war, die Verordnungen seiner Regierung bis ins kleinste Detail zu befolgen und nicht zu ruhen, bevor die Kolonie einer Grafschaft seines Mutterlandes glich.

James Wright würde Neueinwanderern nie auch nur einen Morgen Land überlassen. Auch machte er keinen Hehl daraus, daß ihm der Empfang, an dem sogar eine Jüdin teilnahm, ganz und gar nicht behagte.

Abigail bemerkte nicht als einzige, daß Wright den Auftrag bekommen hatte, den Kolonisten zu zeigen, daß nicht sie, sondern England die Neue Welt regierte. Doch bevor Abigail herausfinden konnte, welche Pläne er im einzelnen hegte, um sein Vorhaben in die Tat umzusetzen, erkrankte Abraham. Nun mußte sie sich um ihren Mann und sein Geschäft kümmern.

Obwohl seine Söhne bereits erwachsen waren, behandelte Abraham sie wie kleine Kinder. Er erlaubte ihnen nicht, sich in seine Angelegenheiten zu mischen. Vertrauen schenkte er nur seiner Frau. Sie mußte nun alle Entscheidungen treffen, ihm aber dabei den Glauben lassen, daß weiterhin alles in seinen Händen läge. Trotz intensiver Pflege und ärztlicher Betreuung starb Abraham am 13. Januar 1757.

Der jüdische Kaufmann war ein beliebter Mann gewesen. Nie hatte er in irgendeiner Weise Anstoß erregt. Um so mehr mußte sein Testament die guten Bürger Savannahs, Juden wie auch Christen, überraschen. Denn entgegen aller Tradition hatte er nicht seine Söhne, sondern seine Frau als Haupterbe eingesetzt. Seinen Söhnen vermachte er seine Pferde, den Töchtern die Rinderherde. Das Haus, das Land, alles Geld und das Geschäft wurden Abigail zugesprochen, »um es zu erhalten und ihr möglich zu machen, die Kinder richtig zu erziehen«, wie es im Testament hieß. Nun war eine Frau, eine Jüdin, Großgrundbesitzerin und eine der reichsten Kaufleute Savannahs. Zum allgemeinen Ärgernis mußte ihre Meinung nun in Betracht gezogen werden: Abigail konnte aufgrund ihres Einflusses nicht übergangen werden. Besonders der Major war alles andere als einverstanden, daß in seiner Kolonie die politischen Ansichten ausgerechnet dieser Frau eine gewisse Rolle spielten.

Drei Monate nach Abrahams Tod bat Abigail den neuen Major schriftlich um Erlaubnis, mehr Land kaufen zu dürfen. Wright konnte zu seinem Bedauern keinen Grund finden, ihr diese Bitte abzuschlagen, und Abigail vergrößerte ihren Besitz im Laufe der Zeit immer mehr. Da für diesen auffälligen Landzukauf keine Notwendigkeit erkennbar war, wurde der Major mißtrauisch. Er wußte nicht, daß Abigail von den Ängsten ihrer Jugend getrieben war und nur den einen Wunsch hatte: Land und immer mehr Land ihr eigen zu nennen. Ebenso besessen war sie von der Idee, ihren Grund und Boden völlig allein zu verwalten. Ihre Söhne hielt sie noch für zu jung, um die Geschäfte ihres Mannes fortzuführen, und so mußten sich die jungen Männer mit Handlangerdiensten zufriedengeben. Ein Zeitgenosse bemerkte dazu: »Ms. Minis herrscht über ihre Brut mit eiserner Faust.«

Doch ihre eiserne Faust konnte dem Schicksal nicht Einhalt gebieten. Kaum hatte sie sich damit abgefunden, daß Abraham tot war und sie nun ihrem ganz eigenen Interesse, das besonders darin bestand, gegen Wright Widerstand zu leisten, nachging, saß sie am Totenbett ihres neunzehnjährigen Sohnes Josef. Er erlag einem Fieber.

Abigail wußte nicht, wie sie ihren Schmerz überwinden sollte. Der einzige Ausweg, den sie sah, war, sich in Arbeit zu stürzen. Die alleinstehende verwitwete Frau, in hochgeschlossene Gewänder gekleidet, das Haar mit einer schlichten weißen Haube bedeckt, saß bis spät in die Nacht an ihrem Schreibtisch, um den Ankauf neuer Felder und Häuser sowie den Verkauf von Produkten aus Savannah nach New York, Indien und England zu regeln. Da wunderte sich niemand mehr, als die besitzgierige Frau auch noch eine Gastwirtschaft kaufte, die einen traditionellen Treffpunkt der Männerwelt darstellte. Keiner jedoch kam auf die Idee, daß Abigail, umgeben von ihren braven unverheirateten Töchtern, die eine Zierde der jüdischen Gesellschaft waren, sich auch noch um Politik kümmerte und daß ihr gesellschaftliches Engagement nur eine Tarnung hierfür war.

Die Beziehung zwischen der Regierung in England und der amerikanischen Bevölkerung verschlechterte sich zusehends. Die meisten der Kaufleute litten unter zu hohen Steuern. Wrights imperialistische Politik war vielen von ihnen ein Dorn im Auge. Um die Aufmerksamkeit des Majors nicht zu erregen, traf man sich zu harmlosen Abendessen, um gemeinsam über die Sorgen zu sprechen. Abigails Gaststube entwickelte sich zu einem idealen Ort für solche Zusammenkünfte. Natürlich mischte sich die kluge Frau nicht unter ihre Gäste. So konnte ihr nicht das Geringste nachgesagt werden. Bald hatte das Lokal sogar einen ausgezeichneten Ruf. 1764 gab dort der oberste Richter von Florida ein üppiges Fest und erinnerte sich lobend: »Wir verbrachten den Tag in bester Laune in der Harmonie, die dieser Platz ausstrahlt.«

Doch Wright tat sein Bestes, um Abigail das Leben schwer zu machen und die Atmosphäre in ihrem Gasthaus zu stören. Er bat sie, für ihn ein glänzendes Mahl vorzubereiten, zu dem er siebzig seiner Freunde, alles treue Untertanen Seiner Majestät, einladen wollte, um den Geburtstag des englischen Königs zu feiern. Ihm war sehr wohl bewußt, daß Abigail keinen Grund hatte, den König zu lieben, und er sie damit in große Verlegenheit brachte. Abigail konnte sich jedoch kein Zerwürfnis mit dem mächtigsten Mann der Kolonie leisten. Also willigte sie zähneknirschend ein. Das Geburtstagsfest wurde ein Triumph für die Königstreuen.

Mit all dem vermochte er jedoch nicht die Unzufriedenheit unter der Bevölkerung Savannahs einzudämmen. Und nur wenige hatten die Muße, der Hochzeit im Hause Minis Aufmerksamkeit zu schenken, obwohl Philip der erste und einzige in der Familie war, der die Mutter verließ, um eine eigene Familie zu gründen. Abigail vertrug sich sehr gut mit ihrer Schwiegertochter, Judith Polok, die ihr erstes Kind nach Philips Mutter nannte.

Politisches Interesse wurde in der Familie über alle persönlichen Belange gestellt, und sie standen wie alle Juden auf der Seite der Kolonisten. Abigail begann sich zu ihrem Patriotismus offen zu bekennen. Sie, ihre Kinder und die Familie Sheftall gehörten von Anfang an zu den begeisterten Anhängern der Republikaner. Nie hatten sie den Londoner Ausweisungsbefehl vom August 1733 vergessen, dem Major Oglethorpe sich damals widersetzt hatte.

Benjamin Sheftalls Sohn Mordecai war ein führendes Mitglied der Regierung in Georgia, Philip hatte dieselbe Position in South Carolina inne. Alle waren sich ganz sicher, daß Major Wright bereits seine Koffer packte.

Abigail hatte jedoch zu viel erlebt, um noch an Wunder zu glauben. Sie traute dem Frieden nicht. Als der Major Ende April Savannah wirklich verließ, warnte sie alle vor der Zukunft. Die wenigsten hörten jedoch auf sie und lachten über den Pessimismus einer alten Frau. Unbeirrt begann Abigail, ihre Speisekammern und Lagerräume anzufüllen. Und sie sollte Recht behalten.

Der befürchtete Schlag erfolgte am 1. August 1776. In dieser Nacht begannen die Engländer, South Carolina anzugreifen. Francis Salvador, ein Mitglied der neuen Regierung, versuchte die Armee zu alarmieren, fiel dabei jedoch in feindliche Hände und starb eines grausamen Todes. Er war das erste jüdische Kriegsopfer der amerikanischen Armee. Abigail empfand Francis Tod als schweren persönlichen Verlust. Hatte sie doch seinem Onkel, einem der reichen Juden, die damals das Schiff »Wilhelm und Sarah« mieteten, viel zu verdanken.

Über Nacht verwandelte sich nun die nüchterne Geschäftsfrau in eine Furie, die sich mit Haut und Haaren der Revolution verschrieb. Sie betrachtete den Krieg der Kolonisten als ihren eigenen Kampf gegen alles Unrecht, das sie jemals in Europa erlitten hatte. Es war ein Krieg, in dem sie unbedingt mitkämpfen mußte. Am liebsten wäre sie sofort mit den Soldaten in die Schlacht gezogen. Sie beschloß jedoch, der Revolution auf andere Art zu dienen.

Sie wußte, daß die Armee mit enormen materiellen Schwierigkeiten zu kämpfen hatte. Es fehlte an Waffen, an Uniformen, an Verbandszeug, kurz gesagt an allem, nur nicht an Soldaten. Ohne viel zu fragen, übernahm Abigail das Versorgungskommando über die Armee. Sie mobilisierte alle jüdischen Kaufleute, der Armee die nötigen Waren kostenlos zur Verfügung zu stellen. Philip wurde Zahlmeister der Truppen, und als er ihr berichtete, daß kein Geld mehr vorhanden sei, befahl sie ihm, in die Kasse des Hauses Minis zu greifen. Es handelte sich um die Summe von elftausend Dollar. Das war damals ein ganz beträchtliches Vermögen. Die Aufgabe des Feldzugmeisters Mordecai Sheftall war es, Abigail über das Warenlager der Armee auf dem laufenden zu halten. Für Verpflegung und Bekleidung sorgte sie selber. Es war ihr bewußt, daß Soldaten nur mit vollem Magen erfolgreich kämpfen können. Als ihre eigenen Lager, Scheunen und Stallungen bis auf den letzten Krümel leer waren, forderte sie alle Gutsbesitzer Georgias auf, es ihr gleichzutun. Niemand konnte Getreide, Obst oder Fleisch vor Abigails Augen verstecken. Was immer »unsere tapferen Jungs«, wie sie sagte, benötigten, versuchte sie auf welche Weise auch immer zu beschaffen. Fast täglich erwähnten Zeitungs- und Armeeberichte den fieberhaften Patriotismus von Frau Minis.

In ihrer inoffiziellen Eigenschaft als Versorgungsinstanz der revolutionären Armee Georgias war Abigail hochgeschätzt. Wäre sie ein Mann gewesen, wäre sie sicher bei einer feierlichen Zeremonie mit einem Titel ausgezeichnet worden. Eine Frau durfte diese Funktion zwar ausüben, jedoch nicht mit offizieller Anerkennung rechnen. So war sie nicht »Frau Kommissarin«, sondern wurde »Großmutter der Revolution« genannt. Äußerlichkeiten dieser Art waren Abigail, die jetzt fünfundsiebzig war, jedoch nicht wichtig.

Die englische Armee indes war nicht zu stoppen. Im Winter 1788 segelten feindliche Kriegsschiffe die Küste entlang nach South Carolina. Nun stand die Eroberung Savannahs unmittelbar bevor. Wer konnte, packte sein ganzes Hab und Gut und floh nach Charleston. Auch diesmal war Abigail nicht dazu zu bewegen, ihre Heimat zu verlassen, obwohl sie sich in großer Gefahr befand. Ihr Sohn

Philip, einer der zwei Rädelsführer der revolutionären Partei, hielt sich versteckt. Niemand wußte, wo sich der junge Mann im Moment aufhielt. Abigail brachte seine Frau mit der kleinen Abigail, ihrer Enkelin, in Sicherheit. Sie selbst blieb mit ihren fünf unverheirateten Töchtern in Savannah zurück.

Von weihnachtlicher Stimmung war in diesem Dezember nicht viel zu spüren. Die Stadt befand sich in den Händen der Engländer. Major Wright wurde wieder zum Gouverneur eingesetzt und sann in seinem weißen Herrensitz auf Rache. Unter den ersten, die verhaftet wurden, war Mordecai Sheftall. Philip hielt sich weiterhin versteckt, und die alten Sheftalls befanden sich in New York. Abigail kümmerte sich nun darum, daß es den Gefangenen nicht an Essen und an sauberer Wäsche fehlte. Was der Gouverneur darüber dachte, war ihr egal. Es war zu befürchten, daß Abigail als nächstes verhaftet werden würde. Diese aber vermutete richtig, daß Wright sich durch den Arrest einer so alten Frau lächerlich machen würde und daß ihm das bewußt war. Er sann vielmehr darauf, sie zur Versöhnung zu zwingen, um auf diese Weise auch andere Kolonisten auf seine Seite zu bringen. Abigail dachte jedoch nicht daran, ihm diesen Gefallen zu tun. Sie und ihre Töchter verbrachten den größten Teil des Jahres 1788 im Inneren ihres Hauses. Es schien, als hätte sich Abigail damit abgefunden, nichts mehr verändern zu können.

Doch das traf in keiner Weise zu. Ohne daß die Nachbarn oder der Gouverneur etwas bemerkten, gelang es Abigail, mit Philip Kontakt aufzunehmen, der in South Carolina General Benjamin Lincoln half, eine neue Armee aufzustellen. Lincolns Truppen waren völlig heruntergekommen und mußten neu ausgestattet werden. Dabei fehlte es ihnen an allem. Wright verkündete, daß jede Art von Unterstützung der Rebellen als Hochverrat vergolten werde. Der Vertreter seiner königlichen Majestät war jedoch nicht imstande, der Witwe Minis Angst einzujagen oder sie gar vor ein Exekutionskommando zu stellen. Da er wußte, daß sie nach wie vor Wege finden würde, um das geschlagene Heer zu unterstützen, und daß sie dazu fest entschlossen war, verhängte er wutschnaubend Hausarrest über sie: sein letztes Mittel, etwas gegen sie auszurichten.

Der 9. Oktober 1779 war einer der schlimmsten Tage im Leben Abigail Minis. In den Straßen Savannahs und um die Stadt herum tobte die Schlacht gegen die Engländer. Abigail wußte, daß Philip und Levi Sheftall kämpften, während sie in ihrem eleganten Wohnzimmer saß und nichts tun konnte, außer die Hände in den Schoß zu legen und die Staubwolken der Schlacht vom Fenster aus zu beobachten. Spät am Abend verhallte endlich das letzte Donnern der Kanonen. Achthundert Republikaner hatten ihr Leben umsonst gelassen, und niemand konnte Abigail sagen, ob Philip unter ihnen war.

Den Engländern war es gelungen, Georgias Armee zu besiegen. Aber dem Kampfgeist der Witwe Minis waren sie nicht gewachsen. Sie war nicht bereit, sich von ihnen aus der Heimat vertreiben zu lassen, und plante einen strategischen Rückzug. Sie griff zu einem Gänsekiel, um die mutigste Bittschrift zu verfassen, die ein Gouverneur wohl je zu lesen bekam. Sie schrieb:

»Da in letzter Zeit die Bittstellerin unter amtlicher Verfolgung zu leiden hatte, ist diese entschlossen, sich für einige Zeit nach Charleston zu begeben, und bittet hiermit um

Erlaubnis, ihr persönliches Hab und Gut mitzunehmen. Weiterhin ersucht sie, daß die von ihr bestellten Agenten ihren Besitz, ohne Einmischung der Behörde, verwalten können. Die Bittstellerin wünscht klarzumachen, daß ihr Rückzug nach Charleston in keiner Weise als Flucht angesehen werden kann und ihr Besitz nicht herrenloses Gut ist. Die Bittstellerin ersucht daher höflichst, ihr die oben angeführten Verlangen zu gewähren und zusätzliches sicheres Geleite zur Verfügung zu stellen.« Sie unterschrieb diesen Brief gemeinsam mit ihren fünf Töchtern.

Abigail, eine wohlbekannte Gegnerin der Regierung, deren Vergehen von Rechts wegen mit der Todesstrafe hätten geahndet werden müssen, wagte es nicht nur, ein derartiges Gesuch zu stellen – es wurde ihr sogar gewährt. Bewunderte Major Wright etwa Abigails ungebrochenen Willen, oder wußte sie ihrerseits vielleicht zu gut über seine finanziellen Angelegenheiten Bescheid?

Auch in Charleston gab Abigail sich nicht geschlagen. Als in der Stadt Panik ausbrach, weil die englischen Truppen vor den Toren standen, ließ sie nicht von ihrem Vorhaben ab, einen großen Besitz zu erwerben, der an der Hauptstraße der belagerten Stadt lag. Zwei Jahre später zeigte sich, daß ihr Optimismus durchaus berechtigt gewesen war: Die Revolutionsarmee hatte schließlich Savannah befreit, und Abigail war triumphierend nach Hause zurückgekehrt.

Der Generalkommissar der Revolutionsarmee des Südens, Oberst Kennon, kümmerte sich persönlich darum, daß die junge Republik die enorme Summe zurückzahlte, die das Haus Minis der Armee zur Verfügung gestellt hatte, ohne je ein Wort darüber zu verlieren. Abigail war nun die am meisten bewunderte und gefeierte Bürgerin von ganz Georgia.

An Besitz, Geld oder Ehre fehlte es ihr nicht. Enkelkinder, die sie sich so gewünscht hatte, ließen jedoch noch auf sich warten.

Zu ihren Lebzeiten hatte von ihren zehn Kindern nur Philip geheiratet. Die anderen schafften es nie, aus dem Schatten der Mutter herauszutreten und ein eigenes Leben zu führen. Bekannt ist, daß die damals sechsundzwanzigjährige Esther, in den Augen ihrer Mitmenschen bereits eine alte Jungfer, einen glühenden Verehrer namens John Robinson hatte. Doch der viel jüngere Mann verließ Savannah, noch bevor es zu einem Skandal kommen konnte. Vermutlich hatte Abigail ihre Hand im Spiel.

In ihrem Testament hinterließ sie den Hauptteil ihres Vermögens ihren Töchtern, die, wie sie schrieb, »mich immer mit großer Zuneigung als ihre liebende Mutter behandelten und die durch ihren Fleiß und ihre Sparsamkeit halfen, unseren Besitz zu wahren«. Abigail Minis starb 1794 im Alter von dreiundneunzig Jahren. Die Nachkommen ihres Sohnes Philip leben bis heute in Savannah.

Literatur

Kaye Kole: *The Minis Family of Georgia.* Geographical Historical Society, Savannah 1992.

Jacob Marcus: *The American Colonial Jews.* Syracus University, 1968; und: *The Jews and the American Revolution.* Ktav Publishing House, New York 1975, und: *Early American Jewry.* Ktav Publishing House, New York 1976.

Malcolm Stern: *New Lights on Jewish Settlements in Savannah.* In: American Jewish Quarterly LII, März 1963, und: *The Sheftall Diaries.* In: American Jewish Quarterly LIV, März 1965.

LUISE GRAFEMUS
Ulanin im preußischen Heer
(1785–1852)

Am Mittwoch, dem 13. Januar 1815, veröffentlichte die St. Petersburger Zeitung *Rusky Invalidsky* in ihrer deutschen Ausgabe folgenden Aufsehen erregenden Artikel mit der Überschrift »Louise Manue oder der weibliche Ulan«:

»Mit dieser weiblichen Heldin hat es folgende Bewandtnis: Sie ist die Mutter zweier in Berlin lebender Kinder. Ihr Mann verließ sie vor mehreren Jahren, kam nach St. Petersburg, wo er sich anwerben ließ und fünf Jahre Dienst tat. Als seine Frau Louise Manue erfuhr, daß die russische Armee in Deutschland einrückte, entschloß sie sich, den Vater ihrer Kinder aufzusuchen. Da ihr Zartgefühl ihr nicht erlaubte, mit den Soldaten von Berlin nach Schlesien zu gehen, entschloß sie sich, ihr Geschlecht verheimlichend, selber Soldat zu werden. Sie entdeckte sich ihrer Königlichen Hoheit, der Prinzessin von Preußen, die ihr ein Pferd schenkte und sie ganz equipierte, und sie ließ sich im Blücherschen Corps als Ulan anstellen. Niemand wußte um ihr Geschlecht als die Prinzessin und der Prinz Wilhelm und der Rittmeister der Eskadron. Sie focht in allen Treffen des denkwürdigen Feldzugs von 1813. Bei Bautzen erhielt sie einen Schuß in den Hals, bei Hanau einen in den Fuß und bei Metz noch eine Wunde, die sie nötigte, zwei Monate lang im Hospital in Saarbrücken zu bleiben, von wo sie aber wieder zum Regiment ging und mit den verbündeten Truppen in Paris einrückte. Ihr Mann, den sie wiedergefunden hatte, blieb in einem Gefecht vor Paris. Sie hat natürlichen Verstand. [...] Die Art, wie sie sich über all dieses äußert, zeugt von so vieler Delicatesse und von so vielem feinen und richtigen Takt.«

Elf Monate später, am 9. Dezember 1815, brachte auch die *Berliner Vossische Zeitung* ein Interview mit ihr. In diesem Artikel wird sie Luise Grafemus genannt. Folgende weitere Einzelheiten können hier über sie entnommen werden:

»Die gebürtige Esther Manuel aus Hanau war etwa dreißig Jahre alt und jüdischer Abstammung. Sie versuchte, ihren Mann, Wachtmeister Grafemus, zu finden. Als Soldat verkleidet, gehörte sie dem Regiment der Konstantin Garde-Ulanen an. 1813 folgte sie ihrem Mann nach Schlesien. Auf dem Marsch durch Holland erhielt sie 1814 im Armeekorps des Generals Grafen von Bülow das Eiserne Kreuz. Am 29. März 1814 traf sie unvermutet mit ihrem Mann zusammen, den sie aber schon am folgenden Tage durch eine Kanonenkugel verlor.«

Louise Manue, gebürtige Esther Manuel, alias Luise Müller alias Luise Grafemus plauderte gern mit Journalisten. Sie sagte ihnen meist die Wahrheit, selten die ganze Wahrheit und oft mehr als die Wahrheit. Folglich ist es schwer zu rekonstruieren, welche Angaben auf Tatsachen beruhen und wie es ihr nun wirklich gelungen ist, Offizieren und Soldaten eines preußischen Heeres ihr Geschlecht und ihre Religion zu verheimlichen.

Verständlich ist, daß sie ihr Alter nicht verraten wollte. Angeblich wurde sie 1785 geboren. Aber es gibt kein Dokument, das dieses Datum bestätigen könnte. Sicher ist, daß sie in Hanau geboren wurde. Die meisten Juden des Städtchens waren wohlhabende Viehhändler. Sie bewohnten einstöckige Häuser, die von großen Gemüsegärten umgeben waren. Vermutlich kannte Esther in ihren ersten fünf Lebensjahren weder Hunger noch Armut. Das änderte sich jedoch mit dem Einmarsch französischer Truppen in Hanau. Blut wurde vergossen, Häuser wurden geplündert und Frauen vergewaltigt. Sieger und Besiegte wechselten sich mit atemberaubender Geschwindigkeit ab. Auf Besetzung folgte Befreiung, auf Befreiung wieder Besetzung. Das kleine Mädchen beobachtete verdrossen, wie kleinen Jungen Waffen ausgehändigt wurden, während Mädchen und Frauen in die Keller geschickt wurden, mit dem Befehl, sich ruhig zu verhalten.

Luise hatte wenig Gelegenheit, sich mit Schulweisheiten auseinanderzusetzen. Statt dessen eignete sie sich so manche Lebensklugheit an, wie zum Beispiel die, so wenig wie möglich über ihre Herkunft zu verraten. Sie sah, wie alle Erwachsenen, Christen wie Juden, damit beschäftigt waren, irgendwelche Papiere zu verbrennen, die dem Feind nicht in die Hände fallen sollten. Auf diese Weise könnte auch der Geburtsschein Luises verlorengegangen sein. Aber wo ist die Heiratsurkunde geblieben? Anscheinend hatte sich die junge Dame die Erfahrungen der Kindheit zu Herzen genommen. Jedenfalls ist es ihr gelungen, alle Tatsachen bezüglich ihrer Eheschließung zu verschleiern.

In der Ausgabe des *Rigaer Stadtblatts* vom 28. Juni 1821 wird berichtet, daß der erste Mann der Kriegsheldin ein Goldschmiedegeselle namens Müller gewesen sei, der sich nach seinem Eintritt ins russische Militär Grafemus genannt habe. Die Hochzeit des glücklichen Paares soll in

Berlin stattgefunden haben. Merkwürdig ist, daß Luise die Vornamen ihres Mannes wie auch die ihrer Kinder nie erwähnte. Tausende von Müllers heirateten zwischen 1802 und 1805. Tausende kleine Müllers erblickten das Licht der Welt.

Existierte der Gatte etwa gar nicht? In der russischen Zeitung wird behauptet, daß ihr Mann sie bald nach der Geburt des Sohnes verließ. Den Angaben der *Vossischen Zeitung* nach war das im Jahre 1808. In keiner Zeile wird der Geburts- oder Wohnort der Müllers erwähnt. Hat Frau Müller versucht, einen Skandal zu vertuschen? In rührendem Ton wird im *Rigaer Stadtblatt* beschrieben, wie und warum Herr Müller seine Frau verließ:

»Als der Gatte eines Tages ein schönes Ulanenregiment sah, ergriff ihn der Anblick so wunderbar, daß er alles, Gewerbe, Gattin, Kinder, heimlich verließ und bei diesem Regiment als Gemeiner Dienst nahm. Lange hatte die Verlassene mit Kummer und Sorgen zu kämpfen. Endlich erfuhr sie, daß er Soldat im russischen Heer geworden, und sogleich faßte sie den Entschluß, ihn dort aufzusuchen.«

Die Wirklichkeit war vermutlich weit weniger romantisch. Wer immer dieser Müller auch gewesen sein mag, Luise befand sich nach seinem Verschwinden in einer verzweifelten Lage und schrieb in einem Gesuch: »Mein Gatte, Wachtmeister Grafemus, hat mich völlig mittellos zurückgelassen.«

Zu Beginn des 19. Jahrhunderts gab es für verlassene Frauen keine soziale Unterstützung. Die jüdischen Hilfsorganisationen, die Menschen in Not zu helfen versuchten, waren aufgrund der Teuerung, die sich nach der Blockade durch Napoleon ergab, völlig überfordert. Es war ihnen nicht möglich, alle hilfsbedürftigen jüdischen Glaubensgenossen aufzufangen. So ist es verständlich, daß Luise den Vater ihrer Kinder suchte, weniger aus romantischer Liebe als vielmehr aus prosaischem Hunger. Scheinbar konnte sie sich zwei Jahre lang irgendwie über Wasser halten, bis ihre Situation unerträglich wurde. Sobald ihr zu Ohren kam, daß der Verschwundene in der russischen Armee diente, ging sie nach Berlin, um Nachforschungen anzustellen.

Es war nicht ratsam, als alleinstehende Frau durch das vom Krieg verwüstete Deutschland zu reisen. Da Luise kein Geld hatte, um sich eine Postkutsche zu leisten, machte sie sich in Männerkleidung auf den Weg. Nach langer beschwerlicher Reise erreichte sie endlich die preußische Hauptstadt. Statt von Ordnung und Disziplin war die Berliner Bevölkerung von Kriegsfieber ergriffen. Man gab sich hysterisch patriotisch und war entschlossen, das Leben zu genießen, solange es noch möglich war. Der Berliner Zeitgenosse Hans Oswald gibt dazu einen kleinen Einblick: »Nie vorher war die Moral so tief gesunken. Theaterlogen wurden als Bordelle benutzt. Die berühmte Schauspielerin Frau Döblein gab offen zu, Mutter zweier unehelicher Kinder zu sein.«

Auch die jüdische Bevölkerung war von dieser Stimmung ergriffen. Dorothea Mendelssohn, die Tochter des berühmten Philosophen Moses Mendelssohn, verließ ihren Mann, um in offener Ehe mit Friedrich von Schlegel zu leben. In dieser Atmosphäre hätte Luise leicht den einen oder anderen Gönner für sich gewinnen können. Doch sie tat nichts dergleichen. Das erste, was sie in Berlin unternahm, war, ihren Vornamen Esther in Luise umzuändern. Die kürzlich verstorbene preußische Königin Luise wurde in Berlin geradezu vergöttert, da sie es gewagt hatte, sich in einem persönlichen Gespräch gegenüber Napoleon zu behaupten. Nun wurden Hunderte von Säuglingen ihr zu Ehren auf den Namen Luise getauft. Allein dieser Name erweckte patriotische Gefühle und half, so manche Türen zu öffnen.

Auch die jüdische Bevölkerung Berlins befand sich im Kriegstaumel und war bereit, für König und Vaterland zu sterben. Zum ersten Mal in der Geschichte bekamen die preußischen Juden mit dem Edikt von 1812 die Möglichkeit, sich als »preußische Staatsbürger jüdischen Glaubens« sozial zu integrieren. Hunderte von Juden meldeten sich zum preußischen Militär. Es war ihnen erlaubt, in der Infanterie zu dienen, jedoch nicht im Spitzenregiment der Ulanen. Stundenlang bildeten Christen wie Juden lange Warteschlangen vor den betreffenden Regimentskommandos, um sich zum Wehrdienst zu melden. Die Feldwebel schafften es kaum, alle Namen richtig zu vermerken. In diesem Durcheinander konnte Luise nicht damit rechnen, Auskünfte über ihren Mann zu erhalten. Es wurde ihr geraten, sich an die Garnisonsstadt Königsberg zu wenden. Um dorthin zu kommen, brauchte sie jedoch einen Gönner.

In Berlin lief das Gerücht um, daß es auf beiden Seiten »verkappte Frauenzimmer« gäbe, die sich an der Schlacht beteiligten. Dies war jedoch nichts Neues. Schon während der Französischen Revolution hatte sich eine Frau, Rosa Lacombe, an dem Kampf um die Tuilerien beteiligt. Und im Frühjahr 1797 hatten sich Tiroler Bäuerinnen unter der Führung von Margaretha Pratner auf der Höhe von Latzfons tapfer gegen den Feind gewehrt. Eine der bekanntesten weiblichen Soldaten war Francesca Scagnatta, die in Männerkleidung die Militärakademie in der Wiener Neustadt absolvierte und den Offizierstitel erhielt. Täglich hörte Luise auch Lieder und Gedichte, die Leonora Prochazka priesen, welche unter dem Namen August Lenz im Lützowschen Freikorps gekämpft hatte und kürzlich in der Schlacht gefallen war.

In Berlin mußte Luise erfahren, daß sie als Frau ohne Rang und Namen nichts ausrichten konnte. Nur Angehörige eines Eliteregiments konnten sich genug Respekt verschaffen, um in dem herrschenden Chaos die gewünschte Antwort zu bekommen. Sie faßte den Entschluß, es den berühmten Frauen, die in der Armee gekämpft hatten und sogar ausgezeichnet worden waren, gleichzutun. Nur wie konnte sie es anstellen, in den Besitz einer Soldatenuniform und der Protektion zu kommen, die für den Eintritt in ein Spitzenregiment unbedingt erforderlich waren?

Zunächst mußte sie versuchen, mit ein oder zwei Größen der Gesellschaft zusammenzukommen. Dabei konnte ihr ihre jüdische Herkunft zugute kommen. Jüdische Salons waren sehr en vogue zu jener Zeit, in der jeder auf Sensationen aus war. Künstler, Gelehrte und Damen der Gesellschaft gingen ein und aus in den Salons, und sogar Prinzen waren in den Salons geistreicher Jüdinnen zu finden, wo es viel weniger steif zuging als anderswo. Für eine Esther Manuel war es nicht schwer, Kontakt mit jüdischen Kreisen aufzunehmen.

Es scheint ausnahmsweise keine Lüge zu sein, daß Prinz Wilhelm persönlich ihr schließlich den Eintritt in das Ulanenregiment ermöglicht hatte. Seine Königliche Hoheit war Oberkommandierender der Kavallerie, hatte also jede Möglichkeit, sie zu protegieren. Seine Frau, Amalia Maria

Anna von Homburg, war sehr beliebt in der jüdischen Gemeinde, hatte sie doch die Bankiersgattin Herz höchstpersönlich mit einem Orden ausgezeichnet. Sowohl die *Vossische Zeitung* als auch das *Rigaer Stadtblatt* berichten darüber, auf welche Weise es Luise gelang, ihre Gönner für sich zu gewinnen.

Im *Rigaer Stadtblatt* war zu lesen: »Flehend ersuchte sie die Gemahlin des Prinzen Wilhelm von Preußen, ihr ungeachtet ihres Geschlechts die Aufnahme in eine Schar Lanzenjäger, die gerade gegen Rußland ins Felde zog, nicht abzuschlagen. Anfangs zurückgewiesen, bestürmte sie die Prinzessin so dringend mit ihren Bitten, daß man ihr schließlich Gehör verlieh. Um das Geheimnis ihres Geschlechtes nicht zu verraten, schenkte ihr die huldreiche Prinzessin eine volle Ausrüstung, ließ sie in dieser als junger Mann abgesondert in den kriegerischen Fertigkeiten üben, und so trat Luise Müller, nachmals Grafemus genannt, Mutter von zwei Kindern, vierundzwanzig Jahre alt, in den Kriegsdienst.«

So in etwa könnte es sich durchaus abgespielt haben. Wilhelm von Humboldt, Prinz Wilhelms ehemaliger Lehrer, beschrieb den Prinzen als jemanden, der nur ungern die Initiative ergriff. Es ist also gut möglich, daß Luise zuerst das Ohr seiner Gemahlin gewinnen konnte, die bald der Meinung war, daß es der königlichen Familie keineswegs schaden könnte, eine zweite Leonora Prochazka zu protegieren.

Die Ausrüstung, die Luise benötigte, war aufwendig. Pferd, Reitstunden, Uniform oder Pistolen kosteten mehr als das durchschnittliche Jahreseinkommen eines Berliner Bürgers. Ungelöst schien auch die Frage, wie Luise ihre weibliche Gestalt unter der Uniform verbergen könnte. Glücklicherweise war es unter vollschlanken Frauen gerade Mode, dünne, panzerähnliche Holzplatten unter ihrem Oberkleid zu tragen, um zu verhindern, daß wogende Busen die »antike« Linie beeinträchtigen könnten. Diese Verrücktheit konnte sich Luise zunutze machen. Aber wie qualvoll muß es gewesen sein, stundenlang in so einem Gestell unter der straff anliegenden Uniform kerzengerade auf dem Pferd zu sitzen, mit zwei Pistolen im Gürtel, einem kurzen Säbel und zwei schweren Patronentaschen zur Seite und zwei Wasserflaschen um den Hals! Vermutlich hatte Luise auf ihrem sechshundert Kilometer langen Ritt nur einen einzigen Gedanken: ihren Mann so schnell wie möglich wiederzufinden, um sich endlich dieser scheußlichen Kluft entledigen zu können.

Der erste Eindruck von Königsberg war nicht gerade ermutigend. Fünfzigtausend Mann hatten sich freiwillig zur preußischen Armee gemeldet. In der Garnisonsstadt herrschte großes Durcheinander. Es fehlte an Lebensmitteln, Pferdefutter und Wasser. Sechstausend Soldaten waren bereits an Ruhr erkrankt und lagen im Garnisonsspital. An jedem Brunnen stand ein Offizier, der streng darauf achtete, daß niemand zuviel Wasser schöpfte.

Keiner kümmerte sich um Luise. Nur Major von Herrmann, der von der Königlichen Hoheit in Luises Geheimnis eingeweiht worden war, bemühte sich darum, daß Luise bei einer Familie einquartiert wurde, damit sie sich nicht in aller Öffentlichkeit ankleiden und waschen mußte. 1818 waren Waschräume für die Mannschaft der preußischen Armee noch ein Luxus. Offiziere erhielten den Befehl, mehr auf die Sauberkeit der Kleider als auf die der Körper zu achten. Denn verschwitzte Uniformen verschimmelten und kosteten den Staat Geld. Den Soldaten wurde geraten, bei großer Hitze und Anstrengung Hände und Füße mit Branntwein abzureiben. Hemden und Socken sollten zweimal wöchentlich gewechselt werden.

Den verschwundenen Gatten in diesem Tollhaus zu finden war völlig unmöglich, auch wenn Luise stundenlang allein durch die ganze Stadt und sogar durch die gefährlichen Armenviertel lief. Sie genoß das Gefühl, Waffen zu tragen und sich auf diese Weise gegen Angriffe wehren zu können. Niemand wäre auf die Idee gekommen, ihr zu sagen: Versteck dich und halt dich still, wenn Gefahr droht.

Bevor Luise überhaupt überlegen konnte, wie sie nun weiter vorgehen sollte, kam der Befehl zum Aufbruch. Das hieß, inmitten von Tausenden von jungen unerfahrenen Rekruten dem Feind entgegenzureiten, ob sie wollte oder nicht. Langen ermüdenden Tagen im Sattel folgten arbeitsreiche Abende. In der Dunkelheit mußten Zelte aufgeschlagen und Latrinen gegraben werden. Pferde waren zu füttern und zu tränken, Holz und Trinkwasser mußten geholt und Mahlzeiten vorbereitet werden. Wer konnte in dem Trubel etwas merken, wenn Luise sich in die Büsche schlug? Sie war nicht die einzige, die den Zustand der Latrinen als unerträglich empfand und deshalb einen Busch für die Notdurft vorzog. Die Epidemien verursachten bereits erste Todesfälle.

Luise fühlte sich inmitten dieses Treibens jedoch wohl. Sie war Teil eines Ganzen und hatte an nichts anderes zu denken, als Befehle auszuführen und ihre patriotische Pflicht zu erfüllen. Zum ersten Mal in ihrem Leben hatte sie keine Verantwortung zu tragen oder mit finanziellen

Sorgen zu kämpfen. Hier war sie keine verlassene Frau, keine mittellose Mutter und keine Jüdin. Sie war Soldat. Körperliches Unbehagen war ein annehmbarer Preis dafür. Keiner der Ulanen bemerkte, daß der Soldat neben ihnen eine Frau war. Luises elegante Uniform, die sie wochenlang nicht ablegen konnte, war längst verschmutzt und zerrissen. Hunger und Anstrengung hatten ihren Körper ausgezehrt. Endlich, nach wochenlangen Strapazen, trafen sie auf den Feind. Die Luft füllte sich mit Staub, Dreck, Kanonendonner, den Schreien und Hilferufen von verwundeten Soldaten, den Schmerzenslauten verendender Pferde.

Am 2. März 1813 war es, daß Luise von einer Kugel gestreift wurde. Sie erlitt eine leichte Verwundung am Nacken. Dies wäre eine günstige Gelegenheit gewesen, sich als Frau zu bekennen und die Armee ehrenvoll zu verlassen. Doch Luise verdrängte den Schmerz und kämpfte weiter in ihrem Regiment.

Acht Jahre später berichtete das *Rigaer Stadtblatt*, daß Luise während der Rheinüberquerung eine weitere Verwundung erlitten hätte, von der sie sich in Saarbrücken im Spital erholt hätte. Da keine weiteren Belege für diesen Vorfall aufzutreiben sind, ist anzunehmen, daß Luise der Zeitung mehr als nur die Wahrheit sagte. Das gleiche gilt für die Behauptung, daß Luise mit dem Eisernen Kreuz ausgezeichnet worden sei, da sie angeblich einen französischen Offizier und sechs seiner Soldaten eigenhändig in Gefangenschaft genommen habe. Ausreichend dokumentiert ist hingegen die Tatsache, daß die Heldin bei der Schlacht von Paris dabei war.

Diese Schlacht war nicht nur für das Schicksal Napoleons, sondern auch für Luises entscheidend. Am 29. März

1814 kämpften preußische Ulanen an der Seite der russischen Kavallerie um das kleine Dörfchen Montemart, das heutige Montmartre. Während der Vorbereitungen zur Schlacht traf Luise auf einen tapferen Reiter des russischen Regiments der Garde-Ulanen: auf den Wachtmeister Grafemus. Die Überraschung muß sehr groß gewesen sein: Ausgerechnet hier, auf einem französischen Schlachtfeld, stand genau die Frau wieder vor ihm, die er acht Jahre vorher verlassen hatte. Und sie trug die Uniform eines preußischen Ulanen!

In großer Freude und in der Hoffnung, ihn nie wieder zu verlieren, fiel Luise ihrem Mann um den Hals und erklärte den sprachlosen Zuschauern, daß sie in Wirklichkeit eine Frau und die Gattin dieses stämmigen Reiters sei. Am nächsten Tag fiel Grafemus der Schlacht zum Opfer.

Der Tod ihres Mannes war ein vernichtender Schlag für Luise. Als bettelarme Witwe, ohne Aussicht auf ein normales Leben, hatte sie keinen Grund mehr, noch länger in der Armee zu bleiben. Doch wie sollte sie allein den Weg nach Deutschland zurückfinden, wo sie nichts anderes erwartete als Not und Armut? In ihrer Verzweiflung entschloß sie sich, ihre ausweglose Situation und Hilflosigkeit zu ihrem Vorteil einzusetzen.

So verwandelte sich die tapfere Soldatin über Nacht in eine schwache, schutzbedürftige kleine Frau. Wie ein Lauffeuer hatte sich die Affäre Grafemus im Lager verbreitet. Luise gelang es sogar, sich Prinz Wilhelm zu Füßen zu werfen. Aber diesmal war Prinzessin Amalia nicht zugegen, um ihren Mann zu beeinflussen. Möglicherweise wurde ihm die ganze Angelegenheit langsam unangenehm. Jedenfalls stellte er sich jetzt taub. Luise gab sich jedoch nicht so schnell geschlagen. Grafemus hatte in der russischen Armee gedient. Vielleicht war Zar Alexander I. gnädiger als der deutsche Prinz? Die amüsante Geschichte von dem weiblichen Ulanen war auch ihm zu Ohren gekommen. Und tatsächlich, Luise erhielt beim Zaren eine Audienz, in der er ihr seine Hilfe zusagte.

Auch diese Begebenheit schildert das *Rigaer Stadtblatt* ausführlich: »Unterdessen war das Schicksal unserer Heldin bekannt und die Teilnahme für sie rege geworden. Prinz Wilhelm stellte sie nach der Einnahme von Paris unserem Monarchen vor. Den edlen Zügen, die Ihn, den Beherrscher von mehr als vierzig Millionen Menschen, so treffend auszeichnen, muß auch das hinzugezählt werden, daß er, der Sieger von Paris, unter den Triumphfesten seiner Braven diese unglückliche Frau nicht übersah. Er sandte sie auf Urlaub, mit einem Eilboten an seine hochherzige Mutter nach Petersburg.«

Kurz nachdem Napoleon auf Elba angekommen war, beendete auch Luise ihren zweitausend Kilometer langen Ritt von Paris nach St. Petersburg. Dort sollten sie jedoch nur Enttäuschungen erwarten. Statt sie in allen Ehren zu empfangen, wies ihr die Fürstin ein bescheidenes Gemach im Dienertrakt des Schlosses zu. Hier mußte sie ihre Mahlzeit mit der Dienerschaft teilen. Es wurde ihr befohlen, sich dort solange aufzuhalten, bis der Zar zurückgekehrt sei. Keiner kümmerte sich um sie. Und Luise befürchtete, daß sich der Zar auf dem Wiener Kongreß amüsierte und ihr Schicksal längst vergessen hätte. Da sie keine Möglichkeit sah, sich in Petersburg eine neue Existenz aufzubauen, entschloß sie sich, nach Berlin zurückzukehren. Schließlich stand ihr dort als Soldat eine Pension zu. Die Reise mußte aber irgendwie finanziert werden. Es blieb ihr nichts anderes übrig, und klug war es überdem: Sie sann darauf, aus ihrer Geschichte Kapital zu schlagen.

Dafür setzte sie sich mit Paul Pesarovius in Verbindung. Er war Herausgeber einer Zeitung, die sich für das Recht zurückkehrender Veteranen einsetzte, und ein Mann, der das Herz am richtigen Fleck hatte. Luise gelang es, Pesarovius, der es überwiegend nur mit rauhen Soldaten zu tun hatte, ganz für sich zu gewinnen. Pesarovius berichtete dazu folgendes: »Die Art, wie sie sich über all das äußerte, zeugt von so viel Delicatesse und von so feinem und richtigen Takt, der durch ihre Natürlichkeit und den Ausdruck der Wahrheit in ihrem Gesicht wie in ihrem Wort erhöht wird, daß man sich der lebhaften Teilnahme an ihrem bis jetzt so traurigen Schicksal nicht erwehren kann. Mehrere menschenfreundliche Personen haben sie seither unterstützt, und auch der Herausgeber dieser Blätter hat ihr aus der Invalidenkasse hundert Rubel ausgehändigt.«

In kurzer Zeit hatte Luise alle Reisekosten gedeckt. Nun konnte sie sich auf den Weg machen. Herrn Pesarovius war nicht nur finanzielle Hilfe, sondern auch die Entdeckung zu verdanken, daß sich Luises Geschichte verkaufen ließ, eine »Entdeckung«, die sie selbst ihm vor Augen geführt hatte und von der sie in Zukunft vollen Gebrauch machen würde.

Sobald der strenge Winter vorbei war, hielt Luise es nicht länger in St. Petersburg aus. Im Frühjahr trat sie ihre beschwerliche Rückreise nach Berlin an. Ende April machte sie eine längere Rast in Königsberg. Dort bat sie beim Stadtkommandanten, General von Stuttenberg, um eine Audienz. Obwohl es nicht zu den Gepflogenheiten preußischer Generäle gehörte, gemeinen Soldaten Gehör zu schenken oder gar Witwen von preußischen Wachtmeistern zu empfangen, konnte Luise vorsprechen. Luises Charme, mit dem sie schon Pesarovius gewinnen konnte, schien tatsächlich groß gewesen zu sein. Von Stuttenheim war sogar bereit, ihr ein Empfehlungsschreiben mit folgendem Wortlaut mitzugeben:

»Sämtliche auf der Tour von hier über Brandenburg, Braunsburg, Marienwehr bis Berlin gelegenen Behörden werden hiermit aufgefordert und resp. angewiesen, der Wachtmeistersfrau Luise Grafemus, welche den früheren Feldzug pro 1813–14 als Ulane mitgemacht und dadurch Ansprüche auf den Militärs zustehende Unterstützung erworben hat, alle Art freies Quartier und Verpflegung anzuweisen und zu verabreichen, sowie auch nach Möglichkeit alle sonstige Hülfe zukommen zu lassen. Königsberg, den 28. April 1815. Der Commandierende General in Ost-Westpreußen und Litauen, V. Stuttenheim.«

In Berlin angekommen, stieß Luise jedoch auf große Gleichgültigkeit. Napoleon war aus Elba geflohen, und alle, die der Veteranin zu der wohlverdienten Pension verhelfen konnten, marschierten gen Westen. Ohne kostbare Zeit zu vergeuden, machte sich Luise wieder auf den Weg nach Paris. Sie war fest entschlossen, um jeden Preis ihre Pension zu erwirken, bevor ihr Schicksal in völlige Vergessenheit geraten war. Anfang August erreichte sie ihr Ziel und fand eine Stadt vor, die sich im Siegestaumel befand.

Im Juni 1815 war das letzte napoleonische Heer bei Waterloo vernichtend geschlagen worden. Napoleons Schicksal war damit besiegelt. Am 10. Juli zogen die Monarchen der Siegernationen im Triumphzug in die französische Hauptstadt ein. Die Siegesfeiern wollten kein Ende nehmen.

Obwohl Luise seit Monaten nicht aus dem Sattel gekommen war, schien sie in glänzender Form. Am 17. August 1815 richtete sie ein rührend formuliertes Gesuch an den »alldurchlauchtesten, großmächtigen König, allergnädigsten König und Herrn«. Darin verwies sie auf den Brief von Stuttenheims, der bestätigte, daß sie bei den Feldzügen von 1813/14 bei der Armee der Königlichen Majestät als Ulane gedient habe. Sie fuhr fort zu erklären, daß diese Tätigkeit zwar »unserem Geschlecht nicht eigen ist«, daß sie aber durch patriotischen Eifer und Anhänglichkeit zum Vaterland zu diesem ungewöhnlichen Schritt bewogen wurde. Das Gesuch endete mit der inständigen Bitte, sie und ihre Kinder vor dem Bettelstab und Untergang in höchster Gnade zu retten.

Die nun folgenden Begebenheiten zeigen, daß Luise in nur kurzer Zeit einschlägige Beziehungen knüpfte. Statt das Schreiben in den nächsten Papierkorb zu werfen, bevollmächtigte Oberst von Thiele, Privatsekretär des Königs, nur einige Tage später den königlichen Kriegsminister von Boyen, sich um Luise zu kümmern. Neun Tage, nachdem der König ihr Schreiben erhalten hatte, befahl dieser der Abteilung für Kriegsinvaliden, der Frau des Wachtmeisters Grafemus eine Unterstützung von dreißig Reichstalern für ihre augenblickliche Rückreise zu bewilligen und ihr zudem eine monatliche Pension von zwei Talern zuzuweisen.

Nachdem ihre Pension überraschend schnell bewilligt wurde, dauerte es jedoch viele Monate, bis die Veteranin das Geld endlich ausgehändigt bekam. Der Kampf gegen die Bürokratie war nicht leichter als der gegen Napoleon. Mehrere Male mußte sie von Fulda, wo ihr das Geld ausgehändigt werden sollte, zum Ministerium nach Berlin fahren und dann wieder nach Fulda zurück. Inzwischen waren die Preise erheblich gestiegen, und zwei Taler im Monat reichten kaum für das Allernötigste. Luise hatte jahrelang ein Soldatenleben geführt. Sie konnte es sich nicht vorstellen, nun ihr Brot als Näherin oder Kinderfrau verdienen zu müssen. Auf ihre Erfahrungen in St. Petersburg zurückgreifend, setzte sie sich mit dem Herausgeber der *Vossischen Zeitung* in Verbindung. Dieser war sofort bereit, über ihr ungewöhnliches Schicksal zu schreiben. Diesmal erwähnte Luise auch ihren jüdischen Glauben, vielleicht in der Hoffnung, dadurch die Sympathie reicher Berliner Juden zu gewinnen.

Anscheinend hatte sie zumindest teilweisen Erfolg. Ein Herr von Mot berichtete am 2. Januar dem Ministerium, daß ihre Pension für Dezember noch immer in Fulda auf sie warte. Ihre Bekanntheit und ihren Ruhm, zu dem der Artikel in der *Vossischen Zeitung* beträchtlich beigetragen hatte, brachten ihr auch den Kontakt mit einem Porzellanfabrikanten ein, der die patriotische Begeisterung der Bevölkerung ausnützen wollte, um seine Geschäfte voranzutreiben. Mit dieser Absicht stellte er Hunderte von Tassen her, die Luises Portrait und die Aufschrift »Patriotische Heldenreiterin im Ulanenregiment« trugen. Die Untertasse war mit dem Bild eines fahnenschwingenden Ulanen dekoriert.

Nachdem Luise der Einladung einer Auguste Pestel, einer braven Bürgersfrau, die sich gesellschaftliches Ansehen durch Beherbergung einer Kriegsheldin versprach, nachkam und den Winter in deren Haus bei Düsseldorf verbrachte, entschloß sie sich im März, ihre Sachen zu packen. Von Einladungen auf Bälle, Schlittenfahrten und

Theaterbesuchen hatte sie vorerst genug. Erneut begab sie sich in eine ungewisse Zukunft.

Das Ende des Krieges bedeutete keineswegs eine Verbesserung der Lage alleinstehender Frauen. Im Gegenteil, sie wurden eher als soziale Belastung empfunden. Auch das allgemeine Interesse an Luises Heldentaten war am Abflauen – Kriegsbegeisterung und Siegestaumel gehörten nun der Vergangenheit an. Von ihren Verwandten konnte sich Luise ebenfalls kein Verständnis erhoffen. Waren diese ursprünglich noch stolz auf ihre tapfere Glaubensgenossin gewesen, wurde es ihnen nun mehr und mehr fremd, daß Luise sich nicht endlich brav und bescheiden im Kreise der Familie niederließ und sich um ihre Kinder kümmerte.

Luise war jedoch wieder aufgebrochen, um ihre Witwenrente zu kassieren, die ihr als Hinterbliebene des Wachtmeisters Grafemus zustand. Da ihr seliger Mann in der russischen Armee gedient hatte, machte sie sich wieder einmal nach St. Petersburg auf. Dort fand sie zwar kein williges Ohr für ihr Anliegen, wohl aber einen Mann, der bereit war, sich an ihre Fersen zu heften. Er wurde Luises zweiter Gatte: Buchbindermeister Johann Adam Cornelius Kesselring, deutscher Staatsbürger und in St. Petersburg für das Binden deutscher Bücher verantwortlich. Das glückliche Paar hatte ein gutes Auskommen. Von St. Petersburg zogen sie bald nach Riga, wo Luise ihre Geschichte an das besagte *Rigaer Stadtblatt* verkaufte. Die Stadt freute sich so, eine Heldin unter ihren Einwohnern zu haben, daß der Maler Przybysky 1827 den Auftrag bekam, ein Bild von Frau Kesselring in der Uniform eines Ulanen, Säbel zur Seite und Eisernes Kreuz sowie St.-Georgs-Orden auf der Brust, zu malen. Dieses Gemälde wurde in der Stadtbibliothek ausgestellt. Niemand kümmerte sich darum, daß die Geschichte mit dem Orden nicht so ganz stimmte.

Die erste und vermutlich einzige Jüdin, die je in der preußischen Armee als Ulanin gedient hatte, starb in der Hauptstadt des russischen Zaren an einem regnerischen Herbsttag des Jahres 1852. Sie hatte das Alter von siebenundsechzig Jahren erreicht.

Literatur

Die »Tatsachen« über Luise Grafemus sind den Zeitungen *Rusky Invalidisky*, St. Petersburg, *Rigaer Stadtblätter* und *Berliner Vossische* Zeitung entnommen sowie dem im Selbstverlag erschienenen Buch von Moritz Stern: *Aus der Zeit der deutschen Befreiungskriege*, Berlin 1914.

Alle darüber hinaus geschilderten Vorgänge, Gedanken und Gefühle sind gut fundierte Spekulationen.

HANNAH WERBERMACHER
Weiblicher Wunderrabbi aus Ludomir
(ca. 1816–1905)

Der Kalender in der Amtsstube zeigte den 3. Juni 1816 an. In Ludomir interessierte sich jedoch niemand für das Datum. Wenn die Blätter an den Bäumen anfingen sich zu verfärben, war das für die Bauern Zeichen genug, die Ernte einzufahren, bevor der Herbstregen ihre Felder wieder in ein Meer aus Schlamm verwandelte. Auch die Juden des viertausendsechshundert Einwohner zählenden Schtetls lebten nach ihrem eigenen Kalender. Sie schrieben das Jahr 5577. Das ukrainische Ludomir befand sich noch im tiefsten Mittelalter.

Als sich an diesem Morgen herumgesprochen hatte, daß die Stunde der Niederkunft der Werbermacher gekommen sei, rannten alle Judenweiber zum Friedhof. Dort riefen sie an den Gräbern der Vorfahren alle Verstorbenen der Familie an und baten um Gottes Beistand für die Gebärende. Der werdende Vater befand sich mit zehn gottesfürchtigen Männern im Bethaus, um den Allmächtigen um Schutz für die Niederkommende anzuflehen, damit ihm ein kräftiger Sohn geschenkt werde.

Doch statt eines Sohnes legte man dem erschöpften Vater nach vielen qualvollen Stunden ein rotes, schreiendes Mädchen in die Arme. Das kleine Wesen hatte guten Grund, sich über die Art und Weise, wie es behandelt wurde, lauthals zu beklagen. Der Säugling mußte nackt und frierend darauf warten, bis die Nachgeburt tief in der Erde vergraben war. Erst dann wurde er von frommen Nachbarinnen in warme Tücher gewickelt. Jüdinnen wie auch Christinnen hüteten sich davor, vor der Zeit eine Babyausstattung anzuschaffen, aus Angst, den Neid der bösen Geister zu wecken. Nun, da die Geburt überstanden war, wurden hastig Psalme auf kleine Kärtchen geschrieben und an Vorhängen, Türen und Wänden befestigt, um Mutter und Kind vor bösen Einflüssen zu schützen.

Von Geburt an lebte Hannah in einer Welt, in der Glaube von Aberglaube und Wirklichkeit von Phantasie nicht zu unterscheiden waren. Für sie war Ludomir der Mittelpunkt der Welt. Nur selten wagte sie es, die Stadtmauern zu verlassen. Die Hauptstadt Tschernobyl erschien ihr so unerreichbar wie der Mond. Der Zar in St. Petersburg war eine märchenhafte Gestalt, irgendein böser Riese, dem man schwer verdiente Rubel in den Rachen werfen mußte, damit er einen nicht auffräße. Im Herbst verwandelte der Regen die Umgebung in Sumpfland. Ludomir war dann wie ein Gefängnis, das niemand besuchen oder verlassen konnte. Hannah glaubte in dieser Zeit, daß sich die Außenwelt in den Nebel aufgelöst hätte, der über den feuchten Wiesen schwebte. Werbermachers Tochter lauschte dann den Worten der Frauen, die um den Kachelofen sitzend von göttlichen Wundern, Geistern und Dämonen sprachen, von den kleinen »Shadim«, den Teufelchen, die in einsamen Plätzen den Wanderern auflauerten, und von »Dybbuks«, die sich in den Seelen ihrer Opfer einnisteten, um ihr Leben zu beherrschen. Alt und jung rückten dann näher zusammen und zitterten vor Kälte, Grauen und Angst. Jahr für Jahr hörte sie dieselben alten jüdischen Sagen, die ein

Gemisch aus biblischen Legenden, Talmudweisheiten und Aberglauben waren. Wenn eisiger Regen an die Fensterscheiben peitschte, war Hannah nicht die einzige, die Lilith – die erste Frau Adams und der Sage nach ein weiblicher Dämon – mit ihren roten Krallen ans Glas kratzen sah.

Ihr Vater lehrte sie, Gott mit ganzem Herzen und all ihrer Kraft zu lieben. Als folgsames Kind tat sie, wie ihr geheißen. Gott gute wie auch dämonische Kräfte zuzuschreiben war für sie kein Widerspruch. Alle Menschen, mit denen sie in Kontakt kam, Juden wie auch Christen, verbanden ihr monotheistisches Weltbild mit Elementen eines primitiven Aberglaubens.

Hannah liebte die sonnigen Sommermonate, in denen sie lustigeren Beschäftigungen nachgehen konnte, als gruseligen Geschichten zu lauschen. Wie alle jüdischen Frauen in der Ukraine, so hatte sich auch Hannahs Mutter um die Finanzen der Familie zu kümmern. Das Kind durfte sie auf ihren Einkäufen in die umliegenden Dörfer begleiten. »Ein wirklicher Gelehrter kennt keinen Unterschied zwischen einem Kopeken und einem Rubel«, so lehrte sie die Mutter, wie sie es bereits von ihrer eigenen Mutter gelernt hatte. Während es zur Aufgabe der Männer gehörte, sich um den lieben Gott zu kümmern, hatten sich die Frauen um das leibliche Wohl der Familie zu kümmern. Handel und Geldverdienen war eben Frauensache. So schien es Hannah selbstverständlich, daß die Budenbesitzer am Markt Tanten und Nachbarinnen waren. Während ihr Vater nur jiddisch sprach, unterhielt sich die Mutter mit den Bäuerinnen auch auf ukrainisch. Immer wieder predigte sie Hannah, auch Russisch zu lernen. Denn sei sie erst einmal erwachsen, könne sie mit Hilfe dieser Sprache auch

Großhandel betreiben. Saatgut ließe sich billig einkaufen und nach der Ernte in der Stadt wieder teuer verkaufen. Dieser Handel wurde bereits von reichen jüdischen Frauen betrieben.

An heißen Sommertagen konnte Hannah beobachten, wie Männer sich draußen auf grünen Wiesen, in weiße, weitärmelige Kittel gehüllt, im Kreise drehten, in die Luft sprangen und tanzten, bis sie in Ekstase zusammenbrachen. Ihre Mutter erklärte ihr, daß dies russische Mönche seien, die sich von der orthodoxen Gemeinde abgewandt und eine eigene Sekte gegründet hätten. Sie würden magische Kräfte besitzen. Hannah fiel auf, daß der Tanz der Mönche gar nicht so verschieden war von der Art, wie ihr Vater und seine chassidischen Freunde ihre Freude an Gottes herrlicher Welt bekundeten. Die Luft von Ludomir war voller Magie.

Vom Vater wurde das Mädchen in die chassidische Lehre eingeweiht, von der Mutter lernte sie alle Künste, die sie als Frau beherrschen mußte. Der gute Rabbi Schemtov hatte verkündet, daß auch unwissende Menschen fromm sein könnten. Die Juden von Ludomir nahmen sich das zu Herzen. Sie waren sehr fromm, aber auch sehr ignorant.

Sobald Hannah in ein verständiges Alter kam, hielten ihre Eltern nach einem künftigen Ehemann Ausschau. Hannah wurde mit einem Knaben verlobt, mit dem sie sich jedoch so lange nicht unterhalten durfte, bis beide alt genug waren, um ihre Hochzeit zu feiern. Unterdessen sah sie sich unversehens gezwungen, all das, was ihre Mutter ihr beigebracht hatte, in der Praxis anzuwenden. Ihre Mutter erkrankte kurz vor ihrem zwölften Geburtstag, also mußte Hannah sowohl den Haushalt als auch die Erwerbspflichten der Mutter übernehmen. Verzweifelt versuchte sie, ihre Mutter gesund zu pflegen. Da sie zu wenig Wissen hatte, zog sie die Klistierfrau zu Rate, aber auch deren Kunst brachte keine Heilung. Der Feldsanitäter empfahl Rizinusöl, Blutegel und Gurgelwasser. Nachbarn kamen, brachten Kräutertee und sprachen Ratschläge und Warnungen aus. Stundenlang saßen sie den Kopf schüttelnd und seufzend am Krankenlager. Doch weder die Heilmittel der Frauen noch die Gebete der Männer konnten helfen. Die Rebbitzin, wie die Frau des Rabbi auf jiddisch genannt wird, verlor weiterhin an Kraft. Schließlich mußten die frommen Männer gerufen werden, die das Ehrenamt hatten, Sterbende auf das Ende vorzubereiten und sich als Totengräber zu verdingen.

Hannah, gelähmt vor Angst, stand am Fußende des Bettes und hörte zum letzten Mal, wie ihre Mutter das Sündenbekenntnis aufsagte, das sie zuletzt an Jom Kippur, dem Versöhnungsfest und höchsten jüdischen Feiertag, gesprochen hatte. Währenddessen bereiteten alte Tanten schon das Totenhemd vor. Als der Engel des Todes den Kampf gewonnen hatte, mußte das Mädchen zusammen mit allen anderen an der Toten vorbeigehen und um Verzeihung bitten für all die Kränkungen, die man der Toten zu Lebzeiten zugefügt hatte. Der Begräbniszug wählte dann den längsten Weg zum Friedhof, um zu zeigen, wie ungern man die Tote aus der Gemeinde entließ.

Der frühe Tod der Mutter war für Hannah ein schwerer Schlag. Auch die unheimliche Zeremonie am Sterbebett hatte das Mädchen völlig verschreckt. Sie fürchtete sich davor, daß es vielleicht auch ihre Schuld war, daß die Mutter sterben mußte. War nicht der Kräutertee zu heiß, die

Limonade zu kalt, die Salbe zu schwach oder das Rizinusöl zu stark gewesen? Hannah begann, die Gegenwart anderer Menschen zu scheuen. Sie verlor den Appetit und saß tagein tagaus in der schlecht gelüfteten Stube. Sie magerte ab, war ständig erkältet und bekam schließlich hohes Fieber. Auch ihr wurde Kräutertee verabreicht, auch zu ihr kam die Klistierfrau, auch ihr half keines der angewandten Mittel. Das Fieber schüttelte ihren abgemagerten Körper, manchmal verlor sie die Besinnung und murmelte verwirrte, unverständliche Worte vor sich hin. Der Rabbi war auf das Schlimmste gefaßt.

Eines Morgens jedoch erwachte Hannah plötzlich aus ihren Fieberträumen und verlangte nach einem Gebettuch. Nach alter Sitte hüllten sich eigentlich nur Männer zum Gebet in diese Tücher. Niemand in Ludomir, in der ganzen Urkraine oder im großen Reich des Zaren hatte je eine Frau in einem Gebettuch gesehen. Die Kranke weigerte sich jedoch, auch nur einen Löffel Hühnersuppe zu sich zu nehmen, bevor ihr Wunsch nicht erfüllt werde. Nach wortreicher Diskussion im Gebetshaus verwies schließlich einer der Frommen den verzweifelten Vater auf eine Stelle in einem der Gesetzbücher, in der es hieß, daß eine Frau auf ihren Wunsch hin ein Gebetstuch benutzen dürfe, wenn sie vorher die erforderlichen Segenssprüche aufsage.

Hannahs Stimme wurde immer schwächer, ihr Gesicht glühte vor Fieber. Rabbi Werbermacher hatte weder Ruhe noch Zeit, die Gültigkeit des Gesetzestextes noch zu überprüfen. Mit der inständigen Bitte, der Herr möge ihm diese Sünde verzeihen, legte er sein eigenes Tuch über die Schultern der Tochter. Zum Erstaunen aller Anwesenden beruhigte sich das Mädchen sofort. Hannah setzte sich auf und erzählte lachend, daß der Allmächtige sie letzte Nacht zu sich in den Himmel gerufen und ihr die Seele eines Mannes geschenkt hätte.

Hannahs Zeitgenossen wußten zwar nichts von der Lehre des Unterbewußtseins, mit Träumen und Wundern kannten sie sich jedoch recht gut aus. Rabbi Werbermacher lehnte es ab, an einen Nervenzusammenbruch bei seiner Tochter zu denken, denn Irrsinn galt als Schande, und Nervenerkrankungen wurden so weit wie möglich verheimlicht. Wunder hingegen waren in Ludomir immer möglich. So war die Erklärung, daß Gott seiner Tochter die Seele eines Mannes geschenkt hatte, für alle einleuchtend und entlastend. Eine so wunderbare Gottesgabe ließ sich nicht leugnen oder gar ablehnen, wenn Rabbi Werbermacher ein guter Vater sein wollte.

Ganz so einfach war die Sache jedoch nicht. Sobald Hannah wieder vollkommen genesen war, bestand sie nicht nur darauf, ein Gebetstuch zu tragen, sondern auch darauf, alle religiösen Pflichten zu übernehmen, die jüdischen Männern, nicht aber jüdischen Frauen auferlegt waren. Zunächst wagte niemand, sie zu kritisieren. Da der Allmächtige selbst sie in den Himmel gerufen hatte, konnte nur Hannah allein wissen, was er von ihr erwartete.

Die Geschichte von Hannahs wunderbarer Heilung verbreitete sich wie ein Lauffeuer durch das ganze Land. Von nah und fern strömten die Menschen herbei, um die »Jungfrau von Ludomir« zu sehen. Hannah tobte wegen dieser Titulierung. In ihren Augen war sie keine Jungfrau, hatte Gott ihr doch die Seele eine Mannes geschenkt. Die Menschen ließen sich jedoch nicht eines Besseren belehren und strömten weiterhin in dem Glauben herbei, eine Jungfrau mit magischen Kräften anzutreffen. Ansprechpartner für all die kleinen und großen Sorgen war nun nicht länger der Rabbi, sondern Hannah, die dem Leben auf so mysteriöse Weise wiedergeschenkt wurde. Und tatsächlich war Hannah imstande, weit praktischere Ratschläge zu erteilen als der Rabbi.

Die männliche Seele, die nun in ihrem schwachen Körper verweilte, hatte ihr nämlich keineswegs die Lebensweisheiten geraubt, die sie von ihrer Mutter gelernt hatte. Man brachte Kranke zu ihr, mit der Bitte, sie zu heilen, Geistesgestörte, in der Hoffnung, sie könne den Dybbuck austreiben, und Kinder, die den Eltern nicht gehorchen wollten. Hannah begrüßte alle Bittsteller mit dem gleichen freundlichen Lächeln. Sie bat sie, Platz zu nehmen und ihr zu erzählen, was sie bedrückte. Für viele war es allein schon heilsam, sich einmal ungestört allen Kummer von der Seele reden zu können. Auch der Glaube, daß Hannah übernatürliche Kräfte besaß, konnte bereits Wunder bewirken. Immer mehr Menschen drängten sich in die kleine Stube, um Hannahs Segen zu empfangen. Die Frauen der Umgebung rannten ihr förmlich die Tür ein – voller Freude darüber, daß Ludomir nun endlich einen eigenen »Wunderrabbi« hatte, noch dazu einen, der für die Weiberwelt großes Verständnis hatte. Fasziniert sahen sie zu, wenn sich Hannah im Gebet inbrünstig vor dem Herrn verneigte und dabei in Ekstase geraten konnte. Für sie gab es keinen Zweifel, daß die Betende nicht zu Gott, sondern mit Gott sprach.

Hannahs ärmliche Behausung wurde zum Mittelpunkt des jüdischen Lebens in Ludomir. Dort wurden glückliche Ehen vermittelt, wirksame Verträge abgeschlossen und erfolgreiche Geschäfte angebahnt. Gleichgesinnte aller Art trafen hier zusammen, um die Ratschläge einer klugen Frau mit der Seele eines Mannes einzuholen, die weitaus mehr bewirken konnten, als die weisen Aussprüche eines esoterischen Rabbiners.

Für das religiöse Leben der jüdischen Gemeinde war Hannahs neue Rolle jedoch problematisch. Seitdem die Kinder Israels in grauer Vorzeit gesehen hatten, wie die Frauen der Kanaaniter der Fruchtbarkeitsgöttin Astarte durch rituelle Orgien Ehren erwiesen hatten, war es jüdischen Frauen verboten, sich an religiösen Zeremonien zu beteiligen. Es war ihnen nur erlaubt, diese von einer speziellen Frauengalerie aus zu beobachten und von dort aus mitzubeten. Die frommen Männer von Ludomir waren deswegen um keinen Preis der Welt bereit, Hannah in ihre Mitte aufzunehmen. Die Geschichte mit der männlichen Seele machte auf die Männer der Schöpfung gar keinen Eindruck. Denn hätte der Allmächtige Hannah wirklich als Mann akzeptiert, hätte er ihr auch einen männlichen Körper gegeben. Da dies offensichtlich nicht der Fall war, lehnten sie Hannahs Wunsch ab, sich am Gottesdienst zu beteiligen. Diese bestand jedoch weiterhin darauf, ihren religiösen Verpflichtungen nachgehen zu können, denn schließlich segnete der Allmächtige all ihr Tun und Treiben.

Die Lage war kompliziert. Nach langen hitzigen Debatten konnte endlich ein Kompromiß gefunden werden. Neben der großen Betstube wurde eine kleinere angebaut, deren Türen am Sabbat offenstanden. Hannah konnte so an den zeremoniellen Handlungen teilnehmen, ohne direkt neben den Männern zu stehen. Hannah war von dieser Lösung nicht begeistert, denn sie wollte nicht ausgeschlossen werden. An einem Sabbat, als alle Gebete gesprochen waren, stand sie in der offenen Tür, die beide Räume verband, und begann mit lauter Stimme zu predigen. Dabei bewies sie ihren Zuhörern, daß sie nicht nur die Seele, sondern auch den scharfen Verstand eines Mannes hatte und daher genausoviel von Religion verstand wie ein Mann. Ja, vielleicht sogar noch mehr.

So kam es, daß alle Männer der Gemeinde, sobald sie ihre Gebete beendet hatten, sich um Hannah drängten, um ihre Predigt zu hören. Oft entwickelte sich daraus ein lautstarker längerer Meinungsaustausch, so daß die Frauen zu Hause nicht mehr wußten, wie sie das Mittagessen noch weiter warm halten sollten.

Doch Hannah hatte nicht nur mit religiösen Schwierigkeiten zu kämpfen. Seit dem Tod ihrer Mutter verschlechterte sich die finanzielle Lage der Werbermachers immer mehr. Da der Tag mit religiösen Pflichten ausgefüllt war, konnte Hannah sich nicht genügend um die Marktbude der verstorbenen Mutter kümmern. Und wer hatte je von einem »Wunderrabbi« gehört, der seine Tage damit verbrachte, Kohl und Karotten zu verkaufen?

Doch da kamen ihre treuen chassidischen Anhänger und Anhängerinnen ihr zu Hilfe. Bisher wurde sie, die berühmte »Rebbe«, für die göttliche Gnade, die der Allmächtige den Gläubigen mit Hilfe ihrer Person zukommen ließ, nicht entlohnt. Es war jedoch Sitte, den Heiligen »Lösegeld« zukommen zu lassen. Die Juden von Ludomir waren der Meinung, daß die Taten ihrer »Jungfrau« in gleicher Weise bezahlt werden müßten. Sie konnten nicht ahnen, daß sie damit eines Tages das Schicksal dieser »männlichen Frau« besiegeln würden…

Hannahs Wirken grenzte wirklich an Wunder. Der weltabgeschiedene kleine Ort hatte sich in eine blühende Siedlung verwandelt. Immer mehr Menschen kamen nach Ludomir. In der Herberge waren alle Zimmer belegt, in der Gaststube waren keine freien Tische mehr zu finden, die Verkäufer religiöser Schriften verdoppelten ihre Einnahmen, der Schuster mußte einen neuen Gehilfen einstellen, die Straßen mußten neu gepflastert werden, und der Schmied bestellte Eisen um Eisen, um die Hufe aller Pferde neu beschlagen zu können. In allen Taschen klimperte nun das Geld, da eine Frau als Wunderrabbi die Juden aus der ganzen Umgebung nach Ludomir lockte.

Zunächst standen die großen berühmten Rabbiner des Zarenreiches der Tätigkeit ihrer kleinen Kollegin wohlwollend gegenüber. Weder Lebenshaltung noch Taten dieser Frau gaben Anlaß zum geringsten Tadel. Zwar hatte sie nie ein Rabbinerseminar besucht und besaß auch kein Zeugnis, das ihr die Befugnis erteilte, das Amt eines ordentlichen Rabbiners auszuüben; aber die meisten Wunderrabbiner besaßen keine offizielle Berufung. Auch nahm Hannah nicht teil an den zeremoniellen Handlungen in der Betstube. Das religiöse Leben lag immer noch in den Händen des Rabbiners von Ludomir. Hannahs Aufgabe und Bedeutung lag allein darin, zu heilen und Wunder zu bewirken. Darin unterschied sie sich nicht von den anderen.

Doch allmählich begannen diese, Hannahs Konkurrenz zu fürchten, deren Taten Tagesgespräch in der gesamten Ukraine waren. Berühmte chassidische Lehrer begannen nun, Hannah aufzusuchen, um sie immer wieder über diese Sache mit der »Himmelfahrt« und ihrer persönlichen Beziehung zum Allmächtigen auszufragen. Sie waren entsetzt darüber, daß Hannah sich in Gebetstücher hüllte und andere männliche Religionspflichten übernahm. Die gelehrten Besucher versuchten sie davon zu überzeugen, daß das eine große Sünde sei. Es gelang ihnen zwar nicht, den geringsten Zweifel bei Hannah zu erwecken. Ihre Anhänger bekamen es jedoch bald mit der Angst zu tun: Würde die Sünde dieses »Mannweibes« am Ende etwa noch ihnen angerechnet werden? Kaufleute, die in der Nachbarschaft unter dem plötzlichen Aufstieg Ludomirs gelitten hatten, fanden sich nun mit Begeisterung bereit, das Gerücht zu verbreiten, daß der Rabbiner von Tschernobyl verkündet hätte, die »Jungfrau von Ludomir« beginge eine große Sünde und der Allmächtige würde all ihre Anhänger bestrafen. Hagelstürme, die die Ernte vernichteten, wurden als Beweis dafür genommen, daß Gott Ludomir zürnte. Niemand wagte es mehr, Hannahs Predigt am Sabbat zu lauschen. Alle verließen das Bethaus, bevor das letzte Amen verklungen war. Und immer mehr verbreitete sich auch das Gerücht, daß Hannah gar nicht unter Gottes Gnade stünde, da sie doch selber nicht seinem Willen gehorchte und sich wie ein Mann kleidete.

Seit dem Tod der Mutter hatte Hannah tiefe Depressionen, die plötzlich in manische Glückseligkeit umschlagen konnten. Nun, da das Leben, das sie sich so mühsam aufgebaut hatte, bedroht war, verweigerte sie erneut das Essen und nahm weder Ratschläge noch Tröstungen an. Das einzige, was sie tat, war, Stunde um Stunde ins Leere zu starren. Hatte die Unglückliche wirklich Gottes Zorn herausgefordert? Würde Gott nun auch ihre Anhänger strafen? Oder war vielleicht sogar ein Dybbuck in sie gefahren? Um eine Antwort auf diese Fragen zu bekommen, wurde eine

Gruppe Rabbis zu den großen Weisen gesandt, die nach langen Beratungen und inbrünstigen Gebeten folgenden Rat erteilten: Hannah müsse zu einem normalen Leben zurückkehren, heiraten, Kinder in die Welt setzen und ein gottgefälliges Leben beginnen. Auf diese Weise könne ihr verziehen werden.

Und so geschah es auch. Als sich kein ehrbarer Jüngling fand, der bereit gewesen wäre, eine so mysteriöse Frau zu heiraten, suchten die großen Weisen höchstpersönlich einen frommen braven Einfaltspinsel aus. Hannah stand teilnahmslos vor dem Traualtar. Viele hatten den Eindruck, daß sie gar nicht verstand, was vor sich ging. Als der glückliche Bräutigam dann versuchte, die Nacht mit ihr zu verbringen, wehrte sie sich mit aller Kraft. Bald sprach sich herum, daß die Ehe sie ihrer magischen Kräfte beraubt hätte. Dieses plötzliche unerklärliche Ende ihrer Wunderkräfte wurde zum wichtigsten Gesprächsthema unter ihren ehemaligen Anhängern. Die Geschichte sprach sich in der ganzen Ukraine herum, und die magischen Kräfte, die ihr Gott gegeben und dann wieder genommen hätte, wurden bei jeder Erzählung immer größer und wunderbarer. Bald erschienen Hannahs Taten gewaltiger als die aller anderen Wunderrabbis. Die verheiratete, völlig verwirrte Hannah übte eine größere Anziehungskraft aus als je zuvor.

Allmählich begannen ihre Gegner, ihre Macht zu fürchten. Nach langen Beratungen wurde beschlossen, daß eine Frau, die derartige Kräfte besaß, zu weitaus höheren Dingen bestimmt sei, als nur den sündigen Chassidim von Ludomir Genesung zu bringen. Weit weg von der Ukraine, in dem Land, das der Herr seinem Volk versprochen hatte, in den Bergen von Galiläa, lag die heilige Stadt Safed. Seit der Vertreibung der Juden aus Spanien 1492 lebten dort die allergelehrtesten und weisesten Männer, Rabbiner und Kabbalisten. Kürzlich hatten sich dort Fromme aus allen Himmelsrichtungen zusammengefunden, um in ekstatischen Gebeten das Kommen des Messias zu beschleunigen. Zum Wohle der Menschheit begannen die ukrainischen Rabbis nun, Geld zu sammeln, um Hannah und ihren einfältigen Mann dorthin zu schicken. Denn die Gebete einer so heiligen Frau könnten von dort aus den Lauf der Weltgeschichte günstiger beeinflussen, und in Ludomir hätten die Rabbis eine Sorge weniger: eine Frau, die als weiblicher Wunderrabbi mehr bewirkt hat für das religiöse und soziale Heil ihrer Heimat als alle großen Gelehrten des Zarenreichs zusammen.

So fand Hannah sich in den Bergen von Galiläa wieder und soll dort im Alter von neunzig Jahren in Safed gestorben sein. Da der Name ihres Mannes unbekannt ist, konnte ihr Grab bis zum heutigen Tag nicht gefunden werden.

Literatur

Elizabeth Herzog: *Life is with the People.* New York 1991.

Yael Levine Katz: *Some Mystical Zfat Women.* In: Ascent Quarterly, Fall 1995.

Henry Rabinowitz: *The World of the Hasidim.* New York 1988.

Gershon Winkler: *They Called Her Rebbe.* Judaica Press, New York 1991.

LINA STERN
Mitglied der Sowjetischen Akademie der Wissenschaften
(1878–1968)

Lina war mit Abstand das neugierigste Kind auf dem Spielplatz. Sie wollte alles wissen und ganz genau verstehen. Lina stellte unzählige Fragen: Warum sind die Menschen so verschieden? Warum sind die Kindermädchen, die Laufburschen und die Hafenarbeiter so breitschultrig, warum haben sie runde Gesichter und sprechen lettisch? Warum bewundert ihr Vater die großen, aristokratisch aussehenden Deutschen? Warum haben alle Angst vor den Russen, die in Lettland an der Macht waren? Warum denkt ihr Vater, daß die Großeltern weniger vornehm als die Deutschen seien? Alle kommen doch zu Großvater, weil er so ein weiser Rabbiner ist!

In ihrem Innersten war Lina von ihrem Großvater sehr beeindruckt. Auch wenn sie seine Ratschläge immer ignorierte, rief sie fünfundsechzig Jahre später einem KGB-Beamten während eines Verhörs ärgerlich zu: »Natürlich bin ich Jüdin! Ich verbrachte einen Teil meiner Kindheit bei meinem Großvater, der Rabbi war und mir die jüdische Lehre beibrachte.«

Ihre Mutter kam aus einer orthodoxen jüdischen Familie. Die liberale Gesinnung ihres Gatten war ihr fremd. Nur schwer konnte sie sich daran gewöhnen, nicht nach jüdischer Sitte zu leben. Da die Familie auch kein Jiddisch sprach, lernte Lina zuerst einmal Deutsch, auch wenn es nicht ihre Muttersprache war. Der wohlhabende Vater Salomon Stern, der in der Handelsschiffahrt beschäftigt war und von osteuropäischen Juden abstammte, konnte es sich leisten, zwei seiner Töchter auf das Mädchenlyzeum ihrer Heimatstadt Libau zu schicken. Diese moderne Schule, die den Mädchen nicht nur eine naturwissenschaftliche Ausbildung ermöglichte, sondern auch, man höre und staune, anbot, das Abitur abzulegen, gefiel dem fortschrittlichen Vater sehr. Nicht einmal in Wien oder Budapest war das damals möglich.

Vom ersten Schultag an war Lina Klassenbeste. Sprachen, Literatur, Musik, Naturwissenschaften – alles bereitete ihr unendliches Vergnügen. Wenn sie sich über das Bettchen ihrer jüngsten Schwester Jenny beugte, sang sie keine Wiegenlieder, sondern rezitierte mit lauter Stimme Gedichte von Goethe und Schiller. Davon war der neueste Familienzuwachs allerdings nicht immer begeistert.

Lina und ihre Schwester Anna wurden in der Schule »die beiden Sternchen« genannt. Anna war das hübsche, Lina das kluge Sternchen. Lina war es egal, daß Anna als die Hübschere galt. Auch störte es sie nicht, daß sie mit ihrer Schwester zu den Geburtstagsfesten ihrer deutschen Mitschülerinnen nie eingeladen wurde. Lina hatte andere Interessen. Sie wollte sich soviel wie möglich an Wissen aneignen und träumte bereits davon, eines Tages Rußlands erste Juristin zu sein oder vielleicht eine ganz berühmte Primaballerina oder Geschichte zu studieren oder... 1929 sagte sie rückblickend: »Ursprünglich wollte ich Geschichte und Jurisprudenz studieren. Später aber entschloß ich mich für die Medizin, die mich nicht als Wissenschaft, sondern als philanthropische Möglichkeit anzog.«

Anscheinend hatte sie da bereits alle harten Kämpfe vergessen, die sie nach dem Abitur durchzustehen hatte. Ende des 19. Jahrhunderts war es für eine Frau sehr schwer, einen Platz an der Universität zu bekommen. Das erforderte Zähigkeit, große Willenskraft, außergewöhnliche Begabung und viel Geschick. Nach dem Abitur mußte sich Lina zunächst mit einer Anstellung als Gouvernante begnügen. Ihre Freizeit verbrachte sie damit, sich bei sämtlichen europäischen Universitäten zu bewerben. Im damaligen Zarenreich gab es nur in St. Petersburg ein Institut, das bereit war, junge Damen aus gutem Hause in naturwissenschaftlichen Fächern zu unterrichten. Doch diese Hochschule stand unter Aufsicht der Regierung, die ständigen Verdacht auf revolutionäre Gesinnung hegte. Linas Antrag wurde abgelehnt. Ob aus politischen Gründen oder weil Lina den Numerus clausus nicht erreicht hatte, dem jüdische Studenten unterlagen, blieb dahingestellt.

Lina ließ sich dadurch nicht entmutigen. Wenn sie in Rußland nicht studieren konnte, mußte sie es eben im Ausland versuchen. 1848 hatte Elisabeth Blackwell als erste Frau an der Universität von New York promoviert. Andere Frauen folgten ihr. Auch in England war es an der Universität von Durham möglich, daß Frauen in allen Fächern, außer in Theologie, promovierten. Aber Lina wollte nicht so weit weg von ihrer Heimat sein.

Der Wunsch des Vaters war, daß Lina an eine deutsche Universität ginge. Doch dort waren Frauen nur in Ausnahmefällen zugelassen. Eine Ausländerin, noch dazu eine Jüdin, würde sicherlich keine Zulassung bekommen. Nach vielen Monaten gelang es Lina schließlich, einen Platz an der medizinischen Fakultät in Genf zu bekommen.

Obwohl Lina ein lebenslustiges Mädchen war und ihrer Mutter nie das Vergnügen versagte, ihre Tochter in schönen Kleidern von einem Ball zum anderen zu schleppen, verließ sie Libau, ohne eine romantische Liebesbeziehung zurückzulassen. In Genf packte sie die Ballkleider erst gar nicht aus. Für derartige Vergnügungen sollte hier keine Zeit sein. Lina konzentrierte sich ganz auf ihr Studium. Mit endlosem Eifer absorbierte und diskutierte sie das Wissen, das ihr vermittelt wurde. In- und außerhalb der Hörsäle beteiligte sie sich daran, die immanenten Widersprüche so mancher Theorien aufzudecken. In Libau hatte Lina Deutsch geredet, hier in Genf unterhielt sie sich hauptsächlich auf russisch. Ein Viertel der gut achthundert eingeschriebenen Studenten stammte aus dem Zarenreich. Kommilitonen halfen ihr, eine Unterkunft zu finden, und sie mietete ein kleines Zimmer in der dunklen, altmodischen Wohnung der Familie Plechanov. Georg von Plechanov war ein Gegner des russischen Regimes und hatte seine Heimat fluchtartig verlassen müssen. In Genf galt er als führender Marxist unter den russischen Emigranten. Mehr schlecht als recht konnte er seine Familie mit dem Schreiben von Büchern und Zeitungsartikeln ernähren.

Die warme und anregende Atmosphäre bei der Familie Plechanov ließ die ärmlichen Wohnverhältnisse vergessen. Lina wurde alsbald als Familienmitglied betrachtet. Sie verbrachte ihre Abende im Wohnzimmer, wo Frau Plechanov den leise summenden Samowar bediente, während ihr Mann Artikel über marxistische Ideologie verfaßte. Spät abends pflegte sich noch ein schmächtiger, spitzbärtiger Mann zu ihnen zu gesellen. Es war Wladimir Iljitsch Uljanow, der von allen Lenin genannt wurde: sein politischer

Deckname. Im verrauchten Zimmer sitzend, mit einem kochendheißen Glas Tee in der Hand, philosophierten die beiden Männer über die Zukunft Rußlands. Lina schilderte diese Begegnungen später: »In Genf traf ich die führenden Männer der russischen revolutionären Bewegung, die mir einen Einblick in die politischen Verhältnisse des damaligen Rußlands gaben.« Tagsüber beschäftigte sich Lina mit der medizinischen Erforschung des menschlichen Körpers, die Nächte widmete sie den aufregenden Ideen und Gedanken, die das menschliche Gehirn hervorbringen konnte.

Nicht alle ihre Freunde waren Politiker. Zu ihren engsten Freunden gehörten der russische Biologe Dr. Bach mit seiner Frau. Lina vertraute ihnen lachend an, daß sie gar nicht daran denke, sich mit komplizierten Liebesbeziehungen abzugeben, und erzählte in diesem Zusammenhang von einem kleinen Abenteuer, das sie auf einem Dampfer auf dem Genfer See erlebt hatte. Kaum hatte sie das Schiff betreten, gesellte sich ein junger Italiener zu ihr und wich ihr nicht mehr von der Seite. Gemeinsam bewunderten sie den Sonnenuntergang und die in sanftes Mondlicht getauchten schneebedeckten Gipfel der Berge. Lina geriet in romantische Stimmung und wünschte sich, daß die Fahrt nie enden möge. Als sie wieder auf festem Boden standen, schüttelte ihr der vermeintliche Verehrer kräftig die Hand und erklärte ihr, die Konversation sei für ihn so interessant gewesen, daß er völlig vergessen habe, mit einer Frau zu sprechen.

Im Jahre 1900 konnte es sich keine Studentin leisten, sich mit romantischen Abenteuern vom Studium abzulenken. Der Senat der Universität Genf hatte festgestellt, daß über ein Viertel der Studentenschaft Frauen waren, und beschloß, ihnen das Studieren an der Universität nicht gerade zu erleichtern. Gerade in dieser Phase benötigte Lina eine besondere Genehmigung, um Laborexperimente durchführen zu können. Der Vorsitzende des Untersuchungslabors war ausgerechnet Professor Provost, ein bekannter Frauenfeind. Erst nachdem Lina mehrmals darum gebeten hatte, erteilte er ihr widerwillig die Genehmigung. Provost benahm sich während des Unterrichts zunächst so, als existiere Lina gar nicht. Als er jedoch feststellte, mit welcher Ausdauer Lina ihre Versuchsreihen wiederholte, ließ er sich sogar dazu bewegen, sie in experimenteller Physiologie zu unterrichten. Ihr Wissensdurst, ihr analytischer Geist und ihre Erkenntnisfähigkeit beeindruckten Provost so sehr, daß er seine ursprünglich ablehnende Haltung völlig vergaß und Lina sogar bei seinen eigenen Experimenten mitarbeiten ließ.

Seit Jahren hatte Lina von dem Tag geträumt, an dem sie den Doktortitel erhalten würde. Doch als es soweit war, verspürte sie ein leicht mulmiges Gefühl, denn es war auch in Genf nicht erlaubt, als Dozentin zu unterrichten. Obwohl sie viel lieber in der Forschung geblieben wäre, mußte sie auf ihr ursprüngliches Vorhaben zurückgreifen und versuchen, als praktische Ärztin unterzukommen. Auch das war nicht leicht. Seit 1890 hatte es in der Schweiz nur eine praktische Ärztin gegeben. War es für Schweizerinnen schon schwer, eine Lizenz zu bekommen, wie sollten Ausländerinnen dies schaffen? In Österreich hingegen konnten Frauen zwar nicht Medizin studieren, das Reichsministerium suchte jedoch trotzdem Ärztinnen, die bereit wären, sich um die Gesundheit moslemischer Frauen in Bosnien zu kümmern. Da die politische Situation jedoch sehr angespannt war, waren russische Staatsbürger im Grenzland unerwünscht. Blieb Amerika – dort gab es zwar einige Ärztinnen, aber Lina wollte Europa nach wie vor nicht verlassen.

Als Lina ihre Familie zu Hause besuchte, erschrak sie, wie sehr sich die Lebensbedingungen in Libau verschlechtert hatten. Alle waren deprimiert. Ausnahmsweise hatte ihr Vater jetzt dieselbe Meinung wie die orthodoxen Verwandten. Vor wenigen Monaten, im April 1903, war das jüdische Viertel in Kischinov dem Erdboden gleichgemacht worden. Die Angst vor weiteren Pogromen saß allen in den Knochen. Linas Vater plante, seine Geschäfte nach Königsberg zu verlegen. Denn in einem zivilisierten Land wie Deutschland könne so etwas nicht passieren. Auch der Besuch bei den Großeltern war für Lina eine Enttäuschung. Die moderne aufgeklärte junge Frau hatte keine Gemeinsamkeiten mehr mit den schwarz gekleideten und düster gestimmten Menschen, die sich vornehmlich über religiöse Themen unterhielten. Auch ehemalige Schulfreundinnen waren ihr fremd geworden. Die braven fleißigen Hausfrauen konnten stundenlang über Kinderkrankheiten sprechen oder über Dienstpersonal und Kochrezepte.

Niemand, den sie kannte, schien in der Lage zu sein, ihr zu helfen, eine passende Arbeitsstelle zu finden. Lina, die sonst so optimistische und starke Frau, war angesichts dieser ausweglosen Situation allmählich genauso bedrückt wie ihre Mitmenschen. Sie zweifelte daran, ob sie jemals eine Stelle finden würde, wie bescheiden auch immer sie sein möge.

In diesem Moment wurde ihr völlig unerwartete Hilfe zuteil. Professor Provost und sein erster Assistent, Professor Bartelli, hatten den Senat überreden können, Lina eine untergeordnete Stelle im Laboratorium in Genf anzuvertrauen. Begeistert machte sich Lina auf den Weg zurück in die Schweiz, um ihre Karriere an der Seite ihres ehemaligen Lehrers zu beginnen. Alle Freunde, besonders die Familie Bach, hießen sie mit offenen Armen willkommen. Nun hatte Lina endlich das Gefühl, sich selbst gefunden zu haben. Endlich konnte sie ihr eigenes Leben leben. Libau war ihr keine Heimat mehr. Königsberg, wo ihre Eltern inzwischen lebten, kannte sie nicht. Zu den religiösen Großeltern hatte sie keine Verbindung. Schweizerin war sie auch keine. Aber nun, da sie in den Kreis internationaler Wissenschaftler aufgenommen wurde, mußte sie auch nicht mehr darüber nachdenken, ob sie nun Jüdin, Deutsche oder Russin sei. Sie war Wissenschaftlerin, und das genügte. Wenn sie jetzt jemand nach ihrer Nationalität fragte, gab sie die Antwort: »Ich bin am Baltischen Meer geboren.«

Mit großem Eifer stürzte sie sich in ihre neuen Aufgaben. Ihr Interesse galt allein der Lösung wissenschaftlicher Fragen: Wie kam es, daß gewisse Toxine nicht in das Gehirn drangen und so chemische Heilprozesse verhinderten? Um das zu beantworten, hätte sie sich am liebsten in einen Turm eingeschlossen. Eine so lebhafte Frau wie Lina konnte jedoch nicht allein sein. Es war ihr zu wichtig, die Abende weiterhin im vertrauten Plechanovschen Kreis verbringen zu können. Denn die Folgen des russisch-japanischen Krieges von 1904/1905 und die erste russische Revolution in St. Petersburg ließen ihr keine Ruhe. Bei ihrer alten Gastfamilie fand sie die richtigen Gesprächspartner.

Lina war so ausgefüllt, daß sie keine Zeit hatte, nach Italien zu fahren, wo ihr Bruder im Orchester der Mailander

Scala spielte. Auch ihre Schwester Nanni mußte in Dresden vergeblich auf einen Besuch ihrer Schwester warten. Aber vor dem Schicksal war Lina auch in ihrem Elfenbeinturm nicht sicher. Der völlig unerklärbare Selbstmord ihrer jüngsten Schwester – Jenny war gerade 19 Jahre alt geworden – erschütterte sie von Grund auf. Es war das erste Mal, daß sie sich mit dem Tod einer geliebten Person auseinandersetzen mußte. Und es war grausam, einsehen zu müssen, daß es zu spät war.

Dann gingen Gerüchte durch die Universität, daß die Assistentin des Professors öfter mit einem jungen Wissenschaftler am Seeufer entlangspaziere. Niemand wußte jedoch etwas Genaueres. Nach einiger Zeit hieß es, der junge Mann habe verlangt, daß Lina ihre Anstellung aufgeben solle, sobald er einen Goldring an ihren säureverfärbten Finger gesteckt habe. Keiner wußte, ob das wahr war. Aber es war auffällig, wie sehr Lina plötzlich alle gesellschaftlichen Ereignisse in fast schon beleidigender Form vermied. Sie stürzte sich wieder ganz in ihre Arbeit. Hatte Lina rückblickend nicht selbst einmal davon gesprochen, daß sie chemische Reaktionen leichter verstehe als menschliche? Vielleicht war das wirklich so.

Linas Untersuchungsergebnisse der Stoffwechselprozesse im menschlichen Körper waren so ausgezeichnet, daß der Senat sie zur Privatdozentin ernannte. Einer Frau einen derartigen Titel zu verleihen brachte die Genfer Universität in den anrüchigen Ruf, recht »fortschrittlich« zu sein. Für Lina bedeutete der Titel nicht mehr als eine akademische Anerkennung ihrer Arbeit. Sie hatte kaum mehr Geld zur Verfügung als während ihrer Studienzeit, obwohl von ihr nun der Lebensstil eines Professors verlangt wurde. Als sie diesen Sachverhalt vorsichtig zur Sprache brachte, erhielt sie die Antwort, ein Professor habe auch Frau und Kinder zu ernähren. Daher hätte sie kein Recht, die gleiche Bezahlung zu beanspruchen.

Linas Forschungstätigkeit erweckte internationales Aufsehen. Davon wollte auch die Genfer Universität profitieren. Es wurde ein eigener Lehrstuhl für Physiologische Chemie eingerichtet, an dem ausschließlich Dr. Lina Stern Vorlesungen hielt. Eine Professur mit entsprechendem Gehalt waren jedoch weiterhin Privilegien, auf die eine Frau keinen Anspruch hatte.

Trotzdem ging Lina ganz in ihrer Arbeit auf. Sie bedauerte zwar, daß sie nicht genügend Zeit hatte, um an der Seite ihrer russischen Freunde für eine bessere Zukunft zu kämpfen. Aber die neue Stelle erforderte viel Zeit und Energie. Die meiste Zeit verbrachte sie im Laboratorium und in Gesellschaft der Professoren Provost, Bartelli und Dr. Bach.

1913 mußte Lina Genf verlassen und nach Königsberg fahren, wo ihre Mutter im Sterben lag. Auf dem Begräbnis der Mutter traf die Familie zum letzten Mal zusammen. Ihre Schwester Anna kehrte mit ihrem Mann und der Cousine Nina nach Rußland zurück, Nanni fuhr wieder zu ihrem deutschen Gatten Georg Bernauer nach Dresden und ihr Bruder Willi nach Mailand.

Der Ausbruch des Ersten Weltkrieges hatte zur Folge, daß einige Familienmitglieder für den Zaren, andere für den deutschen Kaiser ins Feld ziehen mußten. Lina konnte sich der Vorstellung kaum erwehren, daß sie sich eines Tages auf dem Schlachtfeld gegenüberstehen könnten. Jeden Morgen, nachdem sie die Kriegsberichte in den Zeitungen überflogen hatte, suchte sie Trost und Zuflucht in ihrer Arbeit, der einzige Ort, der ihrer Meinung nach keine Grenzen kannte. Doch Lina irrte sich. Wissenschaftliche Neutralität wurde in der Politik nicht respektiert. Auch Linas Arbeit war von den Ereignissen des Krieges nicht auszuschließen. Die Familie Plechanov und die Bachs, all ihre Freunde packten die Koffer, um nach Moskau zurückzueilen, und flehten Lina an, das gleiche zu tun.

Obwohl Lina die revolutionären Ideale verstehen konnte, hielt sie ihre eigene Forschungsarbeit für wichtiger. Und sie wußte: In einem Land, in dem Krieg und Revolution herrschten, war kein Platz für freies Denken.

In der umstürzlerischen Atmosphäre der Nachkriegszeit erhielt Lina in Genf endlich ihre Professur. Sie zählte zu den ersten Frauen, die diese männliche Bastion stürmen konnten. In Zukunft sollte die akademische Welt vor dem Eindringen »naseweiser Blaustrümpfe« nicht mehr sicher sein. Im März 1921 präsentierte sie die Ergebnisse ihre Forschungsarbeit vor der »Medical Society«. Und sie schaffte es, in diese Vereinigung, der nur die besten europäischen Wissenschaftler angehörten, als erstes weibliches Mitglied aufgenommen zu werden.

Diese offizielle Auszeichnung war endlich auch mit einem höheren Gehalt verbunden. Lina konnte sich nun eine eigene Wohnung am eleganten Genfer Boulevard de la Tour leisten, die sich zum Treffpunkt deutscher, englischer und französischer Wissenschaftler entwickelte. Jetzt führte sie ein Leben, von dem sie nicht einmal zu träumen gewagt hatte. Journalisten und Frauenorganisationen baten sie um Interviews. Täglich flogen Einladungen zu allen möglichen wissenschaftlichen Kongressen ins Haus. Ging sie am Seeufer spazieren, flüsterten die Leute: »Schau mal, da geht die Frau Professor!« Bisher konnte Lina ihre wissenschaftlichen Arbeiten nur in Zusammenhang mit Professor Bartelli veröffentlichen. Da sie nun ihren eigenen Lehrstuhl hatte, konnte sie selbständig über ihre Forschungen schreiben. Lina galt als führende Kapazität auf ihrem Gebiet.

Als sie ihren sechsundvierzigsten Geburtstag feierte, hatte sie mehr erreicht, als sie je gehofft hatte. Trotzdem war sie mit sich unzufrieden. Während in der Schweiz Frauen noch immer kein Wahlrecht hatten, erhielten sie mit der Verfassung der Union der Sozialistischen Sowjetrepubliken 1922 die Möglichkeit, am Aufbau des Landes mitzuwirken. Ihre Cousine Nina war Mitglied der Kommunistischen Partei und diente als Offizier in der Armee. In ihren Briefen an Lina drückte sie immer wieder ihre Begeisterung darüber aus, an so unglaublich wichtigen Ereignissen mitwirken zu können. Nina strotzte in den Augen ihrer Cousine nur so vor Vitalität und Lebensfreude. Daneben erschien ihr eigenes Leben in Genf Lina mit einemmal langweilig und unwichtig. Was hatte sie denn schon Besonderes erreicht? Sie war längst nicht mehr die einzige Professorin. Einige andere Frauen waren bereits in ihre Fußstapfen getreten. Die Arbeit wurde zur Routine, und jünger wurde Lina auch nicht. In ihrem pechschwarzen Haar zeigten sich bereits einige graue Strähnen, ihre Figur war durch die vielen reichlichen Mahlzeiten, die sie sich nun leisten konnte, recht füllig geworden.

Kurz gesagt, Lina litt an Torschlußpanik. Sie hatte Angst davor, sich ihre eigentlichen Wünsche nicht mehr erfüllen zu können. In dieser Stimmung flüchteten sich viele Frauen in die Arme eines neuen Liebhabers. Lina hingegen entschloß sich, ihre Talente der neuen Sowjetunion zur Verfügung zu stellen. Mit der Empfehlung von Dr. Bach konnte sie erreichen, daß ihr 1924 an der Moskauer Universität ein Lehrstuhl für Physiologie angeboten wurde. Lina willigte sofort ein.

Es war nicht leicht, Genf nach fünfundzwanzig glücklichen Jahren zu verlassen. Das bunte Treiben in Moskau war jedoch überwältigend. Die Stadt vibrierte vor Energie und Lebenslust. Lina traf dort auf Freunde, die sie seit Beginn des Jahrhunderts nicht mehr gesehen hatte. Besonders überraschend war die Tatsache, daß sie von jenen gefeiert wurde, die sie einst für verrückt hielten, weil sie ihren Beruf Mann und Kind vorzog. Am aufregendsten war jedoch, daß so viele ihrer guten Freunde nun der regierenden Elite angehörten und sie auf jede Art und Weise protegierten. Lina erhielt nicht nur den versprochenen Lehrstuhl, sie wurde auch mit der Gründung und Leitung eines Physiologischen Forschungsinstituts betreut. Sie allein hatte dort über Projekte, Unterrichtsmethoden und Abschlußarbeiten zu entscheiden, um die nächste Generation russischer Physiologen auszubilden.

1929 schrieb sie dazu: »Das nach meinen Plänen organisierte Forschungsinstitut soll eine Arbeitsstätte nicht nur für russische Wissenschaftler auf diesem Gebiet werden, sondern auch ausländischen Kollegen im höchsten Maße zur Verfügung stehen und ihnen die Möglichkeit geben, ohne Unterbrechungen ihrer eigenen Arbeiten sich mit den Lebensbedingungen ihrer russischen Kollegen vertraut zu machen. [...] Als Feministin freue ich mich besonders über die Perspektive, in leitenden Stellungen auf wissenschaftlichem Gebiet recht viele Frauen zu sehen.«

Lina blieb wenig Zeit, in ihrer Freizeit im Freundeskreis auszuspannen. Gelegentlich sah man sie in Begleitung eines Doktoranden im Restaurant eines der großen Hotels. An solchen Abenden trug sie eines der noch aus Genf stammenden bunten Abendkleider, womit sie in dem damals so puritanischen Rußland Anstoß und Neid erregte.

Internationale Anerkennung brachte ihr die Entdeckung eines elektrischen Massagegerätes für schwache Herzmuskeln. Zu Ehren des fünfunddreißigsten Jahrestages ihrer Promotion erschien ein Fachartikel mit der Überschrift: »Das Problem der Biologie in der Medizin«. Lina wurde darin zum Mitglied der »Deutschen Akademie der Naturalisten« ernannt. Die Russische Akademie der Wissenschaften war jedoch nicht bereit, ihre Tore auch weiblichen Kollegen zu öffnen. Der frauenfeindliche Professor Pawlow sorgte dafür, daß Lina die Schwelle als Mitglied nicht übertrat.

Das war jedoch nicht die einzige Enttäuschung, die Lina in diesen Tagen erlebte. Mit Entsetzen mußte sie erleben, daß Freunde, die sie in Genf noch mit kommunistischen Ideen vertraut gemacht hatten, in Moskau hinter den dicken Mauern des berüchtigten Gefängnisses Lubjanka verschwanden. Viele zitterten nun, wenn sie nachts schwere Schritte im Treppenhaus vernahmen. In akademischen Kreisen konnte allein der Neid weniger erfolgreicher Kollegen zur Gefahr werden. Wieder einmal zog sich Lina in ihr Laboratorium zurück und versuchte, allen politischen Intrigen aus dem Weg zu gehen.

Während sie die neuesten Entwicklungen in der Sowjetunion mit Unbehagen verfolgte, versetzten sie die Berichte aus Deutschland hingegen in helle Panik. Vor dreißig Jahren hatte Salomon Stern Rußland aus Angst vor antisemitischen Ausschreitungen verlassen. Nun mußten seine Enkel in Deutschland viel schlimmere Dinge erleiden, genau in dem Land, das einst für eine paradiesische Hochkultur gehalten wurde. Zum ersten Mal träumte Lina wieder von ihrem Großvater.

1936 beschlossen einige einflußreiche Freunde, den dreißigsten Jahrestag ihrer Lehrtätigkeit groß zu feiern. Auf dieser Veranstaltung wurden Ansprachen gehalten, Orden verteilt, und in den Zeitungen waren entsprechende Lobgesänge zu lesen. Lina wurde ans Herz gelegt, doch endlich der Kommunistischen Partei beizutreten. Die Tatsache, daß Kommunisten zu den größten Gegnern des Hitlerregimes zählten, erleichterte Lina den Entschluß, diesem Rat, der eher einem Befehl glich, nachzugeben. Anfang 1939 trat sie in die Partei Stalins ein.

Die Belohnung ließ nicht lange auf sich warten. Kurz nachdem sie den Stalin-Preis erhalten hatte, wurde die weltberühmte Wissenschaftlerin zum ersten weiblichen Mitglied der Sowjetischen Akademie der Wissenschaften ernannt. Das war die größte Auszeichnung, die ein Wissenschaftler damals erhalten konnte. Lina bezog nicht nur eine elegante Wohnung, sondern bekam auch die Möglichkeit, eine staatseigene Limousine zu benutzen und in Geschäften einzukaufen, die ausländische Produkte führten. Nur wenige Monate später jedoch war Linas einzige moralische Rechtfertigung für ihre Parteimitgliedschaft durch den Hitler-Stalin-Pakt zunichte gemacht. Obwohl die Presse aufhörte, über deutsche Greueltaten zu berichten, wußte Lina nur zu gut, was im Land der Dichter und Denker vor sich ging. Sie bangte um ihr Leben. Und wieder vergrub sie sich in ihre Arbeit. Weder ihre Vertraute und Sekretärin, Genossin Swartsova, noch irgendeiner ihrer Freunde bekam von Lina je ein Wort über die politischen Ereignisse zu hören.

Am 22. Juni 1941 wurde Lina durch die Schreckensnachricht der deutschen Invasion aus ihrer Arbeit gerissen. Sofort meldete sie sich beim Gesundheitsamt, um ihre Dienste zur Verfügung zu stellen. In den ersten Kriegstagen herrschte in Moskau völliges Chaos. Der Regierung gelang es nicht, die Einnahme von Minsk zu verheimlichen. Am 1. Juli fiel Riga. Moskau war voll von Flüchtlingen. Es stand eine Hungersnot bevor. Die Ernte konnte nicht mehr eingebracht werden, und täglich stiegen die Preise für Nahrungsmittel. Radioapparate wurden beschlagnahmt, so daß Lina wie alle anderen auch auf die Kundgebungen der öffentlichen Lautsprecher angewiesen war. Die deutschen Truppen rückten immer weiter vor. Sie erreichten Smolensk, dann Charkow, und als Kiew Ende September fiel, bekam Lina es endgültig mit der Angst zu tun. Für die Nazis war es nicht von Bedeutung, daß Lina ihre Religion seit frühester Jugend nicht mehr ausgeübt hatte.

Auch für die sowjetische Regierung wurden die Juden wieder Thema. Die Regierung im Kreml beschloß, das grauenhafte Schicksal der Juden in Minsk und Riga auszunutzen, um das »Weltjudentum« durch geschickte Propaganda dazu zu bewegen, der Sowjetunion und ihren Millionen jüdischen Einwohnern zu Hilfe zu kommen. Berühmte russische Juden wurden aufgefordert, ein »Jüdisches Antifaschistisches Komitee« zu gründen. Alle willigten ein, ohne zu wissen, daß sie damit bereits ihr Todesurteil unterschrieben. Moskau begann einem Schlachtfeld zu gleichen.

An jeder Straßenecke wurden Schützengräben und Luftschutzkeller errichtet.

Ende September wurde die Evakuierung der Bevölkerung eingeleitet. Als Mitglied der Akademie und Direktorin des Physiologischen Instituts hatte Lina das Privileg, im Zug einen Sitzplatz erster Klasse reserviert zu bekommen. Tagelang fuhr sie in den Osten des Landes. An jeder Haltestelle mußte sie mit ansehen, wie erschöpfte Frauen, Kinder und alte Männer versuchten, sich in die überfüllten Waggons zu zwängen. Wasser und Lebensmittel wurden immer weniger. Wochenlang kroch der Zug nach Osten, und niemand wußte genau wohin. In Taschkent erhielten sie endlich den Befehl auszusteigen. Obwohl Lina völlig heruntergekommen war und eher einer schmutzigen Landstreicherin glich, wurde ihr weiterhin eine privilegierte Sonderbehandlung zuteil. Während ganze Familien in einem winzigen Kämmerchen hausen mußten, erhielt Lina ein relativ bequemes Quartier. Es gab zwar keine ausländischen Delikatessen mehr, aber in Folge ihrer Position wurde Lina auch mit Lebensmitteln vergleichsweise gut versorgt. Trotz primitivster Zustände richtete sie in Taschkent ein Laboratorium für die medizinische Behandlung verwundeter Soldaten ein. Und soweit sie konnte, unterstützte sie die Tätigkeit des »Jüdischen Antifaschistischen Komitees«. So unterschrieb auch sie ein Gesuch an Albert Einstein, die Leitung des »Council for Russian Relief« zu übernehmen.

In Taschkent war Lina zum ersten Mal im Leben von Tausenden von Juden umgeben. Die meisten waren Flüchtlinge aus der Ukraine. Der Zusammenhalt war groß. Man tauschte sich über die neusten Gerüchte und Nachrichten aus und teilte gemeinsame Ängste. Im Herbst 1943 drangen die Greueltaten aus der Ukraine zum ersten Mal an die Öffentlichkeit. In den zurückeroberten Dörfern berichteten Augenzeugen vom Massenmord an der jüdischen Bevölkerung. Jetzt war es für Lina keine Frage mehr, für wen sie weiterhin Partei ergreifen werde. Unter diesen Umständen mußte sie ihr eigenes Volk verteidigen. Wissenschaftliche Karriere und Kollegen traten in den Hintergrund. Das Schicksal ihrer Lieben war bedroht. In diesem Moment blieb Lina nichts anderes übrig, als in Konflikt mit der sowjetischen Regierung zu geraten.

Ende September erhielt sie die Anweisung, zwei ihrer Assistenten, die beide Juden waren, zu entlassen. Lina war jedoch nicht bereit, ihre jüdischen Kollegen mit ihren Familien in Armut und Elend zu schicken. Resolut erklärte sie, daß das Institut ohne die beiden Männer nicht mehr richtig arbeiten könne und sie sich nur an die Anweisung halten würde, wenn ganz triftige Gründe vorlägen. Daraufhin hörte Lina nichts mehr. Erst 1949, als sie selber vor dem Untersuchungsrichter stand, wurde dieser Fall wieder erwähnt.

In den letzten Kriegstagen drang die sowjetische Armee immer weiter in den Westen vor. Die Vernichtungslager Auschwitz und Buchenwald wurden befreit. Groß war das Entsetzen über die zutage tretenden Greuel, groß aber auch die Hoffnung auf eine menschenwürdigere Zukunft, stand das Ende des Krieges doch unmittelbar bevor.

Am 8. Mai 1945, als in Taschkent gerade die Sonne aufging, wurde der ersehnte Waffenstillstand endlich verkündet. Überall in den Häusern gingen die Lichter an, plötzlich war die ganze Stadt auf den Beinen. Alle umarmten sich. Die schreckliche Vergangenheit war erst einmal vergessen.

Jetzt konnte endlich eine neue und bessere Zukunft beginnen. Tausende von Gläsern wurden erhoben, um auf das Wohl Stalins anzustoßen.

Doch diese herrliche neue Zeit sollte nicht lange dauern. Kaum war Lina nach Moskau zurückgekehrt, um ihre Wohnung in Ordnung zu bringen und das Institut wieder aufzubauen, erreichte sie die Nachricht von einer Verhaftungswelle, der hauptsächlich Juden zum Opfer fielen. Jüdische Schriftsteller wurden aus ihrer Gewerkschaft ausgeschlossen. Ilja Ehrenburg verließ das »Jüdische Antifaschistische Komitee«. Weder Lina noch ein anderes Mitglied folgten seinem Beispiel. Im Gegenteil. Sie alle hofften weiterhin, daß das Komitee Mittelpunkt des neu aufblühenden Kulturlebens werden könnte.

Ein erstes Anzeichen dafür, daß Lina sich in Gefahr befand, war das Erscheinen eines Buches, in dem ihre Idee von der Universalität der medizinischen Wissenschaft angegriffen und widerlegt wurde. Kurz darauf, am 8. Januar 1948, wurde der beliebte Schauspieler Solomon Michaels auf offener Straße von einem Mordkommando Stalins umgebracht. Wenige Wochen später wurde das Jüdische Antifaschistische Komitee aufgelöst und seine Zeitung *Einigkeit* verboten. Der sogenannten »Kampagne gegen die Kosmopoliten«, die mit ausländischen Regierungen in Verbindung standen, fielen zahlreiche Schriftsteller zum Opfer.

Im August 1949 entschied sich der Moskauer Polizeichef Berja, das Akademiemitglied Genossin Dr. Lina Stern hinter Schloß und Riegel zu bringen. Spät nachts kamen in Zivil gekleidete Polizeioffiziere und forderten Lina höflich auf, mit ihnen in das Ministerium für Staatssicherheit zu fahren. Dort erwartete Lina ein stundenlanges Verhör über ihre angeblich intime Freundschaft mit der jüdischen Frau des damaligen Außenministers Molotow. Es interessierte niemanden, daß Lina immer wieder beteuerte, sie sei Frau Molotow nur ein einziges Mal im Leben begegnet. Die folgenden Jahre verbrachten beide Frauen Zelle an Zelle im Gefängnis.

Der Untersuchungsbeamte ließ nicht nach, Lina weiterhin unter hartnäckigen Verdacht zu stellen: »Geben Sie zu, daß Sie Zionistin sind und mitgearbeitet haben, einen selbständigen jüdischen Staat auf der Krim zu gründen!« Lina starrte ihn erstaunt an und antwortete: »Von so einem Projekt habe ich noch nie etwas gehört.« Immer wieder wollte man von ihr auch Einzelheiten über ihre angebliche Freundschaft mit dem ehemaligen Premierminister Rischkow, einem Gegner Stalins, erfahren.

Folgende Anschuldigung konnte sie jedoch nicht von sich weisen: Sie betraf den Brief, den sie in Zusammenhang mit den beiden jüdischen Assistenten in Taschkent geschrieben hatte. Sie konnte und wollte auch nicht leugnen, daß sie eine Anhängerin kosmopolitischer Ideen war und für die Trennung von Wissenschaft und Politik plädierte. Bis jetzt hatte Lina alle Fragen ruhig und sachlich beantwortet. Als sie jedoch gefragt wurde, ob sie sich als Jüdin fühle, fuhr sie den Untersuchungsrichter ärgerlich an, daß sie um keinen Preis der Welt bereit sei, ihre Abstammung zu verleugnen. Sie sei sogar stolz darauf, die Enkelin eines Rabbiners zu sein. Daraufhin begann der Beamte, sie über ihre Einstellung zum neuen Staat Israel auszufragen.

Lina mußte sich erst beruhigen, um dann zu antworten, daß sie selbst nicht den geringsten Wunsch verspüre, nach Israel zu fahren, niemanden jedoch für einen Verbrecher halte, weil er dort leben wolle. Selbstverständlich empfände sie große Sympathie für den jungen jüdischen Staat. Am Ende des Verhörs erklärte man ihr, daß ihre Aussagen während der Verhandlung noch einmal vorgetragen werden.

Als die eiserne Tür der Zelle in der Lubjanka hinter ihr ins Schloß fiel, wurde Lina bewußt, daß sie sich in Einzelhaft befand. Die nächsten dreieinhalb Jahre mußte sie mutterseelenallein in diesem winzigen Raum verbringen. Viele hatten unter diesen Umständen ihren Verstand verloren. Lina konnte diese Zeit überstehen, da ihr wissenschaftliche Bücher zur Verfügung gestellt wurden. Nun hatte sie mehr Zeit, als ihr lieb war, um ungestört zu arbeiten und ihre Forschungen, wenn auch eingeschränkt, wenigstens fortsetzen zu können. Es ist nicht bekannt, ob sie während ihrer Haftzeit unter Depressionen zu leiden hatte oder jemals den Tag verfluchte, an dem sie Genf verließ.

Am 11. Juli 1952 begannen die Verhandlungen, die beweisen sollten, daß 25 jüdische Intellektuelle und Schriftsteller, die dem »Jüdischen Antifaschistischen Komitee« angehörten, Verräter waren. Während dieses Prozesses machte Lina einen ruhigen und beherrschten Eindruck. Sie beendete ihre Verteidigungsrede mit folgenden Worten: »Meine Forschungen sind sehr wichtig, aber ich kann nur eine zufriedenstellende Arbeit leisten, wenn ich weiß, daß man mir vertraut. Meine Inhaftierung schadet der Sowjetunion mehr als alles, was man dem Jüdischen Antifaschistischen Komitee vorwirft.« Lina verlor auch dann ihre Ruhe nicht, als sie gemeinsam mit den anderen Angeklagten zum Tode verurteilt wurde.

Wenige Jahre zuvor hatte Stalin der jüdischen Elite aufgetragen, die Juden des Westens für die Sache der Sowjetunion zu gewinnen. Sie hatten diese Aufgabe so zufriedenstellend ausgeführt, daß Stalin nun sowohl ihren Einfluß nach innen als auch ihre engen Verbindungen zum Ausland fürchtete. Diese Menschen mußten beseitigt werden, bevor sie zuviel ausplaudern konnten.

Das geplante Datum ihrer Hinrichtung war Lina nicht bekannt. Jedesmal, wenn die Tür ihrer Zelle geöffnet wurde, mußte sie befürchten, daß ihre letzte Stunde geschlagen habe. Diese Stunden waren für alle Betroffenen eine große Qual. Schließlich unterschrieb Stalin nur vierundzwanzig der verhängten Todesurteile. Wortlos hatte er den Namen von Lina Stern von der Liste gestrichen. Bis heute weiß niemand, was ihn dazu bewegte. Manche behaupteten, die Wissenschaftlerin habe im Gefängnis ein Wässerchen entwickelt, welches das Leben des alternden Diktators um Jahrzehnte verlängern könnte. Andere wiederum dachten, sie habe eine herausragende Heilmethode für Krebs entwickelt. Auch Einstein persönlich habe bei Stalin angeblich interveniert. So wechselten absurde Theorien mit durchaus möglichen Erklärungen. Nichts von all dem konnte jedoch bewiesen werden.

Auch die Richter erhielten keine Informationen darüber, warum Lina begnadigt wurde. Zunächst waren sie ratlos. Nach eilig angesetzten geheimen Beratungen wurde beschlossen, Lina zu fünf Jahren Exil zu verurteilen.

Bevor Lina begreifen konnte, was ihr geschah, saß sie bereits in einem Zug, der im Schneckentempo nach Asien rollte. Diesmal fuhr sie nicht in einem Abteil erster Klasse in Gesellschaft mit Freunden und Kollegen. Tagelang saß die nun Fünfundsiebzigjährige auf einer harten hölzernen Bank, bewacht von zwei ungebildeten Bauernlümmeln in Uniform.

Aber was machte das schon? Verglichen mit dem grauenhaften Schicksal der mit ihr Angeklagten mußte dieses unbequeme, stickige Bahnabteil wie ein Paradies erscheinen. Am 12. August 1952 wurden die vierundzwanzig zum Tode Verurteilten in Moskau hingerichtet. Dieser unerträglich heiße August war sicher die schwerste Zeit in Linas langem Leben. Grauen und Entsetzen über den gewaltsamen Tod ihrer Freunde und Kollegen wechselte mit dem Glücksgefühl, selber noch atmen zu können. Wie unwichtig war es da, daß sie die staubige Luft der Stadt Jambul einsog, wenn doch jeder Atemzug ein Geschenk des Himmels war.

Lange hatte sich Lina nicht mehr so einsam gefühlt wie hier in Jambul, am Ende der zivilisierten Welt. Die Stadt, das war lediglich eine einzige lange staubige Straße, an der sich einstöckige Steinbauten entlangzogen. Einheimische Frauen, Tartarinnnen, knieten am Ufer eines breiten Kanals und wuschen große Laken und winzige Kinderhemdchen. Es gab nur wenige Autos. Auf der Straße waren hauptsächlich Pferdegespanne zu sehen. Angekommen in Jambul, war Linas erster Weg die Zentralstelle der Kommunistischen Partei, die sich in dem einzigen zweistöckigen Haus der Stadt befand. Dort erhielt sie die gute Nachricht, daß sie von nun an ihre Pension erhalten werde. Als Akademikerin hatte sie Anspruch auf monatliche Gelder, die weit über einem durchschnittlichen Familieneinkommen lagen. Damit war in dieser primitiven Provinzstadt durchaus auszukommen. Lina konnte sich sogar ein annehmbares Quartier leisten. Zu ihrem Leidwesen gab es jedoch kein ordentliches Laboratorium in dieser Stadt. So mußte sich Lina mit dem theoretischen Studium von Büchern begnügen, die aber nur schwer erhältlich waren.

Zum ersten Mal hatte Lina in ihrem Leben Zeit, ausführliche Spaziergänge in der hügeligen Landschaft zu unternehmen oder im Park zu sitzen und spielenden Kinder zuzuschauen. Die Situation in Jambul erinnerte sie etwas an ihre Zeit in Genf. Wieder war sie alleine in einer Stadt, in der sich viele russische Intellektuelle im Exil befanden. Wieder befand sie sich in einem Kreis von Menschen, deren Schicksal ihrem ähnlich war. Die politische Lage ließ fast keine Hoffnung auf eine baldige Rückkehr in die Heimat aufkommen, und die Anwesenheit von Agenten des KGB erforderte größte Vorsicht.

Von der sowjetischen Nachrichtenagentur TASS wurde gemeldet, daß einige Ärzte, angeblich jüdische Zionisten, einen Mord an einem hohen Sowjetoffizier gestanden hätten. Das löste eine Anzahl weiterer Verhaftungen aus. Sechs jüdische Ärztinnen hätten sich in dem Zusammenhang als »Mörderinnen in weißen Kitteln« entpuppt.

Dieser Bericht ließ Lina erschauern. Was war nur aus diesem Land geworden, in das sie vor dreißig Jahren mit so viel Zuversicht und Hoffnung zurückgekehrt war? Statt die Versprechung einzuhalten, ein neues und gerechtes Gesellschaftssystem zu errichten, schlug Stalin sieben Jahre nach Kriegsende Hitlers blutgetränkte Wege ein. Durch Gefängnis, Todesurteil und Exil wurde Rußland all seiner Energie beraubt, die früher so grenzenlos war. Weit und breit gab es keinen Lichtblick mehr.

Am 15. Februar 1953 erschien in der *Prawda*, der Tageszeitung des Zentralkomitees der Kommunistischen Partei, ein Artikel, der von »mörderischen Hunden in Tel Aviv« berichtete. Angsterfüllt las Lina, die »Kosmopolitin ohne Wurzeln«, den Bericht zu Ende und stellte fest, daß sie durchaus Wurzeln hatte und diese weit stärker waren, als sie dachte. Drei Wochen später, am 5. März, wurde auf Radio Moskau der Tod Josef Stalins verkündet. Spät abends erfuhr auch Lina in Jambul davon, als sie gerade zu Bett gehen wollte und das Radio zufällig noch lief. Sie kleidete sich schnell wieder an und lief hinaus auf die Straße. An allen Ecken standen die Menschen im kalten Nachtwind zusammen und debattierten über mögliche Folgen für ihr Schicksal. Plötzlich erinnerte sich Lina an ein Gedicht, das sie zu Schulzeiten gelernt hatte, mit der Strophe: »Noch am Grabe pflanzt sich die Hoffnung auf.« An Stalins Grab pflanzte sich nun die Hoffnung eines ganzen Volkes auf.

Während der folgenden Wochen fiel es allen schwer, diese Hoffnung nicht zu sehr zur Schau zu stellen. Der sanfte Frühlingswind, der Anblick der mit wilden Tulpen übersäten Hügel, das Gezwitscher der Schwalben erfüllte alle mit wachsendem Optimismus. Dazu kam die hoffnungsvolle Nachricht, daß die jüdischen Ärzte begnadigt und aus dem Gefängnis entlassen wurden, in dem nun ihre Ankläger saßen.

Nach nur zehnmonatigem Exil kehrte Lina triumphierend nach Moskau zurück. Sie konnte wieder in ihrer eleganten Wohnung leben, ihre Pension war viermal so hoch wie die anderer Wissenschaftler, aber sie war nicht länger Direktorin ihres geliebten Instituts. Nun saß einer ihrer ehemaligen Schüler in ihrem Büro und erklärte Lina liebenswürdig, daß es doch für eine Frau ihres Alters ganz normal sei, sich ins Privatleben zurückzuziehen.

Lina erhielt weiterhin eine ehrenvolle Behandlung. Zu ihrem achtzigsten Geburtstag berichteten alle Zeitungen über ihre brillanten Leistungen. 1960 verlieh ihr die Universität die Ehrendoktorwürde. Doch Lina hätte diese ganzen Auszeichnungen gern gegen ihre ehemalige Anstellung im Laboratorium eingetauscht. Ihrer Arbeit wurde sie bis zuletzt nie müde. Am 7. März 1968 starb eine Frau, deren unerschütterlicher Wille unzähligen Frauen den Weg in die Wissenschaft geebnet hatte.

Literatur

Alexander Brschengovsky: *Verhandlungsbericht* in »Novi Nir« Nr. X, 1993 (Herrn Jakov Schandrowitz danke ich für diese und andere Übersetzungen aus dem Russischen).

Ilja Ehrenburg: *Wartime Diaries*. World Publishing, Cleveland o. J., und: *The Black Book*. Holocaust Library, New York 1981.

Michael Heifez: *The First Woman Academic*. Tel Aviv 1992.

Elge Kern: *Führende Frauen Europas*. München 1930.

Viktor Malik: *Lina Salomonova Stern*. Privatdruck, Moskau 1991. (Die Übersetzung dieses auf russisch erschienen Buches verdanke ich Dr. Rifka Sussmann.)

SARA AARONSOHN
Leiterin des ersten jüdischen Spionagerings
(1890–1917)

Noch bevor sie das erste Schuljahr beendet hatte, sprach Sara mehrere Sprachen. Das selbstbewußte Mädchen lernte von Anfang an, eine eigene Meinung zu haben und diese auch zu vertreten. Mit ihren Eltern sprach sie Jiddisch. Von den Straßenjungen lernte sie, auf arabisch zu fluchen, von den Soldaten wurde sie auf türkisch angeschrien, Baron Rothschilds Beamte erteilten nutzlose Ratschläge auf französisch, und der Schullehrer versuchte, seinen Zöglingen das Einmaleins auf hebräisch beizubringen. In keiner dieser Sprachen hörte das Kind Worte wie: klein beigeben, oder: sich fügen müssen. Die Menschen ihrer Umgebung dachten nicht in diesen Begriffen.

Niemand erzählte ihr Märchen. Unter Feen oder verwunschenen Prinzessinnen konnte sie sich gar nichts vorstellen. Ihre Phantasie wurde von Helden der Bibel beflügelt: Deborah, Gideon oder Judith waren für Sara vertraute Gestalten. Immer wieder bat sie darum, daß ihre Mutter oder ihre älteren Brüder die Geschichten der tapferen Makkabäer erzählten, die die Herrschaft der Seleukiden über das jüdische Volk zu brechen versuchten. Sara verbrachte ihre Zeit nicht mit Klavier üben, artig stillsitzen oder Deckchen sticken, wie es ihre Mutter einst getan hatte.

Im Jahre 1882, acht Jahre vor Saras Geburt, hatte ihr Vater seinen Kaufmannsberuf in Rumänien an den Nagel gehängt, um mit seiner Familie und einer Gruppe von Freunden in das Heilige Land zu ziehen, das damals unter türkischer Herrschaft stand. Seither versuchte die Familie, an den südlichen Hängen des Karmelgebirges, oberhalb der antiken Ruinenstätte von Cesaria, eine landwirtschaftliche Siedlung zu gründen. Das Dörfchen trug den stolzen Namen Zichron Jaakov, Erinnerungsstätte an Jakob, den sich kein türkischer Soldat merken konnte.

Sobald Sara laufen konnte, befand sie sich mit ihren älteren Brüdern in ständigem Wettstreit. Sagte einer von ihnen etwa: »Das kannst du nicht, du bist doch bloß ein Mädchen«, konnte er sicher sein, daß sie nicht ruhte, bevor sie es doch schaffte, und sogar besser als ihre Brüder. Nie kam sie jedoch auf den Gedanken, mit dem ältesten der vier Brüder, Aaron, zu konkurrieren. Er war vierzehn Jahre älter als sie, und alle behaupteten, daß er etwas ganz Besonderes sei. Sara bewunderte ihn, ohne Neid zu empfinden. Sie wußte, daß er ihr in jeder Hinsicht weit überlegen war. Die ganze Familie drehte sich um den Erstgeborenen. Weder Eltern noch Geschwister zweifelten daran, daß ihm eines Tages Großes bestimmt sei.

Wie alle Kinder hatte Aaron die Schule mit zwölf Jahren abgeschlossen. Jetzt half er dem Vater auf dem Feld. In jeder freien Minute war er damit beschäftigt, der Natur ihre Geheimnisse zu entlocken. Die ganze Familie verbrachte ihre Abende damit, die Pflanzen, die Aaron sammelte, zu pressen, zu ordnen und zu katalogisieren. Sie waren sich alle sicher, daß es Aaron eines Tages gelingen werde, die Landwirtschaft Palästinas auf südeuropäischen Standard zu bringen. Warum die Eltern so froh waren, als Aaron dank der finanziellen Hilfe Baron Rothschilds nach Frankreich ging, um Agrarwissenschaften zu studieren, das konnte die kleine Sarah noch nicht verstehen.

Während seiner Abwesenheit profitierte Sara im Kreis ihrer Freundinnen und Freunde vom Ansehen ihres Bruders. Sobald sie behauptete, daß irgendein Einfall Aarons Idee war, akzeptierten ihre Spielkameraden, was immer sie auch vorschlug. Aaron kehrte nach zwei Jahren zurück und wurde zum landwirtschaftlichen Leiter des Dorfes Metulla ernannt. Jetzt hörten ihr die Kinder erst recht voller Neugier zu, wenn sie die Erzählungen ihres Bruders aus Paris wiedergab. Besonders fesselnd war die traurige Geschichte des jüdischen Offiziers Alfred Dreyfus, der 1894 in Frankreich zu Unrecht angeklagt wurde, er habe für Deutschland Spionage getrieben.

Tatsächlich fachte die Dreyfus-Affäre Saras Abenteuerlust an. Sie dachte nicht daran, noch länger auf ihren Schulabschluß zu warten, um ihren Mut unter Beweis stellen zu können. Eine erste Gelegenheit dazu bot sich bald: Türkische Soldaten und wandernde Beduinen waren oft ungebetene Gäste im Hühnerstall. Eines Morgens mußte die Familie feststellen, daß nicht nur Hühner und ein Pferd gestohlen waren, sondern auch die Wäsche von der Leine. Daraufhin machte sich Sara gemeinsam mit ihrem jungen Freund Absolom Feinberg nachts auf den Weg, um ein paar Kamele zu stehlen. Am nächsten Tag brachten sie die Tiere zu den rechtmäßigen Besitzern zurück, und Sara erklärte den erstaunten Beduinen, daß nächtlicher Raub keine Heldentat sei, wenn sogar ein kleines Mädchen dazu fähig ist.

Saras Eltern hielten die Waghalsigkeit ihrer Tochter für zu gefährlich. Sie verboten ihr, allein des Nachts herumzustreifen, und erzählten ihr von einigen jungen Mädchen, die auf diese Weise den Türken in die Hände gefallen waren. Es war für die Eltern keine besondere Überraschung, als eines Tages ein Revolver Saras Geburtstagswunschliste krönte. Sie waren bereit, Sara diesen Wunsch zu erfüllen. Neben Halskettchen, Blumen und Schokolade lag auf dem festlich gedeckten Tisch auch eine kleine elegante Damenschußwaffe. Noch konnte Sara trotz all ihrer heldenhaften Phantasie keine Ahnung haben, zu welchem Zweck sie dieses Geschenk eines Tages einsetzen werde.

Die Familie hatte es nicht leicht. Aarons Eigensinn und das Verhalten des Vaters, der sich weigerte, die Ratschläge der Beamten des Baron Rothschild zu befolgen, führten dazu, daß die Familie das Wohlwollen und die finanzielle Unterstützung der Rothschilds verlor. Der große Bruder wurde arbeitslos und fand nun alle Türen verschlossen. Der landwirtschaftlichen Beratungsstelle, die er gegründet hatte, war kein Erfolg beschieden gewesen. Ausführlich erklärte er Sara, daß die sozialistischen Einwanderer alles endlos diskutierten, bevor sie endlich Entscheidungen treffen würden; dadurch ginge wertvolle Zeit verloren. Aaron war mit seiner Kritik nicht gerade beliebt in Zichron Jaakov.

Statt von Bällen und Verehrern zu träumen, wollte Sara durch Heldentaten beweisen, daß die palästinensischen Juden auf ihre Familie noch stolz sein würden. Da ihr im Moment nichts Besseres einfiel, schrieb sie einen Brief an den umstrittenen Elieser Ben Jehuda, dem Herausgeber einer in hebräisch verfaßten Tageszeitung. Darin versicherte sie dem fanatischen Linguisten, daß sie ihn gemeinsam mit ihrer jüngeren Schwester Rifka in seinem Bestreben unterstützen werde, das Hebräische zur Sprache der jüdischen Siedlungen in Palästina zu machen.

Keiner, am wenigsten Sara selber, war der Meinung, daß sie einen Beruf erlernen sollte. Sobald sie die Schule beendet hatte, half sie dem Vater im Stall, der Mutter in der Küche und ihrem Bruder bei seiner botanischen Sammlung. Eines Tages entdeckte Aaron auf einer Wanderung in den Bergen Galiläas eine bisher unbekannte Pflanze, mit deren Hilfe er eine Weizensorte entwickeln konnte, die auch für trockenen und sandigen Boden geeignet war. Damit rettete Aaron den Stolz der Familie. Seine Entdeckung hatte nicht nur für die Bauern in Palästina Bedeutung, sondern auch für kalifornische Landwirte. Saras Bruder wurde von ihnen eingeladen, Vorträge zu halten, und erhielt ihre volle Unterstützung für seine Arbeit. So konnte er eine landwirtschaftliche Versuchsanstalt in Atlit, nahe Zichron Jaakov, einrichten, die dazu dienen sollte, Malaria zu bekämpfen.

Aaron ernannte Saras ehemaligen Spielkameraden Absolom Feinberg zu seinem ersten Assistenten. Nun verbrachte der junge Mann all seine Abende auf der neu angebauten Veranda der Aaronsohns. Während er sich mit Sara stundenlang über die Ungerechtigkeiten des türkischen Besatzungsregimes unterhielt, blickte die junge Rifka mit verliebten Augen auf den Verehrer ihrer Schwester. Absolom plädierte, daß es endlich an der Zeit sei, sich von der türkischen Herrschaft zu befreien, und rief des öfteren: »Auch wir können wie Helden sterben!« Er ahnte nicht, daß er eines Tages recht haben sollte. Sara war genauso romantisch veranlagt wie er. Doch sie entwickelte ihre eigenen Ideen, die nicht immer mit denen Absoloms übereinstimmten. Sie vertrat ihre Meinung temperamentvoll und erlaubte keinen Widerspruch. Bis spät in die Nacht konnte man das Pärchen debattieren hören. Keiner zweifelte mehr daran, daß bald Verlobung gefeiert werde. Auch Sara war davon überzeugt, daß Absolom bald um ihre Hand anhalten werde. Doch Absolom fühlte sich im Moment viel zu wohl, um der Genugtuung, von beiden Schwestern bewundert zu werden, ein schnelles Ende bereiten zu wollen. Beide gefielen ihm ausgezeichnet. Sara war hochgewachsen, gut gebaut und hatte große graublaue Augen. Sie war mutig und eigensinnig. Rifka war zart, scheu und sehnte sich offensichtlich nach einem starken Beschützer. Absolom wollte sich für seine Wahl noch Zeit lassen.

So verging Saras einundzwanzigster Geburtstag, ohne daß sie den erwarteten Heiratsantrag bekam. Dann starb Absoloms Vater in Hadera. Wieder fand der junge Mann einen dringenden Grund, um das entscheidende Wort nicht auszusprechen. Statt dessen überredete er Saras Brüder und einige Freunde, eine geheime Organisation zu gründen, die die Bevölkerung vor den dauernden türkischen Eigentumsdelikten schützen sollte. Ihrer Gruppe, die sich »Gideon« nannte, gelang es tatsächlich, frechen Plünderungsversuchen zuvorzukommen. Gegen Sara war die Organisation jedoch wehrlos. Mit scharfer Logik bewies sie den jungen Helden, daß Frauen sich weit besser zu geheimen Gängen eigneten als Männer. Denn wer käme schon auf die Idee, daß eine zarte kleine Reiterin nicht unterwegs war, um das Frühlingswetter zu genießen, sondern um Beduinen und türkischen Soldaten nachzuspionieren? Nach langer Diskussion hatte Sara endlich erreicht, daß sie gemeinsam mit anderen Mädchen in den Geheimbund aufgenommen wurde. Nun verbrachten sie genausoviel Zeit mit romantischen und patriotischen Träumereien wie mit der Planung von gewagten Unternehmungen. Endlich hatte sie die

Möglichkeit, ihrem jugendlichen Tatendrang und Idealismus freien Lauf zu lassen. Das war eine wirklich aufregende und manchmal auch nützliche Sache. Sara sammelte dabei ihre ersten Erfahrungen, die ihr später beim Aufbau des Spionagerings zugute kommen sollten – ohne den gefährlichen romantischen Idealismus von damals.

Die gemeinsame Zeit mit Absolom half ihr jedoch keineswegs, ihm das entscheidende Wort zu entlocken. Davon irritiert, benützte sie jede Gelegenheit, um ihm zu beweisen, daß sie ihm geistig überlegen war, und erreichte damit nur, all ihre Hoffnungen endgültig zunichte zu machen. »Saratit«, schrieb er eines Tages, »trotz allem sind wir Freunde, und ich liebe Dich von ganzem Herzen. Aber Du machst mich wütend und bist ein unmögliches Mädel. Ich sehne mich nach ruhigem häuslichen Glück und bitte Dich daher, mir Deine kleine Schwester per registrierter Post zuzusenden.«

Für Sara war das eine große Enttäuschung. Unter gar keine Umständen wollte sie zusehen, wie Rifka und Absolom in glücklicher Ehe vereint lebten. So entschloß sie sich, ihr geliebtes Zichron Jaakov so schnell wie möglich zu verlassen und nie wieder zurückzukehren. Unter diesen Umständen wollte sie ihre Hand sofort dem Nächstbesten reichen, wenn er sie nur weit weg genug von ihrer geliebten Heimat brächte.

Der »Nächstbeste« war Chaim Abrahamson, ein dreißigjähriger, wohlbeleibter Kaufmann aus Istanbul, der sich auf Geschäftsreise in Palästina befand. Für Sara war nur von Bedeutung, daß er in Istanbul lebte. Wenn er von seinem Reichtum, seinem großen Haus und all den Annehmlichkeiten des Lebens in der türkischen Hauptstadt erzählte, hörte sie kaum zu. Ohne Bedenken willigte Sara sofort ein, Abrahamson zu heiraten. An einem windigen Märztag des Jahres 1914 tranken die überraschten Dorfbewohner auf das Wohl des jungen Paares.

In Istanbul angekommen, fing Sara an, den übereilten Entschluß zu bereuen. Chaims großes Haus war ein düsteres, feuchtes Gebäude. Die sogenannten Annehmlichkeiten der Hauptstadt waren hin und wieder ein Kaffeeklatsch mit Chaims alten Tanten, und der junge Ehegatte ein steifer, langweiliger Patron, der ihr, kaum hatte sie ihre Sachen ausgepackt, Vorschriften machte. Sein Befehl, sie möge das Haus nie ohne seine Begleitung verlassen, entrüstete sie am meisten. Sara, die spät in der Nacht mit einem Revolver in der Hand nach Atlit geritten war, um noch ein Stündchen mit Aaron zu plaudern, diese Sara durfte nun nicht mehr allein auf die Straße. Chaim verlangte doch tatsächlich, daß Sara tagein tagaus in dem muffigen Salon sitze und den Rest ihres Lebens damit zubringe, sich mit braven Bürgersfrauen über Strickmuster zu unterhalten.

Doch die junge Frau Abrahamson war weder gewillt ihrem Mann noch den türkischen Konventionen zu folgen. Zuerst einmal begann sie höchst eigenwillig, die dunklen Wände des Wohnzimmers hellgrün zu streichen und mit lila Verzierungen zu versehen. Als Chaim nach Hause kam, verschlug es ihm die Sprache. Das sollte jedoch nur der Anfang sein. Saras rebellisches Benehmen war bald Gesprächsthema aller ehrbaren jüdischen Familien Istanbuls. Um Chaims Strafpredigten kümmerte sich Sara wenig. Noch vor dem Ende der Flitterwochen war es allzu offensichtlich, daß die beiden Menschen zu verschieden waren, um eine glückliche Ehe zu führen.

Nicht nur Sara und Chaim, auch Absolom begann, seine voreilige Entscheidung zu bedauern. Bereits Ende Mai erhielt Sara einen Brief mit folgenden Worten: »Du kannst Dir nicht vorstellen, was wir beide uns nicht vorstellen konnten, nämlich wie sehr Dir mein Herz gehört.« Eine mögliche Ehe mit Rifka wurde nicht mehr erwähnt. Nur wenige Wochen vorher hatte er Rifka ein Gedicht mit dem Titel »Tausend Küsse« gewidmet.

Weder Sara noch Absolom konnten lange darüber nachdenken, wie sie sich aus dieser Situation befreien könnten. Während in Österreich Vorbereitungen für den Besuch des Kronprinzen in Sarajewo getroffen wurden, gab es in Istanbul bereits ein interessanteres Gesprächsthema als die Sünden der jungen Palästinenserin. Hinter fest verschlossenen Türen wurde über die Wahrscheinlichkeit eines Massakers in Armenien geflüstert. Sara befürchtete, daß Palästina vom gleichen Schicksal bedroht sei. Statt ihr Schicksal zu beweinen, versuchte sie so schnell wie möglich, Aaron und Absolom zu warnen.

Der Kriegsausbruch erschwerte den Briefverkehr zwischen Istanbul und Zichron Jaakov. In allen Provinzen des Osmanischen Reiches herrschte Ausnahmezustand. Die Briefe aus Palästina unterlagen einer strengen Zensur. Sara suchte verzweifelt nach Wegen, ihre Lieben trotzdem über den neuesten Stand der Dinge zu informieren. So kaufte sie die größte Postkarte, die sie finden konnte. Auf ihr war ein Bild mit einer Blumenvase zu sehen. Auf den Briefumschlag schrieb sie die verschlüsselte Nachricht in winzigen Buchstaben: »Vergiß nicht, gut abzustauben und die Blumenvase hochzuheben.« Diese Botschaft galt Rifka. Auch Aaron versuchte, mit Sara in Kontakt zu kommen. Nach

Sonnenuntergang durfte niemand mehr das Haus verlassen. Es herrschte Standrecht, und alle Bewohner mußten ihre Waffen an die türkische Armee abliefern. Sara drängte es, Aaron mitzuteilen, daß die Armenier vor dem Blutbad ähnliche Weisungen erhalten hatten. Sie fürchtete, daß ihre Mitteilungen ihre Familie nicht würden retten können, aber es war ihr unmöglich, still zu halten und nichts zu tun. Als sie hörte, daß Rifka in ein Pensionat nach Beirut geschickt worden war, atmete sie erleichtert auf. So war wenigstens ein Familienmitglied in Sicherheit und ihre Bemühungen nicht völlig umsonst gewesen.

Trotz Chaims Verbot, allein durch die Straßen zu gehen, lief sie stundenlang tief verschleiert durch Istanbul, um sich selbst von den neuesten Geschehnissen ein Bild zu machen. Wenigstens dies konnte sie tun. Ihr Mann hatte nun endgültig jede Bedeutung für ihr Leben verloren. »Nur Gott weiß, wie sehr ich von dem Leben, das ich hier führe, genug habe«, schrieb sie nach Hause. »In Palästina herrscht Hungersnot, und ich sitze hier herum, ohne auch nur den kleinen Finger zu rühren.« Sara war verzweifelt, wenn sie keine Nachricht von zu Hause erhielt, und noch verzweifelter, wenn diese so sehnsüchtig erwarteten Briefe schlechte Nachrichten erhielten. Das war leider meistens der Fall. »Lokusschwärme haben das ganze Land von der ägyptischen Grenze bis zu den Bergen von Libanon kahl gefressen. Alle grünen Blätter haben sie verzehrt, die Bäume sehen wie Skelette aus«, schrieben ihr die Brüder.

Das erste Jahr des Krieges schien Sara endlos. Die Abstände zwischen den Briefen wurden immer länger, die Zensur immer strenger. Chaim zeigte keinerlei Verständnis für ihren Kummer.

Anfang November 1915 eröffnete Sara ihrem Gatten endlich nach vielen unerfreulichen Gesprächen, daß sie ungeachtet des Krieges Istanbul verlassen werde, um ihrer Familie einen längeren Besuch abzustatten. Am 25. November stieg sie allein, ohne männliche Begleitung, in einen Zug voller Soldaten, der sie nach Palästina bringen sollte. Einen ganzen Monat lang zogen die drei Waggons, die von einer verrosteten Lokomotive angezogen wurden, durch das vernachlässigte Reich des Sultans. In den von Armeniern bewohnten Dörfern sah Sara ausgebrannte Häuser, verwesende Leichen und ganze Familien, die sich auf der Flucht vor den Bajonetten der Soldaten befanden. Sara beschloß, sich alles, was ihr begegnete und Aaron interessieren könnte, zu merken: die Garnisonszentren der verschiedenen Regimenter, die genauen Positionen der Waffenlager, Bahnknotenpunkte und Militärtransportwege.

Nicht in ihren kühnsten Träumen hätte Sara erwartet, daß ihr Bruder ihre Mitteilungen mit großem Interesse entgegennahm. Zum ersten Mal in ihrem Leben behandelte sie der große Wissenschaftler nicht als kleine Schwester, sondern als gleichwertige Partnerin. Unter dem Siegel der Verschwiegenheit erzählte er ihr, daß er die Leitung der Organisation »Gideon« übernommen habe. Nach ihren Berichten von dem Blutbad in Armenien sei beschlossen worden, England zu unterstützen und das Heilige Land von den Türken zu befreien. Ihre Freunde waren keineswegs mehr die Romantiker von einst. Nun bildeten sie den Kern eines kleinen Spionagerings, der unter dem Decknamen »Nili« arbeitete. Es wäre ziemlich leicht, fuhr Aaron fort, an Informationen heranzukommen, aber fast unmöglich, diese den Engländern glaubhaft zu übermitteln.

Absalom hatte den gefährlichen Versuch unternommen, die Wüste zu durchqueren, um nach Ägypten zu kommen. Als sich dieser Plan jedoch als nicht durchführbar erwies, versteckte er sich auf einem Boot, das ihn nach Alexandria brachte. Das dortige englische Oberkommando schenkte seinen Aussagen jedoch wenig Glauben. Die Vorstellung, daß es eine jüdische Spionageorganisation gäbe, schien ihnen absurd. Trotzdem nahmen sie seine Informationen entgegen und brachten ihn auf einem britischen Kriegsschiff wieder in seine Heimat zurück. – Viel zu selten käme ein Boot nach Atlit, um geheime Mitteilungen zu erhalten. »Nili« müsse nun beweisen, daß sie wirklich gute Arbeit leiste. Erst dann wären die Engländer dazu bereit, das Risiko einer regelmäßigen Kontaktaufnahme einzugehen. Daher, so beendete Aaron seine Erzählung, wären ihre wertvollen Beobachtungen ein Geschenk des Himmel gewesen, die die Engländer überzeugen könnten.

Die folgenden Monate sollten die glücklichsten in Saras Leben werden. Nachts lief sie mit Absolom Hand in Hand am Strand entlang. Es war ganz offensichtlich, daß sie ein Pärchen waren, das dem Rauschen der Wellen zuhörte und sich dabei Liebesworte zuflüsterte. Das junge Paar war jedoch nicht nur damit beschäftigt, Versäumtes nachzuholen. Gespannt warteten sie, meist vergebens, auf ein britisches Schiff. Tagsüber war Sara in duftigen, weißen Mousselinekleidern, einen eleganten, mit Rüschen verzierten Sonnenschirm schwingend, auf der Dorfstraße beim Flanieren zu sehen, wobei sie türkische Offiziere in anregende Gespräche verwickelte. Dann wieder war zu beobachten, wie sie im eleganten dunkelblauen Kostüm eine Kutsche bestieg, um sich in Jerusalem zu amüsieren. Bald sprach sich herum, daß diese vergnügungssüchtige Person im elegantesten Hotel der Stadt abstieg, um mit deutschen Stabsoffizieren zu flirten. Statt ihren verwitweten Vater zu umsorgen, wäre sie ständig unterwegs, um Freunde aufzusuchen, die zufälligerweise in der Nähe türkischer Kasernen lebten. Waren es etwa die Uniformen der Männer, die dem ehemals so vernünftigen Mädchen den Kopf verdrehten? Noch dazu war es nicht gerade ehrbar, daß die verheiratete junge Frau mit dem Verehrer ihrer abwesenden Schwester ein Verhältnis hatte. Das war wohl die Folge ihres einjährigen Aufenthalts in Istanbul, der nicht gerade von gutem Einfluß auf sie gewesen sein mußte.

Über diesen ganzen Klatsch und Tratsch konnte Sara nur lachen. Auf diese Weise verlor sie jedoch auch die letzten Reste an Sympathie, die die strebsame Pioniergeneration ihrer Familie bisher noch entgegengebracht hatte. Aaron war ihnen schon immer ein Dorn im Auge gewesen: Seit seiner Amerikareise hätte er nichts anderes im Sinn, als mit Geld um sich zu werfen. Er brächte seine jüngere Schwester in Sicherheit und hamsterte nun für den Rest der Familie Lebensmittel, während die anderen Dorfbewohner hungerten. Diese Aaronsohns hielten sich wohl wirklich für etwas ganz Besonderes. Auch um dieses Gerede kümmerten sich weder Aaron noch Sara. Sie hatten ganz andere Sorgen.

Informationen, die den Kriegsverlauf günstig beeinflussen könnten, lagen weiterhin in Aarons Schreibtischschublade. U-Boote verstellten britischen Schiffen die Küste von Atlit, und Aaron überlegte Tag und Nacht, wie er die Engländer trotzdem erreichen könnte. Schließlich hatte er die Idee, seine Position als wissenschaftlicher Berater auszunützen. Er wollte die Türken um Erlaubnis zu bitten, aus beruflichen Gründen nach Deutschland zu reisen. Dort könnte es ihm gelingen, mit den Alliierten über ein ausgeklügeltes System der Nachrichtenübermittlung zu sprechen. Aaron bekam die erhoffte Genehmigung. Vor seiner Abreise ernannte er Absolom Feinberg, Josef Lishansky und seine Schwester Sara zu Leitern des Spionagerings. Bald stellte sich heraus, daß Sara über ein ausgezeichnetes Organisationstalent verfügte. Es gelang ihr, viele Sympathisanten zu gewinnen, die bereit waren, die Bevölkerung gegen die Türken aufzuwiegeln. Im Unterschied zu Aaron konnte sie Arbeit delegieren und die Talente anderer mutiger Frauen erkennen. Zu diesen zählte auch Tova Aaronsohn, die Frau ihres Bruders Zwi.

Nach außen hin vermittelte Sara den Eindruck, nichts weiter zu tun, als Sekretariatsarbeiten in Aarons Versuchsstation zu erledigen und den Haushalt ihres Vaters zu führen. Angesichts der knappen Nahrungsmittelsituation war das nicht leicht. Sie mußte Tee aus Feigenblättern und Brot aus Gerstenstaub herstellen. Mahlzeiten auf den Tisch zu bringen erforderte ihre ganze Phantasie.

Im Juli 1916 hatte Aaron Zichron Jaakov verlassen. Lange Zeit wußte Sara nicht, wo er sich befand. Sie wußte nicht, daß er sich in Kairo aufhielt und dort mit großer Zähigkeit versuchte, die Engländer von der Arbeit ihres Spionagerings zu überzeugen. Geduld war nie Saras Stärke gewesen. Nachdem sie fast ein halbes Jahr nichts von Aaron gehört hatte, war sie davon überzeugt, daß er sein Ziel nicht erreicht hatte. Also mußten andere Wege gefunden werden, um Kontakt mit den Engländern aufzunehmen. Absolom schlug vor, als Araber verkleidet zu Fuß durch die Wüste nach Ägypten zu gehen. Josef Lishansky erklärte sich sofort bereit, ihn zu begleiten. Zwei könnten sich besser gegen alle Gefahren zur Wehr setzten. Schließlich machten sich die beiden im strömenden Winterregen als Beduinen verkleidet auf den Weg.

Sara war nun alleinige Leiterin des Spionagerings. Sie allein hatte die Entscheidung zu treffen, welcher Mitarbeiter für welche Mission sein Leben riskieren sollte. Die Verantwortung, die sie zu tragen hatte, war groß. Denn eine falsche Entscheidung konnte das Leben aller gefährden. Jedes ausgesprochene Wort mußte gut überlegt sein, um folgenschwere Mißverständnisse zu vermeiden. Statt unter dieser Verantwortung zu leiden, blühte Sara auf. Endlich hatte sie etwas Sinnvolleres zu tun, als die Wände in Chaims Salon grün zu streichen. Sie verstand es, Eifersüchteleien zwischen den Mitgliedern zu beschwichtigen, sie zu ermutigen oder ihnen auch von zu waghalsigen Unternehmungen abzuraten. Für kurze Momente konnte sie sogar ihre Angst um Absolom vergessen.

Die Zeit verging jedoch langsam. In kalten Winternächten spazierte sie nun mit einem »neuen Liebhaber« den Strand entlang, in der Hoffnung, ein britisches Boot würde Absolom zurückbringen. Diesmal war die Stimmung weniger romantisch. Der blasse Wintermond versteckte sich meist hinter dichten dunklen Wolken. Ihr Mantel war nicht warm genug, um sie vor der eisigen rauhen Luft zu schützen. Große Wellen schlugen an den Strand und durchnäßten ihre Schuhe. Doch eines Nachts, es war Anfang Februar, glaubte sie am Horizont ein Boot zu sehen. Und tatsächlich, einige Stunden später erreichte ein erschöpfter Schwimmer das Ufer. Es war jedoch weder Absolom noch Josef, sondern Liova Schneerson, ein Freund Aarons. Als er die Parole »Nili« flüsterte, erkannte Sara ihn. Gemeinsam liefen sie zum verdunkelten Büro ihrer Organisation. Liova, der von Sara in warme Decken gehüllt wurde, begann zu erzählen: Es sei ihnen endlich gelungen, die Engländer von ihrer Organisation zu überzeugen. In Zukunft werde ein Schiff in regelmäßigen Abständen an der Küste von Atlit entlangfahren und schwarze Rauchzeichen senden. Dann würde es sich wieder entfernen und in westliche Richtung weiterfahren. Die Rauchzeichen bedeuteten, daß das Schiff spät nachts zurückkäme. Sara solle das Turmfenster offen lassen, wenn keine Gefahr drohe.

Während er lang und breit über Aarons Erfolge berichtete, bemerkte Sara voller Unruhe, wie er allen Fragen über Absoloms Befinden geschickt auswich. Als er Atlit noch vor Morgengrauen verließ, blieb Sara, von bösen Ahnungen geplagt, zurück. Mit erneutem Eifer stürzte sie sich in ihre gefährliche Arbeit. Bald hatte sie im ganzen Land einen Ring aus gut ausgebildeten Spionen zusammengestellt und ein leicht verständliches Signalsystem entwickelt. Hing weiße Wäsche auf der Leine, so bedeutete es, daß die Luft rein war. Flatterten bunte Wäscheteile im Wind, waren ungebetene Gäste im Gebäude. Darüber mußten die Männer anerkennend lachen, denn nur eine Frau konnte auf so eine Idee kommen.

Einige Wochen nach Schneersons Besuch brachte ein britisches Boot Josef Lishansky zurück. Stotternd berichtete er Sara von ihrer mißglückten Aktion. In der Nähe von der ägyptischen Grenze wurden die beiden Reisenden von einer Gruppe Beduinen überfallen. Absolom hatte sofort zum Revolver gegriffen und sich verteidigt, bis er einer Kugel zum Opfer fiel. Josef selbst wurde nur verwundet, konnte entkommen und sich bis nach Kairo durchschlagen. Dort wurde er von Aaron versorgt. Alle Versuche, Absoloms Grab zu finden, blieben erfolglos.

Josefs Bericht verwandelte die temperamentvolle abenteuerlustige Sara über Nacht in eine Rachegöttin. »Was mein Geliebter begann, werde ich beenden, Rache den Beduinen! Rache den Türken!« So schrieb sie nach Kairo. Sara hatte nur noch einen Gedanken: Absoloms Vermächtnis weiterzutragen. Palästina mußte aus türkischer Hand befreit werden. »Das Haus ist trüb und einsam, und ich bin erfüllt von schrecklichen Gedanken, denn unsere Arbeit ist dunkel und voller Gefahr.« So lautete ein anderer Brief aus diesen Tagen. Für die Engländer zu spionieren und Palästina zu befreien war für Sara kein Abenteuer mehr, sondern eine heilige Pflicht.

Sara Aaronsohn war eine erwachsene reife Frau geworden. Sie konnte nicht mehr still sitzen und die Arbeit an andere delegieren. Nun mußte sie selber handeln. In Begleitung von Josef unternahm sie eine Inspektionsreise, um mögliche Mängel ihrer Organisation zu beseitigen. Nun verstand Sara, warum die Engländer so mißtrauisch waren. Es war zwar ein Vergnügen, mit jungen Idealisten zu arbeiten. Die Resultate waren jedoch nicht immer zufriedenstellend. Sara stellte fest, daß für eine halbe Krone eine Menge an Information zu kaufen war und daß ein goldenes Pfundstück die meisten Münder in Palästina weit öffnete. Anders gesagt: die Empfänglichkeit der Türken für Bestechungsgelder konnte ausgenützt werden. So gelang es ihr, an die entscheidenden Informationen über Waffenlager, Truppenverschiebungen und Namen und Gepflogenheiten hoher Offiziere heranzukommen. In Tiberias geriet ein Plan über die Befestigungsanlagen in ihre Hände. In Afula erklärte sich ein hoher Beamter bereit, wöchentliche Berichte über alle Militärzüge abzugeben, die über den Bahnknotenpunkt Afula abgewickelt wurden. In Jerusalem und Ber-Sheva war Sara ebenfalls erfolgreich. Hier bewies sie den Engländern, daß sie allen Grund hätten, die Arbeit der Organisation zu würdigen und nicht länger als Kinderspielerei anzusehen.

Der Kriegseintritt Amerikas im April 1917 brachte unerwartete Schwierigkeiten mit sich. Die finanzielle Unterstützung, die amerikanische Juden ihren Glaubensbrüdern in Palästina bisher regelmäßig zukommen ließen, konnte das Land nicht mehr erreichen. Von den Türken aus Jaffa vertriebene Juden flüchteten nach Zichron Jaakov. Sie mußten versorgt werden, auch wenn die Bedingungen alles andere als günstig waren. Überall fehlte es an Nahrungsmitteln und Unterkünften. Die Arbeitslosigkeit war groß. Trotzdem kamen immer mehr Flüchtlinge nach Atlit.

Saras Kooperation mit den Engländern stieß nicht gerade auf die Zustimmung ihrer Glaubensbrüder. Viele Juden sahen sich dadurch in ihrer Sicherheit bedroht. Eines Tages erhielt Sara Besuch von einigen älteren Herren, die sie bis vor kurzem noch mit »Onkel« angesprochen hatte. Sie erklärten ihr, daß es zu gefährlich sei, Widerstand zu leisten. In der Zusammenarbeit mit den Türken läge ihrer Meinung nach die einzige Möglichkeit, den Krieg zu überleben. Sara solle ihnen sofort alle Entscheidungen überlassen und ihre Tätigkeit einstellen, die das Leben der Dorfbewohner nur gefährde.

Sara war zwar wütend über den Hochmut dieser Männer, sah jedoch ein, daß Zichron Jaakov durch ihre Organisation in Atlit wirklich in Gefahr war. In den letzten Wochen hatte sie durchaus Entscheidungen treffen müssen, die das Leben ihrer Mitarbeiter aufs Spiel setzten. Sie waren jedoch Freiwillige, die das Risiko bewußt eingingen. Hatte Sara auch das Recht, das Leben Unbeteiligter, noch dazu gegen ihren Willen, zu gefährden? Waren die Informationen, die sie den Engländern zukommen ließ, wirklich von solcher Wichtigkeit? Sie selbst war jederzeit bereit, ihr eigenes Leben zu riskieren. Ob ihre Arbeit unter diesen Umständen fortzusetzen war, konnte sie jedoch nicht mehr allein entscheiden. Sara brauchte Aarons Zuspruch.

Obwohl Aaron sich nicht vorstellen konnte, warum Sara so dringend um eine persönliche Aussprache mit ihm bat, setzte er sofort alle Hebel in Bewegung, um sie nach Kairo zu holen. Als plausible Erklärung für ihre längere Abwesenheit gab Sara ihren schlechten Gesundheitszustand an. Seit Absoloms Tod sah sie wirklich blaß und abgemagert aus. Ein Erholungsurlaub würde ihr gut tun. Anfang April 1917 verließ sie Atlit spät in der Nacht mit einem kleinen Fischerboot. Bereits am nächsten Tag fiel sie ihrem Bruder in die Arme.

Nur kurz erwähnte Sara Absoloms Tod. Sie war keine in Tränen aufgelöste, trauernde Frau, wie Aaron erwartet hatte. Aber sie zeigte auch kein Interesse an Kairos Sehenswürdigkeiten und wollte weder Nachtclubs noch Restaurants besuchen. Aaron versuchte sie dazu zu überreden, nicht nach Atlit zurückzukehren und ihre schwere Aufgabe einem anderen zu überlassen. Doch Saras Ohren waren taub. Sie verlangte von Aaron nur eine einzige klare Antwort auf ihre so drängende Frage: ob die Tätigkeit ihrer Spionageorganisation so lebensnotwendig sei, daß das Risiko eingegangen werden dürfe, die ganze Bevölkerung von Zichron Jaakov zu gefährden. Wenn Aaron mit »Ja« antworte, werde sie nach Atlit zurückkehren.

Aaron bejahte die Frage, aber Frühlingsstürme machten die sofortige Rückkehr auf dem Seeweg unmöglich, und als das Wetter das Reisen endlich wieder erlaubte, lag Sara mit Malaria im Krankenhaus. Aaron bestand darauf, daß sie bis Juni in Ägypten bliebe, um wieder völlig gesund zu werden. Sara nutzte diese Zeit und ließ sich bei britischen Offizieren zu einer professionellen Spionin ausbilden. Die Mühe, die sich die Engländer dabei gaben, schien ihr der beste Beweis dafür, daß die Organisation »Nili« von großer Bedeutung war. Aaron, der sich der Gefahr, in der sich seine Schwester befand, voll bewußt war, konnte im Sommer nur schwer Abschied nehmen. Er umarmte sie wortlos und wandte sich dann ab.

In Zichron Jaakov hoffte man, daß sie nun endlich Vernunft angenommen und sich von »Nili« losgesagt hätte. Sara mußte eine plausible Erklärung dafür finden, wie sie plötzlich zu diesem Koffer voller Geld gekommen war, den sie mit nach Palästina brachte. Es waren Spenden amerikanischer Juden, aber auch die Engländer hatten ihr eine große Summe anvertraut, damit sie ihre Arbeit weiterführen könne. Wenn sie nun die alleinige Verwaltung des Geldes beanspruchte, beschnitt sie die Zuständigkeit des Synagogenvorstehers. Zudem wurde der Verdacht erhoben, daß diese junge verflixte Person durch unsaubere Geschäfte an das Geld gelangt war und damit auch einen Teil ihrer persönlichen Ausgaben decken wollte.

Sara hatte tatsächlich Ausgaben, die auch die Engländer für zu hoch einschätzten – aber schließlich mußten doch die

Bestechungsgelder irgendwie aufgebracht werden. Sara, die nie etwas von Buchhaltung verstanden hatte, sah sich nun gezwungen, sich mit kleinlichen Abrechnungen abzugeben.

Die Dorfbewohner betrachteten Sara mit wachsendem Mißtrauen. »Jeder Schritt von mir wird beobachtet und kritisiert«, schrieb sie an Aaron. »Wenn ich eine Woche in Atlit bleibe und nicht zu Vater nach Hause gehe, sagen die Nachbarn, ich wäre schon wieder davongelaufen.« Am schwersten fiel es ihr, Absoloms lange Abwesenheit zu erklären, ohne dabei in bittere Tränen auszubrechen. Was immer ihn so lange von Zichron Jaakov fernhalten möge, sei doch sicher Saras Schuld, munkelte man. Alle verdächtigten sie außerdem, ein Verhältnis mit Josef Lishansky zu haben.

Josef war ihr keine große Hilfe. »Er überläßt mir alle Entscheidungen«, beklagte sie sich bei Aaron. Während der glühendheißen Sommermonate war sie ständig unterwegs, um den bevorstehenden Angriff der Engländer zu unterstützen. Als Beduinin verkleidet, vergewisserte sie sich selbst über die südliche Verteidigungslinie. In dieser Zeit lebte sie hauptsächlich von schwarzem Kaffee, den sie mit Feigen süßte. »Ich habe zu viel Arbeit, um über persönliche Dinge nachzudenken«, hieß es in einem Brief, den sie ihrem Bericht über die logistischen Probleme der türkischen Armee beilegte. Aaron warnte sie vor dem täglich bevorstehenden britischen Angriff und bat sie, nach Kairo zu kommen. »In Zeiten von Gefahr muß ich bei meinen Freunden bleiben und ihre Sorgen teilen«, war ihre bündige Antwort.

Und Sorgen gab es wirklich genug. Nicht nur, daß ein Mitglied der Organisation den Kopf verlor und desertierte.

Den Türken fiel auch noch eine Brieftaube mit einer kodifizierten Nachricht in die Hände. Der türkische Polizeioffizier konnte die Information zwar nicht entschlüsseln, verdächtigte aber sofort die Familie Aaronsohn, ihre Hände im Spiel zu haben. Josef veranlaßte daraufhin, alle Brieftauben zu töten und Gold wie auch Dokumente zu vergraben.

In der Nacht des 10. September überbrachte ein britisches Schiff einen Brief von Aaron, der die nochmalige Aufforderung enthielt, Sara solle mit dem Schiff sofort nach Kairo kommen. Wieder dachte sie nicht daran, ihr Land zu verlassen. Sie hatte sich geschworen, Absoloms Tod zu rächen, an dem sie sich irgendwie schuldig fühlte. War es nicht der Traum ihrer Kindheit gewesen, es eines Tages den biblischen Helden gleichzutun? Nie hätte sie eine Flucht vor sich selber verantworten können. »Ich kann doch Vater nicht zu Neujahr allein lassen und bin auch unter gar keinen Umständen bereit, die anderen in Gefahr zu wissen, während ich mich selber in Sicherheit bringe.« So ihre Erklärung für Aaron, warum sie seinen Anordnungen nicht Folge leisten könne.

Doch ungeachtet dieser tapferen Worte saß ihr ebenso wie ihren Mitarbeitern die Angst im Nacken. Während einer hastig einberufenen Konferenz wurde der Vorschlag gemacht, die Arbeit in Atlit vorläufig einzustellen. Es kostete Sara viel Mühe, die anderen davon zu überzeugen, daß dies so kurz vor der englischen Invasion vollkommen ausgeschlossen sei. Sara machte sich keinerlei Illusionen über ihr Schicksal, war jedoch um nichts in der Welt bereit, ihre Arbeit aufzugeben. Während der folgenden Nacht half ihr der Vater, Aarons Sammlung in Sicherheit zu bringen.

»Wenn sie mich verhaften, steht uns ein böses Ende bevor«, schrieb sie an Schneerson.

Am 16. September, dem Vorabend des Neujahrsfestes, verließ Sara Atlit, um die Feiertage bei ihrem Vater zu verbringen. Drückende Sommerhitze lag auf der Hügellandschaft. Nach dem Gottesdienst spazierte der Vater mit seiner Tochter durch das bedrohlich ruhige Dorf. Nicht ein Blatt raschelte an den Bäumen, und die Hunde lagen apathisch in der Mittagshitze. Es war ihnen zu heiß, um zu bellen. Alle Fensterläden waren geschlossen. Der alte Mann stieg mit Sara langsam zu ihrem Weinberg hinauf, in der Hoffnung, oben eine kühle Brise zu finden. Gegen Abend kehrten sie ins Dorf zurück, der Vater, um den Abendgottesdienst zu besuchen, Sara, um das Essen vorzubereiten. Kaum hatte sie das Haus betreten, erhielt sie eine verheerende Nachricht: Naaman Belkin, ein Aktivist ihres Spionagerings, war in Rischon Le Zion, unweit von Tel Aviv, verhaftet worden. Unter allen Umständen mußte versucht werden, ihn freizukaufen. Mit vierhundert englischen Pfund mußte gerechnet werden. Sara verfügte im Moment über keine derartig hohe Summe. Beim besten Willen waren nicht mehr als hundert Pfund aufzutreiben. Josef machte sich mit dem Geld sofort auf den Weg, ohne zu wissen, daß Belkin bereits tot war. Die Türken hatten ihn gefoltert, ein ausführliches Geständnis erzwungen und ihn anschließend aufgehängt.

Sara kehrte unterdessen nach Atlit zurück und starrte auf das spiegelglatte Meer. Mit einem der nächsten britischen Schiffe erhielt sie eine weitere Nachricht ihres Bruders: einen ausdrücklichen Befehl, sie möge sofort und ohne Widerrede mit dem nächsten Schiff nach Kairo zurückkehren. In aller Eile kritzelte sie die Antwort: »Unsere Situation wird zwar immer gefährlicher, aber wir können nicht weglaufen. Unser plötzliches Verschwinden würde der gesamten Bevölkerung und vor allem unseren Lieben schaden.« Sie bat jedoch darum, daß das Schiff in der Nacht zum 27. Oktober zurückkommen möge, um ihre Familienmitglieder in Sicherheit zu bringen. »Falls wir mit Gottes Hilfe uns morgen noch auf freiem Fuß befinden, treffen wir uns um Mitternacht.« Diesen Brief händigte sie dem englischen Matrosen mit weiteren Mitteilungen über türkische Stellungen aus, mit der Bitte, ihn möglichst schnell an Aaron weiterzuleiten.

Als Josef endlich von seiner Mission zurückkehrte, hatte er keine guten Nachrichten. Nicht nur Belkin war getötet worden – auf Grund seines Geständnisse war es auch zu weiteren Verhaftungen gekommen. Unter den Betroffenen befanden sich zwei Frauen. Schweigend betrachtete Sara ihren Revolver, den sie einst zum Geburtstag geschenkt bekommen hatte, und versteckte ihn. Auf dem Sukkotfest versuchte sie sich so normal wie möglich zu verhalten und erschien in einem neuen Kleid, das sie selbst aus alten Vorhängen geschneidert hatte, am Arm ihres Bruders Zwi. Auf dem Heimweg erfuhr sie, daß eine Einheit der türkischen Kavallerie von Haifa nach Zichron Jaakov unterwegs sei. Auch in diesem allerletzten Moment weigerte sie sich, mit Josef zu fliehen. Sie widersetzte sich diesem Befehl der Dorfältesten, denn wenn die Türken sie nicht fänden, würden sie sich grausam an den Dorfbewohnern rächen. Äußerlich völlig ruhig, kehrte Sara in das Haus ihres Vaters zurück und sperrte nur die Gartentür ab.

Spät am Nachmittag ließ sie fürchterliches Gepolter hochschrecken. Türkische Soldaten drangen mit einem

Durchsuchungsbefehl und der Anweisung in ihr Haus, Josef Lishansky zu verhaften. Als sie merkten, daß Josef nicht anwesend war, schlugen sie Saras Vater brutal nieder. Sara versuchte vergebens, ihm zu helfen. Zusehen zu müssen, wie der alte Mann geschlagen wurde, der dabei wieder und wieder das alte jüdische Gebet »Shma Israel« aufsagte, war schlimmer als alles, was Sara je befürchtet hatte. Wenn sie Josefs Versteck verraten hätte, hätte sie alle Mitglieder von »Nili« gefährdet. Sara konnte ihrem Vater nicht helfen. Weinend flüsterte sie ihm auf hebräisch zu »Aberele, sei stark, verrat ihnen nichts.« Als die Türken merkten, daß der Vater bei seinem Schweigen bleiben würde, begannen sie, seinen Sohn zu schlagen. Sara hatten sie bisher nicht angerührt, da sie meinten, der bloße Anblick dieser Szene könne ihr ein Geständnis abringen. Als sie Sara jedoch auch dadurch nicht zum Reden brachten, banden sie sie vor die Haustür an einen Zaunpfosten und schlugen sie im Beisein der entsetzten Nachbarn solange, bis sie halb tot war. Damit erreichten sie jedoch genau das Gegenteil von dem, was ihnen ihr Vorgesetzter, Offizier Kaimakus, befohlen hatte. Sara zitterte nicht nur vor Schmerzen, sondern auch vor Wut. Sie würde ihnen zeigen, daß Frauen viel mutiger sein können als so manche Männer. Jedenfalls unbeugsamer als der arme Naaman Belkin. Sein Schicksal bewies außerdem, daß ein Geständnis keineswegs vor dem Tode schützte. Wutschnaubend schrie Sara auf sie ein: »Ich habe gesehen, wie ihr die Armenier gequält habt. Ich denke gar nicht daran, euch nachzugeben, was immer ihr auch tun werdet!« Kaimakus persönlich schlug weiter auf Sara ein, bis sie ohnmächtig zusammenbrach.

Das war nicht seine Absicht gewesen. Er hatte den Auftrag, herauszufinden, welche Informationen die Briten bekommen hatten. Der türkische Offizier glaubte nicht, daß die Juden den Befehlen einer Frau gehorchten. Seiner Meinung nach war Josef der Leiter der Organisation und Sara nur seine Geliebte. Kaimakus mußte Josefs Versteck ausmachen. Von einer ohnmächtigen Sara war nichts mehr zu erwarten. Der Türke entschloß sich, die Dorfbewohner zum Reden zu zwingen.

Sara, die wieder zu sich gekommen war, mußte zusehen, wie der Dorfvorsteher in Ketten durch die Straßen geschleppt wurde. Es war einer der Männer, der ihr befohlen hatte, »Nili« aufzulösen. Mit jeder Minute wurde es für sie schwerer, nichts zu verraten. Sie biß ihre Lippen blutig und schwieg. Andere besaßen weniger Durchhaltevermögen. Einige Mitglieder ihrer Organisation kamen aus ihren Verstecken, um sich zu stellen. Kaimakus drohte, das ganze Dorf zusammenzuschießen, wenn sie sich weiterhin weigerten, Josefs Versteck zu nennen. Sara wurde mit den anderen Gefangenen in Ketten zur Polizeistation gebracht. In dem Moment dachte sie an das Schiff und daran, daß das Turmfenster offen stand. Sollte ein britisches Schiff die Küste entlang fahren, mußten die Engländer glauben, alles sei in bester Ordnung. Die Matrosen würden den Türken in die Hände fallen.

Zur Überraschung ihrer Häscher begann die Gefangene, trotz ihres geschwollenen Gesichts, laut ein hebräisches Lied zu singen. Da keiner der Türken Hebräisch verstand, ahnten sie nicht, daß Sara mit dem Lied bat, das Fenster zu schließen. Zum Glück verstand einer der umstehenden Dorfbewohner Saras Botschaft und nickte ihr zustimmend zu. Die türkischen Soldaten hingegen glaubten, Sara hätte vor Schmerzen den Verstand verloren und ließen sie singen.

In der Polizeistation wurden die Gefangenen weiter gefoltert. Sara, ihr Vater und der Dorfvorsteher wurden erbarmungslos zusammengeschlagen. Durch die dünnen Wände des Dorfgefängnisses war für alle Vorbeigehenden mit anzuhören, wie Sara vor Schmerzen schrie und was sich dort abspielte. Bald wußte das ganze Dorf, daß die Türken Saras Widerstand nicht brechen konnten. Kaimakus wurde klar, daß weitere Verhöre in einem ordentlichen Gefängnis stattfinden mußten. Die nächste Strafanstalt lag im achtzig Kilometer entfernten Nazareth. In Kaimakus offenem Pferdegespann würde die Reise zwei bis drei Tage dauern.

Sara bat um Erlaubnis, sich waschen und umziehen zu dürfen. Dagegen hatte der Offizier nichts einzuwenden. Eine sichtbar mißhandelte Frau in blutiger Kleidung unter Polizeischutz nach Nazareth zu transportieren hätte unliebsames öffentliches Aufsehen erregt. So wurde ihr bewilligt, unter Aufsicht nach Hause zu gehen. Auf diesem letzten schweren Weg setzte Sara ihren ganzen Charme ein. Bei ihr angekommen, halfen die jungen Soldaten ihr, ein elegantes hellbraunes Kostüm und einen dazu passenden Hut auszusuchen. Dann begleiteten sie Sara bis vor die Tür des großen Badezimmers, das Aaron einst hatte anbauen lassen. Sara gelang es, die Aufmerksamkeit der Soldaten für einen kurzen Moment abzulenken. Jetzt holte sie schnell ihren kleinen Revolver aus seinem Versteck. Die jungen Männer erlaubten ihr, die Badezimmertür zu schließen, damit sie sich ungestört waschen könne.

Sara wußte, daß ihre Situation aussichtslos war. Nicht einmal eine sofortige britische Invasion konnte sie noch retten. Es hätte keinen Sinn gehabt, alle weiteren Qualen auf sich zu nehmen, um am Ende alle Geheimnisse herauszuschreien und in Damaskus als Spionin erschossen zu werden. Auch die Tatsache, daß sie eine Frau war, würde ihr nicht helfen. Erst vor einigen Tagen war die holländische Tänzerin Mata Hari von den Franzosen wegen Spionage zum Tode verurteilt worden. Die Hinrichtung sollte nächste Woche stattfinden.

Sara setzte sich auf den Badewannenrand und schrieb mit ruhiger Hand einen Abschiedsbrief. An ihrer gleichmäßigen Schrift ist zu erkennen, daß Sara vollkommen gefaßt war. Unerledigten Geldangelegenheiten galt ihre erste Sorge. Dann schrieb sie weiter, daß Appelbaum, Fritelsohn und Modorsky aus Hadera der Polizei alles verraten hätten, was sie über »Nili« wußten. »Darum glaube ich, daß man uns nicht lange am Leben lassen wird. Wenn ihr meinen Bruder seht, erzählt ihm, was wir gelitten haben, und sagt ihm, Sara bitte darum, ihr Blut zu rächen. Sie sollen kein Mitleid zeigen, denn jene zeigten kein Mitleid mit uns. Glaubt mir, ich habe keine Kraft mehr zu leiden und ziehe es vor, mich selbst umzubringen, als von ihren scheußlichen Händen umgebracht zu werden... Das Schrecklichste ist, zu sehen, wie mein unschuldiger Vater gequält wird. Erzählt kommenden Generationen, daß wir einen Heldentod erlitten haben. Die Hauptsache ist, daß wir unserem Volk gedient haben... Sagt Josef, es ist besser, sich umzubringen, als denen in die Hände zu fallen. Sie kommen, ich kann nicht mehr schreiben.«

Ungeduldig klopften die Soldaten an die Tür und forderten sie auf, sich zu beeilen. Das tat sie auch. Statt einer Antwort war jedoch ein lauter Schuß zu hören. Als die Soldaten die Tür aufstießen, sahen sie, daß sich Sara in den Mund geschossen hatte. Aber sie war noch am Leben. Erst drei Tage später erlag sie ihren Verletzungen.

Sara Aaronsohn starb am 9. Oktober 1917. Zwei Monate später zog der englische General Allenby in Jerusalem ein. 1924 erfüllte sein Amtssekretär, Kapitän Savage, Saras letzten Wunsch. Auf einer Pressekonferenz in New York berichtete er über das Schicksal der jüdischen Spionin. Er bat alle anwesenden Journalisten, über Sara zu schreiben.

Literatur

Alexander Aaronsohn: *With the Turks in Hadera.* London 1917.

Anita Engle: *The Nili Spies.* Hogath Press, o. O. 1959.

Dvora Omer: *The Gideons.* New York 1968.

Moshe Smilansky: *Hadera.* Tel Aviv 1935.

Abraham Yaari: *The Good Heritage.* Jerusalem 1958.

Frau Anat Pelet, die in Zichron Jaakov lebt, ermöglichte mir Gespräche mit dem Kustodian des Aaronsohn Museums sowie mit einer Anzahl Leuten, deren Familien Augenzeugen der damaligen Ereignisse waren.

ZOHORA LEVIATOV
Fliegerleutnant in der israelischen Armee
(1929–1948)

Zohora wurde am 23. Oktober 1929 geboren. Von frühester Kindheit an mußte sie lernen, Hindernisse zu überwinden. Es war nicht leicht, als Kind von Eltern aufzuwachsen, die hohe Ideale vertraten. Es war nicht leicht, in dem Kinderhaus des neuen Kibbuz Kiryat Anavim eine eigenständige Persönlichkeit zu entwickeln. Und es war nicht leicht, in einem Land zu leben, das von zwei völlig verschiedenen Völkern als gottgegebenes Erbe betrachtet wurde.

Alles, was Zohora tat, wurde als selbstverständlich betrachtet. Hoffte die Kleine auf Lob, hörte sie statt dessen nur: »Natürlich ist das Kind von Zeta und Yehuda mutig, wie könnte es auch anders sein?« Nie konnte sie ein Vergehen unglücklichen Umständen zuschreiben, immer war sie verantwortlich. Noch in Windeln mußte Zohora wie alle anderen Kinder lernen, die strengen Regeln der Gemeinschaft zu befolgen.

Kaum hatte sie laufen gelernt, suchte sie schon nach Möglichkeiten, sich zu widersetzen. Ihre erste Waffe im Widerstreit mit der Umwelt hieß Nahrungsverweigerung. Weder das größte Versprechen noch Bestechungsgeschenke oder gar Strafandrohungen konnten sie dazu bewegen, ihren Milchbrei anzurühren. Stundenlang blieb sie eines Tages stoisch vor ihrem Teller sitzen und beobachtete, wie das Essen langsam kälter wurde. Unerschütterlich ging sie hungrig zu Bett. Zohora schlief mit dem Gefühl der Genugtuung ein, denn zum ersten Mal in ihrem Leben hatte sie ihren Willen durchgesetzt.

»Zetas Tochter«, sagte die Pflegemutter im Kinderhaus achselzuckend, wenn die Zweijährige sich weigerte, an der Hand zu gehen, und statt dessen furchtlos alleine über die steinigen Pfade der Siedlung stolperte. Schon ihre Mutter hatte sich geweigert, an der Hand der Eltern zu gehen, und gleich nach Schulabschluß kehrte sie dem bequemen Elternhaus den Rücken zu. Alleine reiste sie von Polen durch das von Revolutionswirren erschütterte Rußland nach Odessa, um dort mit einer Gruppe gleichgesinnter Jugendlicher die Grundbegriffe der Agrarwissenschaften zu studieren. Nach der Revolution bestiegen sie das erste Boot, das sie in den Nahen Osten brachte.

In Palästina heiratete Zeta alsbald den Leiter der Jugendgruppe, den einundzwanzigjährigen Jehuda Leviatov. Das junge Paar verbrachte seine Flitterwochen mit dem Aufbau der ersten jüdischen Siedlung in den Hügeln von Jehuda. Statt im eleganten elterlichen Badezimmer in parfümiertes Wasser zu steigen, schleppte Zeta mit Hilfe eines kränklichen alten Esels große Blechkannen voll Brunnenwasser vom nächstgelegenen arabischen Dorf den Hügel hinauf zu ihrer Siedlung. In stolzer Einsamkeit enstand hier der Kibbuz Kiryat Anavim. Zeta beteiligte sich am Bau der Zisterne, die das Regenwasser sammeln sollte, sie half mit, die Ställe zu bauen, die das neu angeschaffte Vieh beherbergen sollten, und sie baute mit den anderen das erste Steinhaus, das die zerissenen Zelte ersetzen sollte. Ein spärlich möbliertes Zimmer in diesem einfachen Häuschen war ihr Zuhause, und dort wuchs auch ihre Tochter heran.

Dem Kind erschien es völlig natürlich, daß die Mutter wie die anderen Frauen im Kibbuz schwere Steine von den Feldern wegschleppte, bevor die künftige Ernte gesät werden konnte. Erst als sich ihre Mutter wütend über eine neue Regel beschwerte, die nur Männern erlaubte, ein Lastauto zu fahren, hörte Zohora zum ersten Mal, daß es doch nicht so selbstverständlich war, daß Männer und Frauen die gleiche Arbeit verrichteten.

Der Sommer 1932 war ungewöhnlich heiß. Die kürzlich von ihren Eltern gepflanzten Nadelbäume waren kaum größer als sie selbst und warfen noch keine Schatten. Der Kibbuz besaß keinen Spielplatz, und so war die Kleine gewöhnt, überall zu spielen. Da es aber zu gefährlich war, Kleinkinder allein herumlaufen zu lassen, durfte sich Zohora nicht außerhalb des Blickwinkels der Erwachsenen aufhalten. Es war für den Vater nicht leicht, seiner Tochter zu erklären, daß die jüdischen Siedlungen immer wieder von Arabern überfallen wurden; unlängst waren in nur einer Woche über hundert Juden in Hebron und Safed erschlagen worden. Auf ihren wöchentlichen Spaziergängen am Sabbat versuchte Jehuda immer wieder, seiner Tochter die politische Situation zu erklären. Schweren Herzens mußte er von ihr fast militärische Disziplin verlangen. Doch zu seinem Erstaunen schien das kleine Mädchen zu verstehen, was nötig war, und wenn Zohora etwas verstand, war sie sogar bereit, Anordnungen bis auf den Buchstaben genau zu befolgen.

Buchstaben und Wörter faszinierten sie zutiefst. Zum Vergnügen der Erwachsenen bemühte sie sich besonders, gerade die längsten und schwierigsten Wörter nachzusagen und anzuwenden. Lesen lernte Zohora von alleine. Seit ihrem vierten Geburtstag waren Bücher stets ihre liebsten Geschenke. So konnte niemand verstehen, warum das talentierte Kind die Schule so haßte. Die Grundschule des Kibbuz war noch im Aufbau. Es gab nur eine Lehrerin, die alle Kinder in einem Zimmer unterrichtete. Zohora war das einzige Mädchen ihrer Altersgruppe und die einzige, die bereits flüssig lesen konnte. Auch wenn die Kinder gleichberechtigt erzogen wurden, konnte nicht verhindert werden, daß sie als Mädchen von den Jungen ausgeschlossen wurde. Der Männerstolz der Spielkameraden konnte einfach nicht ertragen, daß Zohora besser war als sie. Tagein tagaus bekam sie zu hören: »Du bist doch bloß ein Mädchen!« So ließ ihr Interesse am Lernen immer mehr nach, während ihrem Eigensinn kaum mehr was entgegenzusetzen war. Zohora wehrte sich mit allen Kräften, als ihr die Mutter einen schönen breitkrempigen Hut auf ihre schwarzen Locken setzen wollte, der sie vor der starken Sonne schützen sollte. Dieser Hut hätte es noch augenscheinlicher werden lassen, daß sie bloß ein Mädchen war. Am Ende des Machtkampfes zwischen Mutter und Tochter begann das kleine Mädchen zu fiebern und rückte endlich mit ihren Schwierigkeiten heraus und erzählte von ihrem Kummer.

Dieser männliche Chauvinismus der kleinen Jungen aus der Elementarklasse beeinträchtigte die ganze Gemeinschaft. Zeta verstand ihre Tochter und wollte diese Spannungen endlich beseitigt wissen. Dafür verlangte sie die Unterstützung Jehudas, der jedoch wie bei den meisten Krisen im Hause Leviatov abwesend war. Zeta war nicht länger bereit, die Erziehung ihrer eigensinnigen kleinen Tochter und die des neugeborenen Sohnes weiterhin allein zu bewältigen.

Als Ältester der Siedlung war Jehuda von Anfang an mit den organisatorischen Angelegenheiten der Gemeinschaft betraut. Der Milchverkauf wurde von ihm so erfolgreich durchgeführt, daß andere Kibbuzim Jehuda um Unterstützung baten. Auch war es ihm gelungen, von der Bank eine Anleihe zur Anschaffung eines Lastwagens zu bekommen. Es verging keine Woche mehr, ohne daß nicht ein anderer Kibbuz Jehudas Rat und Hilfe benötigte. So war er ständig in Jerusalem oder Tel Aviv unterwegs, und wenn er den letzten Autobus nach Hause verpaßte, sah er weniger vom Lockenkopf seiner Tochter als von den Glatzen seiner Kollegen. Es gab nicht die geringste Hoffnung darauf, daß der Vater wieder mehr zu Hause sein würde. Im Gegenteil. Während sich Zohora durch die erste Klasse quälte, kam Hitler an die Macht. Jetzt war Jehuda zusätzlich damit beschäftigt, jüdische Flüchtlinge aus Deutschland in Palästina zu betreuen. Zeit für die Familie hatte er nun überhaupt nicht mehr.

Angesichts dieser sich zuspitzenden familiären Situation rief Zeta eine Generalversammlung des Kibbuz ein. Diese beschloß, der Familie ein Jahr Urlaub zu gewähren, da sie ihre Pflichten als Gründungsmitglieder der Siedlung zur allgemeinen Befriedigung erfüllt hätten. Daraufhin zog die Familie in eine bescheidene Wohnung nach Jerusalem. Hier kam Zohora zum ersten Mal in ihrem Leben in den Genuß modernen Komforts. Es gab fließend warmes Wasser, ein Badezimmer und eine Toilette gleich neben dem Schlafzimmer – nicht wie im Kibbuz zehn Meter vom Haus entfernt. Das Frühstück bekam sie von der Mutter serviert und nicht mehr wie früher im großen Speisesaal, weil die Mutter schon vor Sonnenaufgang auf das Feld eilen mußte.

In Jerusalem konnte Zohora auch eine ordentliche Schule besuchen. Hier war sie nicht mehr das einzige Mädchen unter einer Horde wilder Jungen. Es dauerte nicht lange und Zohora schloß intensive Freundschaften mit ihren Schulkameradinnen. Das Lernen machte ihr wieder Spaß. Das Leben war herrlich, und sie sah keinen Grund, warum es sich je wieder ändern sollte. Der Name Hitler, den sie allmählich immer öfter zu hören bekam und noch nicht recht einordnen konnte, war noch keine Bedrohung.

Es entging Zohora allerdings nicht, daß ihre Eltern in Jerusalem damit beschäftigt waren, den geflohenen Juden aus Deutschland zu helfen. Was das für die Zukunft bedeuten würde, konnte sie jedoch noch nicht ermessen. Die neue Wohnung war stets voll von Fremden. Auf dem Boden zu schlafen, weil ein anderer ihr Bett nötiger brauchte als sie, wurde ihr zur Gewohnheit. Bis spät in die Nacht hörte sie ihre Eltern mit anderen darüber debattieren, wie die vierhunderttausend in Palästina ansässigen Juden, die selbst einen schweren Existenzkampf führten, sechzigtausend mittellose Flüchtlinge aufnehmen könnten. Und immer wieder hieß es dann: »Wir müssen die Zähne zusammenbeißen und es irgendwie schaffen!« Zohora lernte viel in dieser Zeit. Aber das Wort »unmöglich« lernte sie nicht. Es gehörte nicht zum Wortschatz ihrer Umgebung.

Ihr Vater wurde immer häufiger nach Europa geschickt, um die Emigration jüdischer Glaubensbrüder in die Wege zu leiten. Ein so begabter und tatkräftiger Mann durfte nicht länger seine Zeit damit verbringen, Land zu bebauen oder ein beschauliches Leben in Jerusalem zu führen. Er wurde am Ort des Geschehens gebraucht, dort, wo die Flüchtlinge sofortige Hilfe benötigten, wenn sie halbtot von den unendlichen Strapazen der Überfahrt auf den Flüchtlingsschiffen in Tel Aviv ankamen. Wieder einmal mußte Zeta ihr Bündel packen, und die kleine Familie zog von Jerusalem in das noch im Aufbau begriffene Tel Aviv. Die Fenster der neuen Wohnung boten Aussicht auf das Meer. Für Zohora war das ein gewisser Trost für den Verlust ihrer Freundinnen. Täglich konnte sie stundenlang beobachten, wie sich verängstigte Menschen an ihr ganzes Hab und Gut klammerten, während sie von mürrisch blickenden Arabern in kleinen Booten an Land gerudert wurden.

Im April 1936 verschärfte sich die politische Situation. Aus Protest gegen die jüdische Einwanderungswelle traten die Araber in einen Generalstreik. Nun war der Hafen leer und verlassen. Im Sommer verwandelten sich die Straßen Palästinas in regelrechtes Kampfgebiet. Jedesmal, wenn Jehuda Tel Aviv verlassen mußte, küßte er seine Kinder zum Abschied, als ob es das letzte Mal wäre. Wie leicht war es möglich, daß der Bus überfallen oder Jehuda einer Kugel zum Opfer fallen würde. Den Vater zu begleiten, um alte Freunde in Jerusalem wiederzusehen, war unmöglich. Als Zohora anfing, selber die Zeitung zu lesen, befand sie sich in ständiger Angst und Sorge um den Vater. Täglich war zu lesen, daß Juden ermordet wurden.

Um sie von den politischen Ereignissen ein wenig abzulenken, schlugen die Eltern Zohora vor, in eine Jugendbewegung einzutreten. Sie willigte begeistert ein, ohne zu ahnen, daß das den Anfang ihrer künftigen Laufbahn markierte. Vom ersten Tag an war sie mit Feuer und Flamme dabei. Nichts schien ihr schöner, als in Zelten zu schlafen,

Befehle zu erhalten und sich in eine Gemeinschaft einzufügen. Zohora war voller Idealismus, ganz so, wie es ihr ihre Eltern immer vorgelebt hatten. Ihr die Bedeutung dieses Wortes noch zu erklären war nicht nötig. Patriotismus lag in der Luft. Nichts war selbstverständlicher als sich dafür einzusetzen, daß vertriebene Juden ein Recht auf ihre eigene Heimat bekämen.

Zohora war mit ihren elf Jahren nun alt genug, die politische Situation selber beurteilen zu können. Besonders unverständlich erschienen ihr die hilflosen Versuche der Engländer, den arabischen Aufstand mit Hilfe von Ausgangssperren einzudämmen. Denn unter diesem Verbot hatten nicht nur die Araber, sondern auch die Juden – und nicht zuletzt die Arbeit ihres Vaters – zu leiden. Zohora unterstützte ihre Eltern und übernahm, so gut es ihr möglich war, die Vermittlung geheimer Nachrichten.

Zohoras Generation hatte keine unbeschwerte Kindheit. Alle bangten damals um die Sicherheit naher Verwandter in Europa. Die jüdische Selbstschutzorganisation Haganah fand großen Zulauf. Nicht nur Männer, auch Frauen lernten dort, mit Waffen umzugehen. Und die Herren der Schöpfung mußten bald einsehen, daß sich die Frauen auf Täuschungsmanöver und andere Tricks viel besser verstanden als sie selbst. Zohoras Hilfe war allen willkommen. Endlich hatte sie nicht mehr darunter zu leiden, daß sie nur ein Mädchen war.

Der angehende Backfisch hatte keine Zeit, Geschichte in der Schule zu lernen. Zohora war vielmehr damit beschäftigt, Geschichte zu leben. Der Ausbruch des Zweiten Weltkrieges wurde zum neuen Kapitel dieser Lektion des Lebens. Viele Väter ihrer Freundinnen meldeten sich bei der

Britischen Armee, um sich am Kampf gegen Hitler zu beteiligen. Zohora war nun dreizehn Jahre alt und tat ihr Bestes, ihren älteren, in der Haganah organisierten Freunden nachzueifern, wenn es darum ging, jüdischen Flüchtlingen zu helfen, palästinensischen Boden zu betreten. Statt wie vorher am Lagerfeuer zu sitzen, versuchten die Jugendlichen nun, illegale Einwanderer ins Land zu schmuggeln. Auch Zohora hatte sich an die absolute Schweigepflicht zu halten und durfte selbst gegenüber ihrer Familie kein Wort über ihre Aktivitäten erwähnen. Zeta konnte sich nie sicher sein, ob ihre Tochter an Sommerabenden mit halbwüchsigen Romeos herumschäkerte oder in viel gefährlichere Dinge verwickelt war.

Eines Abends, ausgerechnet während eines Luftangriffs auf Tel Aviv, waren nicht nur Zohora, sondern auch ihr kleinerer Bruder Amos verschwunden. Nun hatte die Mutter endgültig genug. Kurzentschlossen packte sie die beiden protestierenden jungen Helden am Kragen und brachte sie zu den Großeltern nach Rechovot ins Landesinnere. Doch das romantische Häuschen, friedlich zwischen Weinreben und Mandelbäumen gelegen, fand in den Augen der Enkelin keine Gnade. Was sollte sie hier in diesem langweiligen Nest schon anfangen, noch dazu so weit weg von allen Freuden und ihrer so wichtigen Jugendgruppe? Heulende Schakale brachten sie um den Schlaf, und die Schüler des neuen Gymnasiums bildeten eine geschlossene Gemeinschaft, zu der sie keinen Anschluß fand. Ihre geheime Arbeit konnte Zohora in Rechovot nicht fortsetzen. Dafür war der Ort von den Landungsplätzen am Strand zu weit entfernt. Hätte es nicht Amichai, den Nachbarjungen, gegeben, wäre sie mit ihrem Bruder vermutlich schon bald davongelaufen. Doch so hörten die drei gemeinsam Musik, lasen Filmzeitungen und sehnten sich danach, endlich als Erwachsene behandelt zu werden.

Dieser Wunsch sollte sich schneller erfüllen, als sie dachten. Eines Tages war Amichai verschwunden. Es hieß, er besuche nun eine besondere Schule für Agrarwissenschaften im Norden Palästinas. Zohora wußte, daß er dort noch so manche andere Dinge lernen würde. Nichts wünschte sie sich sehnlicher, als Amichai so bald wie möglich folgen zu können. Sie war bisher nie eine große Sportlerin gewesen, doch nun begann sie, eifrig zu trainieren. In ihrer Freizeit nahm sie Turn- und Kletterunterricht und beteiligte sich an zehnstündigen Marschübungen.

In ihrem letzten Schuljahr rückte das ersehnte Kriegsende täglich näher. Die Alliierten befreiten die Vernichtungslager, und nun erfuhren die Juden Palästinas die ganze schreckliche Wahrheit. Verzweifelt suchten alle die kurzen Listen nach Namen von Freunden und Verwandten ab, die als Überlebende angegeben wurden. Es gab kein anderes Gesprächsthema als die Frage, wie die Überlebenden des Holocaust nach Palästina geholt werden könnten. Die Lage war höchst dramatisch und konnte täglich explodieren. Die Engländer schlossen die Tore der 1917 in der Balfour-Deklaration den Juden versprochenen »Nationalen Heimstätte« in Palästina, so daß ein Wiedersehen mit den wenigen überlebenden Familienmitgliedern unmöglich schien. Ausgerechnet in dieser Zeit sollte sich Zohora auf die Schule konzentrieren und sich auf das Abitur vorbereiten!

Gleich nachdem sie die letzten Prüfungen bestanden hatte, verließ sie Rechovot, um ein Kibbuz-Seminar zu besuchen. Jehuda hatte die richtige Vermutung, daß seine

Tochter dort keine akademische, sondern eine militärische Ausbildung erhalten würde. War doch jeder einzelne von ihnen auf irgendeine Weise in den Kampf gegen die Engländer und ihre arabischen Schützlinge verwickelt. Auch Zohora schloß sich der Stoßtruppe Palmah der Haganah an. In dieser organisierten Armee hatte man sich für mindestens zwei Jahre zu verpflichten. Da es täglich zu Auseinandersetzungen zwischen schlecht ausgerüsteten jüdischen Jugendlichen und englischen Soldaten kam, konnte es sich die Stoßtruppe nicht leisten, Mädchen auszuschließen. Ohne sich mit den Eltern zu beraten oder auch nur ein Sterbenswörtchen anzudeuten, unterschrieb Zohora den Vertrag.

Die nächsten Monate verbrachte sie im Kibbuz Tel Josef. Dort lernte sie mit Waffen umzugehen. Nach Beendigung der ersten Phase dieser Ausbildung wurde sie in den Kibbuz En Harod geschickt. Tagsüber arbeitete sie auf dem Feld, nachts half sie illegalen Einwanderern. Immer wieder kam es zu Gefechten mit arabischen Terroristen. Angriffe auf jüdische Siedlungen häuften sich. Das Gewehr war bald ein wohlvertrauter Gebrauchsgegenstand.

Um sich in ihrer knappen Freizeit etwas abzulenken, griff Zohora zu spannender Lektüre. In En Harod gab es eine umfangreiche Bibliothek. Hier entdeckte sie den Prager Schriftsteller Franz Werfel. Der Soldat Shmuel Kaufmann, Shmulik genannt, teilte ihre Leidenschaft. Über Werfels Roman *Das Lied von Bernadette* kamen sich beide näher, und es entstand eine intensive und folgenreiche Freundschaft. Doch der Frühling des Jahres 1946 bot nicht den richtigen Boden für eine aufblühende Liebesbeziehung, erst recht nicht, wenn beide einer illegalen Armee angehörten.

Durch den von Golda Meir organisierten Hungerstreik konnte im Mai desselben Jahres erreicht werden, daß Tausende von jüdischen Einwanderern eine Einreiseerlaubnis erhielten. Endlich erhielt die prekäre Lage der überlebenden Opfer des Nationalsozialismus weltweite Aufmerksamkeit. Dieser Sieg war teuer erkauft. Doch die britische Mandatsmacht wollte ihre Niederlage nicht so einfach hinnehmen. Auch jordanischen und libanesischen Arabern wurde die Einreise erlaubt. Als Antwort darauf sprengte »Palmah« alle Brücken, über die die arabischen Kämpfer nach Palästina kommen könnten. Das war die gefährlichste Aktion, an der Zohora bisher teilgenommen hatte. Niemand dachte daran, daß sie »bloß ein Mädchen« war. Zohora Leviatov befand sich in einer ausgesuchten Eliteeinheit, die die Aufgabe hatte, die Brücke von Aziv nahe der libanesischen Grenze zu sprengen.

In der Nacht vom 16. zum 17. Juni sollte die Sprengaktion gemeinsam mit Palmah-Angehörigen aus Jagur durchgeführt werden. Unter den jungen Soldaten aus Jagur befand sich auch ihr Schulkamerad aus Rechovot, Amichai Gliebner. Zohora hatte ihn seit seinem Verschwinden nicht mehr gesehen. Den Austausch von Erinnerungen mußten sie jedoch auf den Tag nach ihrem Wiedersehen verschieben. Amichai tröstete sie lachend, denn was bedeuteten schon einige Stunden nach so vielen Jahren!

Amichai und dreizehn weitere Palmah-Soldaten hatten den Auftrag, die Vorhut bei der Sprengaktion zu bilden und einen mit Sprengstoff gefüllten Rucksack an der Brücke zu deponieren. Zohora sollte mit einigen anderen folgen und den Sprengstoff zünden. Bald nachdem die jungen Männer aufgebrochen waren, wurde die Stille der Nacht durch einen lauten Schuß unterbrochen. Dann war eine gewaltige Explosion zu hören. Ein arabischer Brückenwächter hatte ein verdächtiges Geräusch vernommen und losgeschossen. Die Kugel traf den Rucksack. Amichai und die anderen Soldaten fanden ein grausames Ende.

Die Explosion warf auch Zohora zu Boden. Mund und Augen füllten sich mit Sand, dann verlor sie das Bewußtsein. Von ihren unverletzten Kameraden wurde sie schnellstens zurück ins Kibbuz gebracht. Noch bevor sie begriffen hatte, was passiert war, drückte man ihr ein Baby an die Brust, schob sie in das Kinderhaus und flüsterte ihr zu: »Du bist eine stillende Mutter.« Trotz ihrer Benommenheit schaffte Zohora es, die Engländer, die den Kibbuz wütend nach Schuldigen durchsuchten, zu täuschen. Erst spät am Abend konnte Zohora in ein Krankenhaus gebracht und ärztlich behandelt werden. Sie hatte alles glimpflich überstanden, ihr Augenlicht war jedoch noch in Gefahr.

In sämtlichen Siedlungen des Nordens wurde inzwischen nach den Urhebern der Explosion gefahndet. Nach En Herod zurückzugehen wäre für Zohora zu gefährlich gewesen. Sobald sie halbwegs genesen war, wurde ihr von der Palmah befohlen, zu ihren Eltern nach Rechovot zu fahren und dort »Erholungsurlaub« zu machen. Gern hätte Zohora auf diesen Besuch verzichtet, denn es war nicht leicht, die Familie anzulügen. Aber sie hatte keine andere Wahl. Sie mußte behaupten, daß sie sich eine Art Erblindung durch zu langes Arbeiten in der Sonne zugezogen hätte. Obwohl Jehuda an dieser Geschichte zweifelte, ahnte er nicht im geringsten, daß seine neunzehnjährige Tochter an einer der gewagtesten Aktionen des jüdischen Widerstandes teilgenommen hatte. In Rechovot kehrte das Augenlicht Zohoras langsam wieder zurück.

Noch schwerer als ihre Eltern zu belügen war das unvermeidliche Zusammentreffen mit Amichais Eltern. Sie wußten noch nichts von der Tragödie. Es kostete Zohoras ganze Kraft, die Wahrheit zu erzählen, ohne in Tränen auszubrechen. Danach hatte sie nur noch einen Wunsch: so schnell wie möglich zu ihrer Einheit zurückzukehren. Dort wurde jeder einzelne gebraucht.

Am 29. Juni, es war der letzte Tag ihres Urlaubs, machten die Engländer gegen die Juden Palästinas auf breiter Front mobil: Britische Soldaten drangen in sämtliche jüdische Siedlungen ein und suchten sie nach Waffen ab, nach Waffen, die doch so dringend im Kampf gegen arabische Terroristen benötigt wurden. Nach Beratung mit ihrem Vater verbrachte Zohora den ganzen Tag im Haus und fuhr erst am nächsten Tag nach En Herod zurück. Dort erfuhr sie von der Verhaftung der gesamten jüdischen Führungsspitze.

Zu ihrer großen Erleichterung stellte Zohora fest, daß Shmuel Kaufmann trotz allem mit der Ausbildung seiner Leute fortfuhr. Gemeinsam träumten sie in ruhigen Stunden davon, in London oder New York zu studieren. 1946 war es unter den jungen Leuten noch nicht üblich, sich in der Öffentlichkeit als Paar zu bekennen. Es erregte die Gemüter gewaltig, daß Zohora und Shmuel ein Zelt teilten. Nicht nur ältere Menschen, auch ihre Altersgenossen empfanden, daß dies doch ein wenig zu weit ginge. Doch Zohora und Shmuel kümmerten sich nicht um das Gerede. Sie hatten so wenig Zeit zusammen und wollten darauf nicht verzichten.

Anfang Mai 1947 sollte ihr neues Leben in Amerika beginnen. Gemeinsam wollten sie den Kibbuz an einem Freitagmorgen verlassen, verschoben ihren Abreisetermin jedoch auf Sonntag, da der Kibbuz sie nicht ohne ein Abschiedsfest gehen lassen mochte. Nach der lauten und fröhlichen Feier schliefen die beiden länger als gewöhnlich, und während Zohora die Sachen packte, ging Shmuel noch einmal auf eine Übung mit neuen Rekruten, um ihnen den Umgang mit Handgranaten zu zeigen. Etwas erstaunt darüber, daß er sie nicht wie verabredet zum Mittagessen abholte, ging Zohora allein in den Speisesaal. Dort herrschte tödliches Schweigen. In dem sicheren Glauben, daß es sich nur um eine Überraschung handeln könnte, blickte sie erwartungsvoll auf ihre Freunde. Langsam bemerkte sie das Entsetzen auf allen Gesichtern. Endlich fand einer von ihnen den Mut, zu berichten, daß Shmuel und zwei der jungen Rekruten einer versehentlich explodierten Handgranate zum Opfer gefallen waren.

Shmuels sterbliche Überreste wurden nach Jerusalem überführt. Völlig benommen stand Zohora an seinem Grab. Sie konnte und wollte nicht glauben, daß er tot war. In den ersten Tagen schrieb sie lange Briefe an ihn. Immer wieder stellte sie darin die Frage, ob es eine stärkere Macht gäbe als den eigenen Willen. Welche versteckte Hand hatte ihn von ihr gerissen? Mit diesen Briefen an den toten Geliebten wollte Zohora den Faden ihrer Liebe nicht reißen lassen.

Weder ihre Eltern noch Shmuels Vater konnten den Zustand Zohoras noch länger mit ansehen. Etwas mußte geschehen, um sie aus ihrer tiefen Depression herauszuholen. Gleichgültig ging sie auf den Vorschlag ein, Shmuels Schwester, die in Philadelphia verheiratet war, zu besuchen.

Dieser Ortswechsel erwies sich als die beste Medizin. Zohoras Intelligenz und Neugier erwachten wieder. All die neuen Dinge machten einen großen Eindruck auf sie, und die sozialen Unterschiede erschütterten sie zutiefst. In ihren Briefen nach Hause beschrieb sie, unter welch erbärmlichen Lebensumständen die Schwarzen in den Slums zu leiden hätten, während ein paar Straßenzüge weiter Villen im Kolonialstil, gigantische Kaufhäuser und glitzernde Einkaufsstraßen zu sehen wären. Und wie schön war der ihr bisher unbekannte Anblick schneebedeckter Landschaften! Alles, worüber sie tagsüber staunte, schrieb sie während schlafloser Nächte in ihren Briefen nach Hause.

Auf Anraten ihres Vaters schrieb Zohora sich an einer Universität in New York ein, um sich beruflich auf ihr Leben im zukünftigen jüdischen Staat vorzubereiten. Gemeinsam mit anderen Studenten saß sie am 29. November 1947 vor dem Radio und hörte den Beschluß der UNO, das kleine Land Palästina in einen jüdischen und einen arabischen Staat zu teilen. Daß die Araber sich dieser Idee widersetzten, überraschte sie nicht. Jetzt waren ihre Briefe voller Sorgen und pessimistischer Ahnungen, denn Zohora fürchtete, daß sich die jüdische Minderheit unmöglich gegen die Übermacht der Araber zur Wehr setzen könne.

Nachrichten von zu Hause bestätigten ihre Befürchtungen. Noch bevor der jüdische Staat Wirklichkeit wurde, griff die arabische »Befreiungsarmee« an. Die Zeitungen berichteten über Straßenkämpfe in Jerusalem, über die Blockade der westlichen Verbindungsstraße nach Tel Aviv und von einem Massaker an jüdischen Krankenschwestern, die sich gerade auf dem Weg in ihre Klinik befanden. Fast täglich erhielt Zohora Nachricht über gefallene Kameraden. »Bald werde ich die einzig Überlebende meiner Gruppe sein. Ich komme mir vor wie eine Neunzigjährige«, schrieb sie. Das Schicksal ihrer Freunde aus so großer Entfernung ertragen zu müssen wurde für Zohora unmöglich. Die meisten Schulkameradinnen waren nun mitten im Gefecht, während sie tausend Meilen entfernt die chemische Zusammensetzung verschiedener Flüssigkeiten bestimmen sollte. Viele Studienfreunde brachen ihre Ausbildung ab und fuhren nach Hause, um mitzukämpfen.

Als Zohora erfuhr, daß die Haganah eine viermonatige Ausbildung für Piloten plane, gab es auch für sie kein Halten mehr. Und die Auskunft, daß der Kurs nur für Männer angeboten werde, beeindruckte Zohora wenig. Tag und Nacht diskutierte sie mit den amerikanischen Vertretern der Haganah und beharrte darauf, daß bis dato nie ein Unterschied zwischen Männern und Frauen gemacht wurde und daß alle, ohne Unterschied, zum Dienst an der Waffe einberufen werden. Und: Einige Kampfeinheiten standen sogar unter weiblicher Führung! Warum also sollten Frauen einerseits in den Bodentruppen kämpfen, andererseits jedoch zum Krieg in der Luft nicht taugen?

Während einige der amerikanischen Kursleiter den Kopf schüttelten, erinnerten sich andere an den Mut, den Zohora in der »Nacht der Brücken« bewiesen hatte. Schließlich konnte sie ihren Willen durchsetzen. Es wurde ihr erlaubt, an den vorgeschriebenen Aufnahmeprüfungen teilzunehmen, wobei man insgeheim hoffte, daß eine junge Frau die schweren physischen Belastungen letztendlich nicht aushalten werde. Aber Zohora bestand die Prüfungen mit Leichtigkeit und war bereit, die Ausbildung zu beginnen.

Als ihre Eltern von Zohoras Entscheidung hörten, begab Jehuda sich sofort nach New York. Diese Reise hätte er sich ersparen können: Zohora war nicht von ihrem Vorhaben abzubringen. Gelassen zeigte sie ihrem Vater die Sehenswürdigkeiten der Stadt. Ohne ein weiteres Wort zu verlieren, fuhr sie zum gegebenen Zeitpunkt nach Kalifornien, wo das Training stattfinden sollte.

Von früh bis spät war sie nun damit beschäftigt, sich die Grundbegriffe der Mechanik und Aeronautik beizubringen. Die Tatsache, daß sie die einzige Frau in dieser Ausbildung war, erregte unter ihren Kollegen kein großes Aufsehen. Und für Zohora hatte das Leben wieder einen Sinn. Je mehr Kontrolle in der Luft sie sich erwarb, desto fester wurde der Boden unter den Füßen. Als einzige der Klasse bestand sie alle Abschlußprüfungen mit Auszeichnung. Ihr allein wurde es angeboten, einen ausgedehnten Alleinflug zu unternehmen. Das war für Zohora so aufregend, daß sie noch in der selben Nacht, am 14. April 1948, nach Hause schrieb: »Also begann ich heute meinen ersten Langstreckenflug. Ich hatte genügend Treibstoff für einen viertelstündigen Flug, plante meine Strecke mit der Hilfe von Landkarten, berechnete Geschwindigkeit, Windrichtung etc. Wegen starkem Gegenwind belief sich die Geschwindigkeit von 120 Std/km in der Luft auf eine Bodengeschwindigkeit von 70 Std/km. Als ich über den Pazifik flog, stieg plötzlich starker Nebel auf, und ich konnte nichts mehr erkennen. Auf Anraten des Funkpersonals änderte ich meinen Kurs, und dabei passierte mir ein Fehler. Ich verlor den Kontakt mit der Funkstation, unter mir waren hohe Berge, die Küste war nicht mehr zu sehen. Inzwischen war es 7 Uhr Abend geworden, es dämmerte, ich befand mich inmitten von dichten Wolken. Der Treibstoff begann knapp zu werden. Ich konnte weder einen Flughafen, noch einen Fluß, noch sonst etwas sehen, woran ich mich hätte orientieren können. Das war eine höllisch unangenehme Situation. Ich wußte nicht, was ich tun sollte, aber ich mußte irgendwie aus dem Schlamassel herauskommen. Ich konnte niemanden um Rat fragen und mußte mich ganz auf mich selbst verlassen. So zwang ich mich, ruhig und besonnen vorzugehen. Nach einer schrecklichen halben Stunde flog ich wieder über bewohntes Gebiet. Ich hatte fast keinen Treibstoff mehr, es war schon dunkel, aber ich konnte trotzdem einen kleinen Flughafen ausfindig machen. Hier befinde ich mich nun, in diesem gottverlassenen Nest. Direkt nach der Landung stellte ich den Funkkontakt wieder her und erklärte unseren Leuten, was geschehen war. Sie arrangierten, daß mir ein anständiges Quartier zur Verfügung gestellt wurde und alles, was für den morgigen Rückflug nötig ist.«

Für jemanden, der weniger als hundert Flugstunden hinter sich hat, war dieser Alleinflug eine beträchtliche Leistung. Nicht einmal der größte Frauenfeind hätte ihr den Pilotenschein wieder entziehen können. Als das Dokument mit allen nötigen Stempeln versehen war, machte sich Zohora auf den Weg nach Hause.

Als sie Palästina verlassen hatte, war die Bevölkerung in einen Kampf auf Leben und Tod verwickelt gewesen. Nun kehrte sie in den Staat Israel zurück, der genau eine Woche zuvor gegründet wurde und nun sechs gut ausgerüsteten arabischen Armeen gegenüberstand. Jerusalems Straßen wurden Tag und Nacht beschossen. Ein Wiedersehen mit den Eltern war unmöglich. Zohora hatte nicht damit gerechnet, daß die Situation so ernst war. Seit mehr als zwei Monaten waren ihre Briefe in Jerusalem nicht mehr zugestellt worden. In der belagerten Stadt herrschte Hunger. Die erste hebräische Zeitung, die Zohora in den Händen hielt, trug auf der Titelseite die Schlagzeile »Die Verteidiger der Jerusalemer Altstadt ergeben sich nach heldenhaftem Abwehrkampf«. Weiterhin war zu lesen, daß den Einwohnern der Stadt wöchentliche Rationen von jeweils hundert Gramm Gerste, Linsen, Margarine und Kaffee und achtzig Gramm Käse zustünden. Fleisch, Brot, Gemüse, Milch oder Obst gab es nicht. Jeder Bissen blieb Zohora im Hals stecken, wenn sie an ihre Familie dachte.

Die junge Pilotin meldete sich noch am Tag ihrer Ankunft beim Kommando der Armee. Auf diesen Moment hatte sie vier Monate gewartet. Die erste Reaktion des Majors war enttäuschend. Tief in seinen Sessel zurückgelehnt, erzählte er, daß sich die Einstellung der Politik in bezug auf Soldatinnen in den letzten Monaten verändert hätte. Was war geschehen? Bisher konnten Frauen ohne weiteres eine Ausbildung als Kompanieführerinnen erhalten und sich aktiv am Nahkampf beteiligen. Das hatte jedoch tragische Folgen gehabt, wie Zohora zu hören bekam: Nativa Ben Jehuda leitete einige besonders gefährliche, aber erfolgreiche Angriffe im Norden des Landes, wobei sie nur knapp einem Entführungsversuch entkommen war. Die Araber, wutentbrannt darüber, von einer Frau besiegt worden zu sein, schworen bittere Rache. Nativa wurde daraufhin nicht mehr an die Front geschickt, sondern damit beauftragt, im Hinterland Rekruten auszubilden.

Zohora fragte ironisch nach: »Und wo genau ist eigentlich das Hinterland?« Daraufhin zuckte ihr Gesprächspartner mit den Achseln und wiederholte nur, daß die Frage eines weiblichen Armeepersonals ganz neu überdacht werden müsse. »Aber Sie sind Pilotin, das ist etwas ganz anderes«, räumte er anschließend ein.

Die israelische Luftwaffe, die sich noch im Aufbau befand, konnte es sich eigentlich nicht leisten, wählerisch zu sein. 1940 hatten die Engländer das Training für jüdische Piloten verboten. Die wenigen Piloten, die es überhaupt gab, darunter Ezer Weizmann, hatten in der Royal Air Force gedient. Unter Weizmanns Leitung wurde nun mit Hilfe freiwilliger amerikanischer und südafrikanischer Piloten begonnen, eine eigene israelische Luftwaffe aufzubauen.

Obwohl Ezer Weizmann sich auch in den nächsten Jahren energisch gegen weibliche Piloten aussprach, wurde Zohora in der kleinen Gruppe von Fliegern, die Israel aus der Luft verteidigen sollten, aufgenommen. Bald wurde sie zum Offizier und zur stellvertretenden Geschwaderführerin befördert. Die hier zu steuernden Flugzeuge waren mit den ihr bekannten Maschinen keineswegs vergleichbar. »Der wichtigste Bestandteil dieser Flugzeuge ist der Draht, der die verschiedenen Teile zusammenhält«, berichtete Weizmann in seinem Buch *On Eagle Wings*. »Alles war völlig primitiv und unterentwickelt.«

Das galt auch für die Unterbringung der Piloten und Techniker, und Zohora sah sich gezwungen, die Schlaf- und Duschräume mit ihren männlichen Kollegen zu teilen. Aber während ihrer Kindheit im Kibbuz und ihrer Zeit in der Jugendbewegung hatte sie es gelernt, sich als einziges Mädchen unter mutigen, zu tollen Streichen aufgelegten jungen Männern zu behaupten. Die Unannehmlichkeiten des Alltags waren für Zohora kein Thema, sie verlor kein einziges Wort darüber.

Tag und Nacht war die Luftwaffe im Einsatz: Hohe Offiziere mußten von einer Frontlinie zur anderen geflogen werden, abgeschnittene Siedlungen brauchten Nahrungsmittel und Waffen, Verwundete mußten ins Lazarett gebracht und Feindstellungen mußten ausgekundschaftet werden. Da der Armee zuwenig elektronische Geräte zur Verfügung standen, wurden die Befehle des Hauptquartiers aus der Luft abgeworfen. Da es nicht genügend Flugplätze gab, mußte im Gelände gestartet und gelandet werden.

Zohora hatte kaum Zeit, Luft zu holen. Nie gab es genug Flugzeuge oder Piloten, ständig war sie im Einsatz. Erfahrenere Piloten waren damit beschäftigt, die eben erstandenen Maschinen des Ersten Weltkrieges zu warten. Golda Meir bemerkte einmal rückblickend, daß junge Rekruten wie Zohora den Verlauf des Krieges entscheidend beeinflußt hätten. 1948 existierte jedoch nur die Gegenwart. Zohora hatte keine Zeit, über die Vergangenheit oder die Zukunft nachzudenken. Ihre Depression hatte sie überwunden. Am Sieg über die Araber zweifelte niemand.

Als Zohora eines Tages den Auftrag erhielt, nach Jerusalem zu fliegen, um Nachrichten zu überbringen, stattete sie ihrer Familie einen kurzen Besuch ab. Freudig wurde sie von ihren Eltern empfangen. Wie glücklich waren sie darüber, daß ihre Tochter eine optimistische junge Kämpferin geworden war. Erschreckend war es für Zohora allerdings, feststellen zu müssen, wie sehr sich die Stadt seit ihrer Abreise verändert hatte. Jerusalem war vom Rest des Landes abgeschnitten. In langen Schlangen warteten die Menschen auf Lastwagen, die ihnen ihre notdürftige Wasserration brachten. Es herrschte großer Hunger, und überall lauerte die Gefahr, von arabischen Scharfschützen beschossen zu werden. Wieder wurde es Zohora klar, wie lebensnotwendig es war, ihre Heimat aus der Luft zu verteidigen.

Einige Tage später wurde Tel Aviv von der ägyptischen Luftwaffe bombardiert. Ohne lange Vorbereitungen hatten die nur flüchtig gewarteten Flugzeuge der israelischen Luftwaffe einen Gegenangriff zu starten. Da die Maschinen nur kampferfahrenen Piloten anvertraut wurden, erhielt Zohora keinen Einsatzbefehl.

Und wieder wurde der Einsatz von Frauen an vorderster Kampflinie durch einen schlimmen Vorfall in Frage gestellt: Im Kibbuz Nitzanim, der völlig abgeschlossen in der Wüste Negev lag, wurden Frauen und Kinder vor dem erwarteten ägyptischen Angriff evakuiert. Drei Frauen, darunter zwei Funkerinnen, hatten sich geweigert, ihren Posten zu verlassen. Später fand man ihre verstümmelten Leichen.

Die Entscheidung, ob Frauen weiterhin an der militärischen Verteidigung ihres Landes zu beteiligen seien oder nicht, wurde auf einen späteren Zeitpunkt verschoben, da sich die Meinungen sowohl innerhalb der militärischen Führungsspitze als auch innerhalb der Bevölkerung zu sehr widersprachen. Zohora blieb also weiterhin im Einsatz und kümmerte sich recht wenig um das Gerede der Leute. Der Krieg erstreckte sich nun von den Golanhöhen im Norden bis zum Negev im Süden des Landes. Der von der UNO verabschiedete Waffenstillstand brach nach wenigen Tagen wieder zusammen. Zohora überflog das Land mehrere Male am Tage. Sie hatte keine Zeit darüber nachzudenken, was passieren könnte, wenn feindliche Flugzeuge sie zu einer Landung zwingen würden.

Doch diese Gefahr war bald vorüber. Der Sieg der zahlenmäßig unterlegenen israelischen Luftwaffe über die ägyptischen Luftstreitkräfte brachte die entscheidende Wende. Nach dem erfolgreichen Kampf über Tel Aviv konnten die Siedlungen in Latrun, Ramle und im Negev zurückerobert werden. Mit dem darauffolgenden Waffenstillstand schien das Kriegsende in unmittelbare Nähe gerückt zu sein. Die Stimmung war optimistisch.

Ende Juli bekam Zohora einige Tage Urlaub, um ihre Eltern zu besuchen. Geschickt wich sie all ihren Fragen über persönliche Dinge und Probleme aus, indem sie ihrerseits nicht locker ließ, bis sie alles über das Leben in Jerusalem und das Schicksal ihrer Freunde und Bekannten erfahren hatte. Obwohl die Lebensmittelversorgung durch den Bau einer neuen Überlandstraße verbessert werden konnte, vermied sie es, die noch immer knappen Rationen der Eltern anzutasten, und beschränkte sich hauptsächlich auf dünnen schwarzen Kaffee.

Zohora verbrachte diese Tage fast ausschließlich zu Hause, denn es war noch immer gefährlich, durch die Straßen Jerusalems zu gehen. Im Zentrum wurde weiterhin geschossen. Noch am letzten Tag ihres Urlaubs fiel in der Nähe ihrer Wohnung eine Frau einem Scharfschützen zum Opfer.

Zur großen Freude der Eltern mußte Zohora ihre Abreise um einen Tag verschieben, da das Flugzeug, das sie abholen sollte, nicht angekommen war. Sehr früh am Morgen des nächsten Tages, es war der 3. August 1948, wurde die Familie durch lautes Klopfen an der Tür geweckt. Leutnant Zohora Leviatov solle sofort zum Notflugplatz am Stadtrand kommen, dort warte eine Maschine auf sie, die in einer

Stunde starten würde. Verschlafen nahm sie eilig Abschied. Ihr Vater begleitete sie, denn er konnte sie nicht so schnell gehen lassen. Doch auf dem Flugplatz war Zohora nur noch an ihrer Maschine interessiert. Sobald sie gemeinsam mit Immanuel Rottstein in das Flugzeug gestiegen war, fuhr Jehuda nach Hause zurück. Zohora versuchte den Motor zu starten, aber es gelang ihr nicht. Langsam ging Jehuda durch die gerade erwachende Stadt. Bevor er die Tür zu seiner Wohnung öffnete, war auch der zweite Startversuch mißglückt. Zohora lag mit gebrochenem Genick unter den rauchenden Trümmern der Maschine.

Fliegerleutnant Zohora Leviatov wurde auf dem Militärfriedhof am Herzlberg in Jerusalem begraben. Sie ist eine von fünfhunderteinundneunzig Soldatinnen, die ihr Leben im Kampf um Israel ließen.

Literatur

Reuben Avinoam: *Such were our Fighters*. Herzl Press, New York 1965.

Burt Hirschfeld: *A State is Born*. Messner, New York 1967.

Walter Laqueur: *A History of Zionism*. Shocken Books, New York 1976.

Jehuda Leviatov: *Zohora, meine Tochter* (in hebräischer Sprache verfaßter Privatdruck).

Netaniel Lorsh: *The Edge of the Sword*. Putnam Books, New York 1961.

Golda Meir: *My Life*. Dell Publishing, New York 1977.